국제주의 전통 자료집

# V-1. 제국주의와 전쟁, 민족문제

알렉스 캘리니코스, 크리스 하먼 외 지음

이정구 엮음

국립중앙도서관 출판예정도서목록(CIP)

제국주의와 전쟁, 민족문제 / 지은이: 알렉스 캘리니코스,
크리스 하먼 외 ; 엮은이: 이정구. -- 서울 : 책갈피, 2018
    p. ;   cm. -- (국제주의 전통 자료집 ; 5-1)

원저자명: Alex Callinicos, Chris Harman
ISBN  978-89-7966-148-4 04300 : ₩13000
ISBN  978-89-7966-155-2 (세트) 04300

노동자 계급[勞動者階級]
제국 주의[帝國主義]

332.64-KDC6
305.5620941-DDC23                    CIP2018026145

국제주의 전통 자료집

# V-1. 제국주의와 전쟁, 민족문제

알렉스 캘리니코스, 크리스 하먼 외 지음

이정구 엮음

책갈피

# 차례

## V-1. 제국주의와 전쟁, 민족문제

## 제2장 유럽

# V. 제국주의와 전쟁, 민족문제 전체 목차

# 엮은이 머리말

이 자료집에 실린 글들은 노동자연대와 그 유관단체들이 발간한 신문과 잡지 등에서 일반성이 비교적 높은 글들을 추려 내어 주제별로 묶은 것이다.

자료집이 지닌 장점은 시간이 흘러도 그 진가가 사라지지 않을 좋은 글들을 선별하여 묶어 놓았다는 것인데, 이 자료집에 실린 글들도 그런 것이기를 바란다. 독자들은 이 자료집을 참고 자료나 교육 자료 등으로 유용하게 활용할 수 있을 것이다.

이 자료집은 이런 장점 외에, 독자들이 염두에 둬야 할 약점도 있다. 첫째, 자료집에 실린 글들이 발표된 때의 맥락을 설명하지 못했다. 물론 글을 읽어 보면 글이 작성된 취지를 대체로 파악하거나 짐작할 수 있을 것이다.

둘째, 많은 글들을 자료집으로 묶다 보니 용어의 통일, 맞춤법, 띄어쓰기 등에서 오류가 많을 수도 있다. 예를 들어, 예전에는 동성애자라는 표현을 많이 사용했지만 지금은 동성애자보다는 성소수자라는 용어를 쓴다. 특정 시기에 사용된 용어는 그 나름의 역사성을 지니고 있으므로 이 자료집에서는 오늘날 사용하는 용어로 일괄적으로 바꾸지 않았다. 또, 맞춤법이나 띄어쓰기도 세월이 지나면서 바뀌었다. 그래서 현재의 것으로 교정돼야 할 어구들이 많다. 그러나 바로잡지 못하고 놓친 부분이 많을 것이다. 독자들의 너그러운 양해를 부탁드린다.

셋째, 같은 주제의 글들을 모았기 때문에 여러 글의 내용이 중복되는 경우도 적지 않다. 이런 중복의 문제에 대해서는 엥겔스의 방식을 따랐다. 엥겔스는 마르크스의 초고를 모아 《자본론》 3권으로 편집하면서 이렇게 밝혔다. "반복도 주제를 다른 각도에서 파악하든지 다른 방법으로 표현한 경우에는 그 반복을 버리지 않았다."(《자본론》 3권 개역판 서문)

넷째, 혁명가들이 혹심한 탄압을 받던 시기에 작성된 글 중에서 필자를 확인하지 못해 필자를 명시하지 못한 경우가 있다. 이것은 엮은이가 의도한 것이 결코 아니라는 점을 밝혀 둔다.

그 외에도 다른 오류들이 편집 과정에서 있을 수 있는데, 이것들은 엮은이의 잘못이다.

이 자료집이 나오기까지 몇몇 동지들이 도움을 줬다. 인쇄된 문서를 타이핑해 파일로 만들어 준 박충범 동지와 책을 디자인해 준 장한빛 동지에게 감사드린다. 방대한 양의 원고를 나와 함께 검토해 준 책갈피 출판사 편집부에도 감사드린다.

2018년 7월 10일
엮은이 이정구

# 제1부
# 제국주의

# 제국주의란 무엇인가?

근본적 사회변혁가는 세계가 계급으로 나뉘어 있다고 생각한다. 노동 계급은 세계적 계급이며 서울에서 모스크바까지 모든 곳에서 찾아볼 수 있다. 자본가 계급도 마찬가지로 세계적 계급인데, 그들의 거대한 다국적 기업은 세계 곳곳에 퍼져 있다. 경제 통합 때문에 전 세계 노동자들은 점점 더 비슷한 옷을 입고, 같은 TV 방송을 보고, 같은 고용주 밑에서 일하게 됐다.

그러나 세계가 하나로 수렴되고 있는 동시에, 세계는 경제적으로 국민 국가로 나뉘어 있기도 하다. 지구상의 각 나라들은 저마다 독자적인 정부와 법, 국기와 국가, 군대와 국경선, 출입국 규제와 노동법을 가지고 있다.

만약 모든 국가들이 평등하고 경제 규모가 같고 군사력이 동등하다면 국제주의는 쉬울 것이다.

———

월간 《다함께》 20호, 2003년 1월 1일. https://wspaper.org/article/565.

근본적 사회변혁가는 그저 노동자들에게 국제 지배계급에 맞선 공동 투쟁을 위해 국경을 넘어 단결하라고 말하기만 하면 된다. 사실, 많은 경우에 이것이 바로 근본적 사회변혁가들이 해야 할 일이다. 독일의 금속 노동자들이나 미국의 광원들이나 호주의 부두 노동자들이 파업할 때 근본적 사회변혁가들은 국제적 연대 파업, 보이콧, 모금과 격려의 필요성을 주장한다.

그러나 모든 국가가 평등하지 않기 때문에 모든 일이 그렇게 단순하지 않다. 자본주의는 처음엔 유럽과 미국에서, 그리고 점차 전 세계로 불균등하게 발전했다. 초기 자본주의 열강들은 자신들의 새로운 권력을 이용해 제국을 건설했다. 그들은 산업과 금융의 힘과 그 힘을 바탕으로 만든 육군과 해군을 이용해 경제적으로 덜 발전한 나라들을 침략·정복해서 식민지로 만들었다. 제국을 건설한 나라들은 자신들이 침략한 나라에서 엄청난 부를 약탈했고 이는 식민지의 경제 발전을 더욱 제약했다. 가장 강력한 지배자들이던 영국·스페인·네덜란드·프랑스·독일·미국·러시아·일본·이탈리아의 지배자들은 인도·아시아·아일랜드·극동·중동·아프리카·카리브해 연안·남미를 식민지와 종속국으로 만들며 개척해 나갔다.

오늘날 형태상의 식민지는 이미 사라졌지만 강대국은 여전히 작은 나라들을 지배하고 있다. 약한 나라들은 강대국의 말을 듣지 않으면 차관이 보류되고, 해외 원조가 끊기고, 관세 장벽이 높아지고, 외교 협력을 거부당하고, 무역 제재를 받는다. 만약 이 모든 것이 실패하면 강대국은 자신이 보유한 거대한 군사력을 이용해 원하는 대로 할 수 있다. 강대국은 자신들이 바라는 것을 가난한 나라들에 강요할 수 있는 엄청나게 다양한 제도와 기구들을 갖고 있다. 이들은 세계은행(WB 또는 IBRD), 국제통화기금(IMF)과 유럽연합(EU)을 통해 경제력을 행사한다. 여기에 덧붙여 국제연합(UN)과 북대서양조약기구(NATO) 같은 기구를 통해 외교적·군사적 압력을 가할 수 있다. 이것이 제국주의 체제다.

자연히 작은 나라와 피억압 민족들은 이런 제국주의 질서에 저항해 왔다. 몇 백 년 동안 계속된 아일랜드의 독립 운동, 인도의 독립 운동, 남아프리카공화국 흑인들의 투쟁까지 제국주의 열강들은 항상 저항에 직면했다.

이런 투쟁들은 대개 근본적 사회변혁을 위한 노동 계급의 투쟁이 아니다. 이런 투쟁들은 민족 해방 투쟁들이며 토착민들의 자주적 통치를 위한 투쟁이다. 오늘날 이런 투쟁들은 이미 국민 국가를 형성한 국가들이 자국의 정책에 간섭하는 강대국에 대항하는 투쟁인 경우가 흔하다. 흔히 노동자들이 이런 투쟁에 참여하지만 이런 투쟁들을 지도하는 세력은 대개 노동자들보다는 중간 계급이거나 최소한 지배 계급 일부의 지원을 받는 기성 정치인들이다. 예컨대, 1991년 제2차 걸프전 당시 이라크의 사담 후세인이 그런 경우였다.

이런 상황에서 근본적 사회변혁가들은 무엇을 주장해야 하는가? 많은 사람들은 '양편 모두 저주 있으라' 하고 말하고 싶은 유혹에 빠진다. 이들은 제국주의 열강들이 하는 짓을 좋아하지 않지만, 다른 한편 강대국이 이미 성취한 것의 축소형을 확보하고 싶어하는 자들을, 특히 이 가난한 나라의 지도자가 포악한 독재자일 경우 왜 그들을 지지해야 하는지 이해하지 못한다.

그러나 '양편 모두 저주 있으라' 하는 태도에는 치명적인 오류가 있다. 양편은 서로 평등하지 않다. 한편에는, 세계에서 가장 강력한 군사력과 그것을 지탱해 주는 가장 강력한 경제가 있다. 다른 한편에는, 부유한 나라들로 인해 가난해진 나라들이 있다. 중동의 석유처럼 이들의 천연자원들은 약탈당하고 재정은 서방 은행 빚 갚느라 파탄난다. 예컨대, 미국과 니카라과, 미국과 쿠바의 분쟁은 제1차세계대전 때 독일과 영국의 대결처럼 서로 대등한 두 세력이 싸우는 것이 아니다. 우리는 아주 강력한 억압 국가와 훨씬 더 약한 피억압 국가를 보고 있다.

근본적 사회변혁가들은 무조건 억압자에 맞서 피억압자 편에 서야 한다. 비록 사담 후세인이 쿠르드족을 핍박하고 카스트로가 동성애자를 핍박하는 것처럼 피억압 국가를 지배하는 사람들이 비민주적이고 소수를 핍박한다 하더라도 말이다.

만약 영국과 미국 같은 제국주의 강대국이 이런 분쟁에서 이긴다면 전체 제국주의 체제가 강화될 것이며 이와 함께 자국의 노동 계급을 공격하는 제국주의 나라 지배 계급의 힘도 강해질 것이다. 그러나 만약 1970년대에 베트남이 미국을 이긴 것처럼 피억압 국가가 제국주의 강대국을 이긴다면 전체 제국주의 체제와 강대국 내에서 지배 계급의 힘이 약해질 것이다. 이것이 바로 베트남 전쟁 뒤 미국 지배 계급이 겪은 일이다. 이것이 바로 국제적으로 좌파가 대부분 베트남민족해방전선(NLF)과 매우 커다란 정치적 차이가 있었음에도 NLF의 승리를 주장한 것이 옳은 이유다.

그러면 근본적 사회변혁가들은 민족 해방 투쟁을 지도하는 자들과의 정치적 차이에 대해 조용히 있어야 하는가? 예컨대, 우리가 노무현을 지지하는 NL계열의 전략은 이 나라에서 미군을 철수시키는 최선의 방법이 아닐 뿐 아니라 근본적 사회 변혁은 더더욱 아니라는 생각을 말하지 말아야 하는가?

아니다. 우리는 NL이 근본적 사회변혁가들이 아니라 좌익 포퓰리스트들이라는 것과 그들이 노동 계급의 계급 투쟁에 의존한다면 한층 더 효과적이라는 것을 분명하게 밝혀야 한다. 하지만 우리는 비판적인 글을 쓰거나 연설을 하는 것에 그쳐서는 안 된다. 우리는 NL보다 더 효과적으로 미국과 이 나라의 사장들에 맞서 싸우는 근본 사회변혁적 대안을 건설하기 위해 노력해야 한다. 이와 똑같은 관점이 그 밖의 경우에도 적용되는데, 이는 민족 해방 운동이 그 정의상 제국주의에 맞서기 위해 사장들과 노동자들을 단결시키려 하기 때문이다.

그러나 우리는 NL이 미국에 반대할 때 이들과 같은 편에 서는 문제에서 그들에게 우리의 비판을 받아들이고 우리의 조직에 가입해야 한다는 따위의 조건을 제시하지 않는다. 그들이 우리의 비판을 거부한다 하더라도 우리는 세계에서 가장 강력한 제국주의 국가를 편들지 않고 피억압자들을 편들 것이다. 그러므로 우리의 지지는 비판적이지만 무조건적이다.

이같이 우리는 제국주의 국가들을 반대하는 피억압 민족과 함께하는 동시에 피억압 민족 안에서 제국주의자들과 자기 나라의 지배 계급 또는 미래의 지배 계급에 맞서 싸우는 근본적 사회 변혁 운동을 건설해야 할 것이다.

이것은 계급 투쟁과 반제국주의 투쟁을 결합시키는 것, 즉 민족 해방 투쟁을 근본적 사회 변혁을 위한 투쟁으로 전환시키는 것을 뜻한다.

제국주의 나라에 살고 있는 근본적 사회변혁가들은 반제국주의 투쟁을 벌임으로써, 지배 계급이 흑인 노동자들과 백인 노동자들을 대립시키고 "우리 나라를 지원"하기를 요구하거나 전쟁이 일어났을 때 "전쟁을 위해 희생하라"며 저임금과 더 열악한 노동 조건을 받아들이라고 강요하지 못하게 해야 한다. 가난한 나라들의 투쟁을 지지하는 것은, 그와 동시에 그들 나라 안의 국가주의적·인종차별적 생각들과 싸우는 것이며 따라서 노동 계급의 단결을 위해 투쟁하는 것이다. 이것은 자선을 베푸는 행동이 아니라 자신을 방어하는 행동이다.

# 크리스 하먼의 새로운 제국주의

신자유주의 옹호자들은 매우 모순된 주장을 합니다. 그들은 자유시장, 즉 상품과 자본이 국가 통제에서 벗어나서 자유롭게 국경을 넘어 이동하는 것이 자동으로 국가들 사이의 관계를 평화롭게 만들어 준다고 주장합니다.

영국 총리이던 마거릿 대처는 이런 주장의 핵심 내용을 잘 요약했습니다. 그녀는 "맥도널드 레스토랑이 존재하는 두 국가는 결코 서로 전쟁을 하지 않는다." 하고 말했습니다.

그러니 맥도널드를 유치하고 KFC를 유치해 평화를 얻으라는 것입니다.

그러나 현실에서는 지난 20년 간 전쟁이 계속 일어났습니다.

———

크리스 하먼. 격주간 〈다함께〉 62호, 2005년 8월 31일. 이 글은 2005년 8월 18~21일 다함께가 주최한 포럼 '전쟁과 변혁의 시대'에서 크리스 하먼이 한 연설을 녹취한 것이다. 크리스 하먼은 《민중의 세계사》(책갈피)의 지은이이자 영국 사회주의노동자당(SWP) 중앙위원이었다.

미국과 서방 동맹들이 이라크 전쟁[1991년 걸프 전쟁]을 일으켰고, 전에 유고슬라비아로 통일돼 있던 국가들 사이에 전쟁이 일어났습니다. 이 국가들에는 모두 맥도널드 레스토랑이 있었습니다.

그리고 미국·영국·프랑스는 [1999년] 세르비아를 상대로 전쟁을 벌였습니다. 사람들은 잘 몰랐지만, 같은 기간에 아프리카 중부의 콩고(옛 자이르)에서도 전쟁이 일어나 3백만 명이 죽었습니다.

그리고 지금 또 다른 이라크 전쟁이 일어났고, 점령이 계속되고 있습니다. 그리고 직접 전쟁에 개입하지 않은 국가들도 엄청난 규모로 무장을 확대하고 있습니다.

지난 2년 동안 세계 군비 지출은 19퍼센트나 늘었습니다. 오늘[8월 20일] 신문에 일본 총리 고이즈미가 일본 헌법을 개정하고 군비 지출을 늘리려 한다는 기사가 실렸습니다.

미국은 군비 지출을 엄청나게 늘려 왔습니다. 유럽연합도 군비 지출을 늘리라는 압력을 받고 있습니다. 그리고 중국도 대만을 향해 많은 군대와 무기를 배치하고 있습니다.

한편으로, 자본의 자유로운 이동을 포함하는 신자유주의와 자유시장이 확산되고 있지만, 다른 한편으로는 전쟁이 빈번히 발생하고 군비 지출이 늘어나고 있습니다.

이것은 단지 우파 신자유주의자들만의 모순이 아닙니다. 일부 마르크스주의 좌파들도 비슷한 모순에 빠져 있습니다.

좌파 마르크스주의자들 중 일부는 세계화 속에서 자본주의 국가가 덜 중요해지고 있다고 말합니다.

예를 들어, 마이클 하트와 토니 네그리는 《제국》에서 자본주의는 더는 국가가 필요하지 않다고 주장했습니다.

그들은 전통적으로 전쟁과 관계 있는 자본 간, 그리고 자본주의 국가 간 국제 경쟁이 더는 존재하지 않는다고 말합니다. 따라서 그들은 제국주의라는 개념이 더는 타당하지 않다고 기각합니다.

마이클 하트는 2년 전 이라크 전쟁 중에 〈가디언〉에 기고한 글에서 이라크 전쟁은 평화를 바라는 미국 거대 자본의 이익과 어긋난다고 주장했습니다.

일부 마르크스주의자들은 하트나 네그리와는 약간 다른 주장을 했습니다. 예를 들어, 캐나다 마르크스주의자들인 샘 긴딘과 레오 파니치는 자본주의에 국가가 필요하지만 자본주의에는 오직 하나의 국가, 즉 미국 국가만 필요하다고 주장했습니다.(《새로운 제국의 도전》, 한울, 2005년)

그들은 다른 모든 자본주의 국가들은 미국 국가의 지배를 받아들이고 있다고 말했습니다.

나는 신자유주의자들의 주장이든 일부 좌파의 주장이든 이런 주장이 틀렸다고 생각합니다. 이런 관점들은 자본주의의 야만성, 그리고 자본주의가 인류 전체를 위협할 수 있는 가능성을 과소평가합니다.

나는 그 이유를 설명하려 합니다. 마르크스는 자본가들을 "서로 싸우는 형제들"이라고 묘사했습니다. 그들은 노동자, 농민과 빈민 등에 대해서는 동일한 이해관계를 공유하고 있지만, 자기들끼리는 서로 죽기살기로 싸우기도 합니다.

그리고 그들이 서로 죽기살기로 싸우지 않더라도, 다른 나라 자본가들에 맞서 자신의 이익을 보호하기 위해 자국 국가에 의존합니다.

자본주의가 성장하는 과정에서 자본가들은 기존의 전(前) 자본주의 사회의 국가를 자신들의 이익에 맞게 재편해 변모시켜 왔습니다.

역사상 최초의 자본주의 국가 중 하나인 영국에서 자본가들은 17~18세기에 기존 국가를 장악하고 해군을 재정비해서 세계를 정복하기 시작했습니다.

19세기에 자본주의가 급성장하면서 서유럽과 북미의 자본들은 국가를 장악했고, 이 국가의 군비를 증강해 해외 확장을 추구했습니다.

자본주의가 성장하면서 자본가들은 원료와 새로 착취할 곳 등이 필요했고, 자본주의 국가들의 육군과 해군은 해외로 나가서 제국을 건설했습니다.

그래서 프랑스는 아프리카의 3분의 1과 인도차이나와 베트남 북부를 포함한 제국을 건설했습니다.

영국은 아프리카의 나머지 3분의 1과 인도 전체와 중동의 대부분을 포함하는 제국을 건설했습니다.

일본에서 1880~90년대에 자본주의가 발전하면서, 일본 국가도 조선·대만·만주를 포함한 제국을 건설했습니다.

이런 제국들은 단지 자기 지역 사람들을 착취하는 데만 관심을 기울이지 않았습니다. 그들은 다른 자본가들이 자기 지역 사람들을 착취하지 못하도록 가로막는 데도 관심이 있었습니다.

영국은 인도 지배권을 확고히 하기 위해 처음에 프랑스를, 나중에는 독일을 몰아냈습니다.

따라서 제국 건설의 논리는 경쟁 제국 간 경제적 경쟁을 누가 어디를 지배하는가에 관한 군사적 경쟁으로 전환시킵니다.

그래서 자본주의는 제국주의로 이어지고, 제국주의는 서로 다른 제국주의 간 충돌을 낳습니다.

그래서 20세기 전반에 '누가 어디를 지배할 것인가'를 둘러싸고 자본주의 국가들끼리 끔찍한 전쟁을 벌였습니다.

1903~05년에는 만주(중국 북부)와 조선을 누가 지배할 것인가를 두고 러일전쟁이 일어났습니다.

1914년에는 세계를 누가 지배할 것인가를 두고 독일과 오스트리아를 한편으로, 영국과 프랑스와 러시아를 다른 한편으로 해서 제1차세계대전이 일어났습니다.

그리고 1930년대에는 일본이 극동에서 중국이나 동남아시아 등 다른 제국들의 지역으로 진출함에 따라 전쟁이 터졌습니다.

그리고 독일이 영국과 프랑스로 영토를 확장하려 하자 또 전쟁이 터졌습니다.

그 때를 "고전적 제국주의 시대"라고 부를 수 있을 것입니다.

레닌은 《제국주의 — 자본주의의 최신 단계》에서 그 시기를 분석했습니다. 그는 당대 세계 자본주의는 전쟁과 불안정한 평화를 반복해서 겪는다고 주장했습니다.

최근 네그리·하트와 다른 사람들은 레닌이 분석한 시대와 비교해 오늘날 자본주의는 완전히 변했기 때문에, 자본주의의 제국주의적 단계는 과거의 일이라고 주장합니다.

물론 레닌이 《제국주의》를 쓴 이후 지금까지 90년 동안 자본주의에는 많은 변화가 일어났습니다. 진정한 마르크스주의자라면 마르크스가 이랬고 레닌이 저랬기 때문에 그 주장이 오늘날에도 자동으로 유효하다고 말해서는 안 됩니다. 진정한 마르크스주의자는 구체적 현실을 분석해야 합니다.

나는 4가지 근본적 변화가 일어났다고 생각합니다.

첫째, 미국의 군비 규모 증가가 워낙 컸기 때문에 나머지 자본주의 국가들의 규모를 압도하게 됐습니다. 예를 들어, 미국 군사력은 유럽연합 소속 국가들의 군사력을 합친 것보다 4배 이상 큽니다. 따라서 가까운 장래에 유럽이 미국과 전쟁을 벌일 가능성은 매우 낮습니다.

둘째, 자본주의 기업들의 국경을 넘나드는 활동이 확대되자 누구를 공격할 것인가라는 문제를 놓고 자본가들이 상당히 신중해졌습니다.

미국 자본가들은 자신의 공장이 있는 다른 나라를 폭격하는 것에 별로 열의가 있진 않겠지요. 실제로 미국 최대 기업 중 하나인 월마트는 중국의 공장에서 점점 더 많이 상품을 생산하고 있습니다. 그러니 월마트는 미국과 중국이 서로 전쟁을 벌이는 것을 바라지 않습니다.

이 때문에 1945년 이후 주요 선진 자본주의 국가들 사이에 전쟁이 발생하지 않았습니다. 하지만 대신에 1950~53년 한국에서, 그리고 베트남·알제리·아프리카 등 다른 제3세계 나라들에서 전쟁이 일어났습니다.

이런 두 가지 요인 때문에 전쟁이 일어날 확률이 낮아진 반면, 또 다른 두 가지 요인은 전쟁 발발 가능성을 높였습니다.

먼저, 오늘날 미국은 전처럼 다른 국가들에게 이래라 저래라 하면서 자기 의지를 관철시키기가 힘들어졌습니다.

소련과 냉전을 벌이던 당시에는 모든 유럽 열강과 일본 등이 결국에는 미국이 원하는 대로 행동했습니다. 소련이 두려웠기 때문이었죠.

오늘날 그들은 단지 미국이 시키는 대로만 행동할 이유가 없습니다. 또, 중국 같은 나라는 훨씬 강해졌기 때문에 중국 지배자들이 미국 지배자들이 원하는 대로 행동할 이유도 없습니다.

인도처럼 덜 중요한 국가도, 그리고 북한처럼 훨씬 약한 국가도 어떤 위협이 존재하지 않는다면 자동으로 미국의 의도에 따를 이유가 없습니다.

전쟁 발발 가능성을 더 높인 마지막 요인은 다음과 같은 것입니다.

'자본의 세계화' 때문에 자본주의에는 국가가 덜 필요해졌다는 주장은 완전히 잘못된 것입니다.

자본가들이 주로 특정한 한 나라에서 활동할 때, 그들은 자신이 근거하고 있는 국가가 국내적으로 자신의 이익을 보호해 주기를 바랍니다.

그리고 일단 자본주의가 국제적으로 되면, 자본가들은 전 세계에서 자신의 이익을 보호받을 방법을 강구합니다.

만약 여러분이 미국 대기업 자본가이고 유럽과 아시아·일본 등지에 투자했다면, 이런 투자들을 어떻게 보호하겠습니까?

여러분은 미국 국가가 국제적으로 자신의 힘을 사용해서 다른 국가나 기업들이 미국 기업의 이익을 가로채지 못하도록 조처해 주기를 바랄 것입니다.

유럽이나 영국의 자본가들도 마찬가지입니다. 영국 국가가 국제적으로 자신의 이익을 보호해 주기를 바라는 것이죠.

여러분이 현대나 LG처럼 유럽에 투자한 한국 기업이고 그 투자가 보호받기를 바란다면, 유럽 국가들이 여러분의 투자를 보장하도록 한국 국가가 영향력을 행사하기를 바랄 것입니다.

그리고 단지 투자 보장뿐 아니라 무역 협상, 자유무역협정, WTO·IMF·세계은행 협상, 그리고 환율 협상도 국가에 의존하게 되고, 여러분이 본거지를 두고 있는 국가가 협상 과정에서 최대한 강력한 영향력을 행사하기를 바랄 것입니다.

이것은 세계화와 신자유주의 시대에 국가가 덜 중요해지기는커녕 더 중요해진다는 것을 뜻합니다. 유럽·일본·중국·한국의 자본가들은 "미국 국가가 우리 이익을 보호해 줄 거야" 하고 생각하지 않습니다. 미국 국가가 사실상 보잉, 마이크로소프트, 제너럴모터스, 포드 등 미국 대기업의 통제를 받는다는 것을 잘 알고 있기 때문입니다.

그들은 미국에서 자신의 이익을 보장해 주도록 미국 국가에 압력을 가할 수 있는 뭔가가 필요합니다.

이런 자본주의 국가들은 자신의 이익을 보호하기 위해 세계에서 자신이 나름으로 영향력을 가지고 있다는 것을 보여 줘야 하고, 이를 위해 군사력을 가질 필요를 느끼고 있습니다.

때때로 그들은 미국의 전쟁을 지지하고, 때로는 스스로 소규모 제국주의적 모험을 벌입니다.

그래서 지난 20년 동안 서로 다른 자본주의 국가들은 단지 경제적 협상에서만이 아니라, 세계 곳곳에서 일어나는 군사적 분쟁에 어떻게 개입할 것인가를 둘러싸고 서로 다퉈 온 것입니다.

이제 저는 이런 틀을 사용해 이라크 전쟁 문제를 분석하려 합니다.

중요한 것은 미국이 여전히 군사적으로 최강대국이지만, 경제적으로는 옛날만큼 강력하지 않다는 점입니다.

제2차세계대전 종전 후 미국은 미국 국내에서 세계 총생산의 50퍼센트를 생산했습니다. 그리고 옛 소련권을 제외하면 모든 곳에서 군사적·경제적으로 지배적 세력이었습니다.

따라서 미국은 다른 서방 열강과의 군사적·경제적 협상에서 우위를 점했습니다. 오늘날 미국은 여전히 군사적으로 강력하지만, 경제적으로는 EU 국가들을 합해 놓은 정도의 규모일 뿐입니다.

비록 미국 경제가 일본 경제보다 상당히 더 크지만, 미국 기업들은 지속적으로 일본 기업들의 도전에 직면하고 있습니다.

미국 지배계급 중 일부는 중국 경제의 성장을 보면서 20년 후에는 중국 경제가 미국 경제와 비슷한 규모가 될 거라고 예상하고 있습니다.

그래서 그들은 "어떻게 해야 미국 대기업들이 세계에서 우위를 차지할 수 있을까"를 걱정합니다. 바로 이런 논리 속에서 지난 10년 동안 미국 지배자들 내에서 '새로운 미국의 세기를 위한 프로젝트'라는 군국주의 집단이 성장했습니다.

그들은 다른 열강들이 미국에 군사적으로 도전하지 못하도록 막을 수 있는 군사력을 미국이 여전히 갖고 있고, 이런 군사력을 경제 분야에서도 우위를 차지할 수 있도록 사용해야 한다고 주장했습니다.

그리고 그들은 군사력을 경제력으로 쉽게 전환할 수 있는 방법은 바로 모든 자본주의 국가들에 필요한 원료를 지배하는 것이라고 주장했습니다. 그 원료는 다름 아니라 석유였습니다.

어떤 사람들은 미국이 이라크 전쟁을 일으킨 이유가 미국이 사용할 석유를 얻기 위해서였다고 주장했습니다. 물론 미국은 엄청난 양의 석유를 사용합니다.

그러나 미국이 사용하는 석유의 대부분은 사실 중동이 아니라 아메리카 대륙에서 나옵니다. 석유에 관한 한 미국에게 멕시코와 베네수엘라는 사우디아라비아만큼 중요한 국가들입니다. 그리고 미국은 이미 자신의 필요를 충족하기 위해 서아프리카의 산유국들에 손을 뻗었습니다.

중동산 석유가 중요한 이유는 중동산 석유가 미국보다는 유럽이나 일본, 특히 중국에 더 중요하기 때문입니다.

'새로운 미국의 세기를 위한 프로젝트'의 계산은 이라크를 장악하고, 사우디아라비아에 대한 미국의 통제를 공고히 하고, 이라크의 미군 기지를 사용해서 중동의 경비견인 이스라엘을 지원한다는 것이었습니다. 이를 통해 세계 석유 공급 과정을 통제함으로써 무역, 투자, 지적재산권 등의 문제에서 미국이 압력을 행사할 수 있다는 것이었습니다.

이것이 바로 미국의 이라크 전쟁의 배경이었고, 세계에서 미국의 경제적 지위를 높이기 위해 어떻게 군사력을 사용할 것인가에 대한 대답이었습니다.

그리고 세계화가 전쟁 가능성을 낮추는 것이 아니라 오히려 어떻게 긴장을 고조시키는지를 보여 주는 중요한 예이기도 합니다.

이에 대해 다른 국가들이 자국의 무장을 강화하는 것으로 대응하는 것은 너무나 당연합니다.

그래서 그들은 군비를 증강함으로써 미국에게 우리가 이렇게 무장해서 너를 도울 테니 대신에 너도 우리에게 대가를 줘야 한다고 말하고 있는 것입니다.

또는, 미국에게 우리도 이렇게 무장을 했고, 비록 세계적 수준에서 너에게 도전할 수는 없지만 특정 지역에서 너를 골치 아프게 만들 만큼 충분한 수준의 군사력을 보유하고 있다고 말할 수도 있습니다.

실제로, 일본은 군비를 증강해서 미국의 유용한 동맹이 될 수 있음을 증명하려 합니다. 그리고 중국은 자신이 미국에 대적할 수 있고, 대만 문제에서는 미국의 패권에 도전하려 한다는 것을 보여 주려 합니다.

물론 상황이 꼭 이렇게 계속되리라는 법은 없습니다. 앞으로 5년 뒤 일본이 중국과 함께 미국에 도전할 수도 있고, 중국이 러시아와 동맹을 맺을 수도 있습니다. 온갖 가능성이 있습니다.

하지만 각 국가는 자본주의 세계에서 영향력을 놓고 다투면서, 협상 과정의 일부로서 군사력을 사용하려 할 것입니다.

그리고 그들은 감히 자기들끼리는 대량살상무기를 사용하려 하지 않을 수 있지만, 자신들의 강점과 약점을 확인하기 위해 다른 곳에서 벌이는 대리 전쟁에서는 기꺼이 그런 무기를 사용할 수도 있습니다.

이것이 바로 조지 W. 부시가 단지 이라크만이 아니라 이란과 북한도 "악의 축"이라고 말한 이유입니다. 그 외에도 쿠바와 어쩌면 베네수엘라도 대상이 될 수 있습니다.

다른 주요 자본주의 열강들 중 일부는 이미 비슷한 전쟁을 치러 왔습니다.

예를 들어 프랑스는 미국의 이라크 침략을 반대한다고 말했지만, 아프리카에 대한 자신의 영향력을 유지하기 위해 코트디부아르에 파병했습니다.

그리고 자본주의 열강 사이의 다툼 속에서 세계 특정 지역에서 세력 균형이 변한다면 사실 굉장히 위험한 결과를 초래할 수 있습니다.

여기 계신 분들처럼 휴전선 가까이 살고 있는 사람들은 이런 세계에서 상황이 얼마나 위험해질 수 있는지 알아야 합니다.

또 다른 위험 지역으로는 인도와 파키스탄 국경 지역이 있습니다. 6년 전 두 국가는 거의 핵전쟁을 치를 뻔했습니다.

저는 독수리들이 날아갈 때 형성하는 대열을 예로 들어 세계 전체 상황을 묘사하곤 합니다. 지금 상황은 독수리 한 마리가 선두에서 날고 있고, 나머지들은 누가 바로 뒤에서 날아야 하는가를 둘러싸고 서로 다투는 모습과 비슷합니다.

모든 독수리들은 전 세계 노동자와 농민과 빈민을 착취해서 살아가는 공통점이 있음과 동시에, 그들은 누가 가장 커다란 살점을 얻을 것인가를 둘러싸고 서로 치열하게 싸웁니다.

비록 현재 미국이 선두에서 날고 있지만, 다른 독수리들을 통제하지 못하면 계속 그 자리를 지킬 수 있을지 장담할 수 없습니다.

나머지 독수리들은 대열에서의 위치를 놓고 때로는 서로, 때로는 미국과 다툽니다.

결론적으로 말하자면, 제가 방금 묘사한 상황이 너무 절망적으로 느껴질 수 있습니다. 앞서 묘사한 투쟁은 전적으로 자본주의 체제를 유지하기 위해 필요한 착취, 살인, 야만을 위한 무의미한 투쟁이기 때문에 절망적인 것이 사실입니다.

하지만 독수리들은 그다지 영리하지 않습니다. 그들은 새입니다.

그리고 지금 성조기를 입고 있는 독수리는 근본적 실수를 저질렀습니다. 이라크는 2천만 명의 인구를 가진 나라인데, 미국은 겨우 14만 명의 군대로 기존 이라크 군대를 파괴하고 나면 나머지는 다 알아서 해결될 거라고 믿었습니다.

미국이 얼마나 오만했던지 가장 기본적인 계산조차 무시했습니다. 1956년에 소련은 현재 이라크 인구의 절반밖에 안 되는 헝가리를 침략할 때 저항을 억누르기 위해 50만 명의 군대를 동원했습니다. 1968년 체코슬로바키아를 침략할 때도 50만 명을 동원했습니다.

미국이 베트남을 굴복시키려 했을 때도 50만 명을 동원했지만 실패했습니다. 그런데 부시는 14만 명의 병력을 가지고 이라크를 정복할 뿐 아니라 지배할 수 있다고 믿었습니다.

현실은 이런 믿음과는 완전히 다르게 진행됐습니다.

미국 군대는 이라크에 발목이 잡혔고, 어떻게 해야 이길 수 있을지 길이 보이지 않습니다.

미군이 이라크에 발목이 잡혀 있는 한은 미국 제국주의가 세계 다른 곳에서 패권을 유지하기가 점점 힘들어질 수밖에 없습니다.

미국 제국주의의 전통적 중심은 라틴아메리카였습니다. 그러나 미국이 이라크를 제압하지 못한 이상, 라틴아메리카에서 일련의 항쟁들이 발생하고 있는데도 미국은 이들을 위협할 만큼 충분한 군대를 동원할 능력이 없습니다.

따라서 미국은 라틴아메리카에서 약하고, 북한에게도 약한 모습을 보이고 있습니다. 이라크는 미국 제국주의에 상처를 내어 곪게 만들고 있습니다.

지금 미국에서는 반전 운동이 부활하고 있고, 조지 W. 부시의 인기가 크게 떨어지고 있습니다. 베트남에서 비슷한 상황에 처했을 때, 미국은 쉽게 베트남에서 물러나지 않았고 결국 베트남을 포기할 때까지 야만적 행위를 반복했습니다.

그래서 미국은 이라크에서도 자신의 지위를 유지하기 위해 의식적으로 시아파와 수니파를 이간질 하고 있는 것입니다.

그래서 미국은 팔루자를 폭격하고 초토화시켰지만, 무크타다 알–사드르의 시아파 항쟁은 그냥 내버려 뒀던 것입니다.

미국은 얼마나 많은 사람들이 죽든 얼마나 끔찍한 공포가 발생하든 상관하지 않고 그저 자신의 지위를 유지하기 위해 이라크에서 종족적·종교적 증오를 의도적으로 부추기고 있습니다.

그리고 지난주에 조지 W 부시는 핵 시설 문제를 둘러싸고 이란을 공격하겠다고 다시 한번 으름장을 놨습니다.

따라서 우리는 이라크 전쟁에 반대하는 모든 시위와 투쟁에 참가해야 합니다.

하지만 우리는 또한 전 세계 투쟁의 일부로서 진정한 국제적 사회주의 운동을 건설하지 않는 한, 제국주의적 모험과 야만이 계속 반복되는 것을 목격할 수밖에 없을 것입니다.


## 토론 정리 발언

청중 중에서 여러 명이 '금융화'에 대한 질문에 답해 주셨는데, 저는 그 분들의 주장에 동의합니다. 프랑스의 아탁은 금융자본의 이해관계는 위험하고 산업 자본은 좋다는 관점을 가지고 있습니다.

나는 산업 자본이 금융 자본만큼 야만적이고 잔인할 수 있다고 생각합니다.

어떤 분이 남한이 아류제국주의라고 지적하셨습니다. 남한 다국적 자본들은 명백히 남한 국가가 나서서 자신들의 이익을 확보해 주기를 바랍니다. 어떤 기업은 통일을 자기 이해관계에 맞게 이용하려들 것입니다.

그들에게 통일이란 남한 자본주의의 이익을 늘려 줄 2천만 명의 값싼 노동인구를 확보하는 것을 의미합니다. 하지만 사회주의자들에게 통일이란 세계 제국주의에 맞서 함께 싸울 2천만 명의 동지를 얻는 것을 뜻합니다.

어떤 분은 WTO의 구실에 대해 발언했는데, WTO는 이중적 구실을 합니다.

하나는 가난한 나라들을 쥐어짜기 위해 강대국들이 회합하는 자리입니다. 다른 하나는 강대국들끼리 서로 격렬하게 다투는 장소이기도 합니다.

예를 들어, 지금 WTO에서는 보잉과 유럽의 에어버스 컨소시엄 중 누가 앞으로 30~40년 동안 항공산업을 지배할 것인가를 둘러싸고 분쟁이 벌어지고 있습니다.

그리고 브라질, 인도, 남아공 등 그 다음 층의 국가들 사이에서도 자국 기업의 유럽 시장과 미국 시장 진출 등을 놓고 갈등이 존재합니다.

여기서 두 가지 중요한 문제가 제기됩니다. 첫째, 강대국들은 어떻게 군사력을 경제력으로 전환시킬 수 있을까요?

1백 년 전에 이것은 매우 쉬웠습니다. 열강들은 그저 약소국을 차지하면 됐습니다. 당시 일본은 조선을, 영국은 이집트를 점령했습니다.

그러나 오늘날 점점 더 많은 부가 일부 선진공업국과 그밖에 한국·중국·브라질·멕시코 등 몇몇 나라에 집중되면서 문제가 더 복잡해졌습니다.

그들끼리 세계를 나눠먹는 것은 선진 자본주의 국가들 간 전쟁의 문제를 제기합니다. 더구나 그들 중 일부는 핵무기를 보유하고 있습니다.

그들 중 다수는 다른 선진 자본주의 국가와 전쟁을 벌일 준비가 돼 있지 않습니다. 모두에게 좋을 것이 없기 때문입니다.

그러나 그들은 자신보다 작은 국가를 상대할 때는 군사적 수단을 통해 경제적 결과를 얻으려 합니다.

하나의 작은 예로, 지난해 미국은 아이티를 침공해 아리스티드 대통령을 제거했습니다. 그러나 미국은 아이티를 점령할 충분한 병력이 없었기 때문에 브라질과 아르헨티나를 끌어들였습니다.

아르헨티나와 브라질은 미국에게 미국의 요청을 들어줄 테니 미국도 WTO·IMF 등 다른 쟁점에서 양보해 달라고 요구했을 것입니다.

사실, 가장 중요한 예는 1990년 이라크의 쿠웨이트 침공이었습니다. 당시 이라크는 유럽과 일본으로 향하는 모든 석유 공급을 중단하겠다고 위협했습니다. 이라크의 행동은 사우디아라비아의 국왕도 겁먹게 만들었습니다.

당시 이라크를 다룰 만한 충분한 힘을 가진 국가는 미국밖에 없었습니다. 그러나 막상 이 전쟁의 비용을 주로 댄 것은 일본과 사우디아라비아였습니다.

사우디아라비아는 미국 개입의 대가로 그 다음 10년 동안 유가가 너무 오르지 못하게 막았습니다. 그리고 일본 정부는 결국 미국의 힘에 의존해야 한다는 아주 명백한 교훈을 얻었습니다. 그래서 일본은 미국의 요구에 호의적으로 대응해야 했기 때문에 일본 통화 가치의 수준을 미국 경제에 유리한 수준에 맞췄습니다.

나는 비슷한 사례를 수없이 들 수 있지만, 중요한 것은 자본주의 국가들이 경제적 쟁점을 놓고 서로 협상할 때 군사력이 영향을 끼친다는 점입니다.

그러나 모든 경우에 그런 것은 아닙니다. 프랑스와 독일은 미국의 이라크 침략을 지지하지 않았습니다. 그들은 "우리가 이 전쟁을 지지하지 않는다고 잃을 것이 있나? 미국은 결국 이라크를 침략하고 난 뒤 엄청난 곤경에 빠질 텐데? 우리가 이것을 걱정해야 하나?" 하고 생각했습니다.

이라크 침략 같은 전쟁이 핵전쟁으로 연결될 가능성에 대한 질문이 있었습니다.

이 문제를 이해하기 위해서는 먼저 강대국 자신이 자신보다 약한 국가들이 군사적 야심을 갖도록 자극한다는 점을 이해할 필요가 있습니다.

그리고 상대적으로 약한 국가들이 군사적 야심을 이루기 위해서는 핵무기를 보유하는 것이 점점 더 중요해질 수밖에 없습니다.

여기서 두 가지 발전 경향을 볼 필요가 있습니다. 하나는 핵무기의 확산입니다. 이스라엘, 파키스탄과 인도 등이 핵무기 보유국이 됐습니다.

그리고 미국은 때에 따라 번갈아 가며 이 국가들의 핵 보유를 지지해 왔습니다. 미국은 이스라엘의 핵무장을 계속 지지해 왔지만, 파키스탄과 인도의 핵무장에 대해서는 때로는 파키스탄을, 때로는 인도를 지지했습니다.

이런 국가들이 다른 국가와 매우 불안정한 관계를 맺으면서, 그것이 전쟁으로 발전할 가능성이 있습니다. 그런 경우 핵전쟁이 현실이 될 수 있습니다.

앞으로 5~10년이 아니라 1백 년을 내다보면, 핵전쟁은 단지 가능성일 뿐 아니라 어디선가 실제로 일어날 수도 있습니다.

# 오늘날의 제국주의 이해하기

　오늘날 제국주의를 명확하게 이해하는 것만큼 중요한 일도 없습니다. 단순히 상식적으로 생각하더라도 오늘날 세계에서 제국주의는 눈에 띄는 현상입니다. 이라크에서 발을 완전히 빼겠다고 맹세하다시피 했던 오바마 정부 하에서 미국은 어제[8월 8일] 다시 이라크를 폭격하고 나섰습니다. 이렇듯 상식적인 면에서조차 제국주의는 오늘날의 중요한 현실입니다.

　상식적 의미로 제국주의는 어떤 강대국이 깡패 짓을 하고 다니는 것을 뜻합니다. 이런 의미의 제국주의는 아주 오래 전부터 있었다고 할 수 있습니다. 계급이 등장한 뒤의 인류 역사에는 제국이라고 부

---

알렉스 캘리니코스. 〈노동자 연대〉 132호, 2014년 8월 15일. https://wspaper. org/article/14781. 런던대학교 킹스칼리지 유럽학 교수이고, 영국 사회주의노동자당 (SWP)의 중앙위원장인 알렉스 캘리니코스가 노동자연대가 주최한 '맑시즘2014'에서 8월 9일에 강연한 '오늘날의 제국주의 이해하기'를 녹취한 것이다. 본문 속의 [ ]은 〈노동자 연대〉 편집팀이 독자들의 이해를 돕기 위해 첨가한 것이다.

를 만한 국가들이 계속 있었습니다. 오늘날에는 미국이 그에 해당합니다. 그래서인지 많은 좌파들이 제국주의를 곧 미국으로 이해합니다. 하지만 이것은 마르크스주의적 의미의 제국주의 개념이 아닙니다. 제국주의를 미국의 지배로만 보면 정치적으로 심각한 오류를 범할 수 있습니다.

## 제국주의는 경제적 경쟁과 지정학적 경쟁이 결합된 체제를 뜻한다

그렇다면, 마르크스주의의 관점에서 제국주의란 과연 무엇일까요? 레닌의 유명한 소책자를 통해 그 개념이 잘 알려져 있어서 알고 계신 분도 많을 것입니다. 그 소책자는 《제국주의 — 자본주의의 최신 단계》입니다. 다시 강조하지만, '자본주의의 최신 단계'입니다. 레닌 사후에 사람들이 레닌의 논지를 잘못 읽어 그 소책자의 제목을 '자본주의의 최고 단계'라고 번역했습니다. 다시 말해, 마르크스주의의 관점에서 제국주의는 자본주의 경제 체제 발전의 특정한 단계를 가리킵니다.

이 개념을 좀 더 정교하게 이해해 보죠. 이와 관련해 제가 얘기한 것이 있고, 데이비드 하비도 제 주장과 매우 비슷한 주장을 합니다. 즉, 자본주의 하에서 제국주의는 경제적 경쟁과 지정학적 경쟁이 서로 만나는, 결합되는 지점이라는 것입니다.

이 성격 규정을 좀 더 자세히 설명해 보겠습니다. 경제적 경쟁은 자본주의의 주된 동력의 하나입니다. 마르크스가 말했듯이, 자본은 오로지 많은 자본들('다수 자본')로서만 존재할 수 있습니다. 자본가 계급은 안을 들여다보면 경제적으로 서로 분열돼 있고, 그런 분열 때문에 서로 경쟁할 수밖에 없습니다.

이 경제적 경쟁이 다음과 같은 의미에서 자본주의 체제의 동력이 됩니다. 먼저, 경쟁 때문에 자본가들은 서로 앞다투어 축적을 해야 합니다. 달리 말해, 생산을 더 효율화하기 위해 끊임없이 이윤의 일부를 투자해야 합니다. 이처럼 경제적 경쟁은 자본주의의 근간이 되는 요소입니다.

지정학적 경쟁은 국가들 사이의 경쟁을 뜻합니다. 국가들은 자원과 영향력과 영토를 서로 더 많이 차지하려 하며, 외교적으로도 서로 대결을 벌이고 더 극단적으로는 군사적 대결을 벌입니다. 지정학적 경쟁은 자본주의보다 훨씬 더 오래됐습니다. 예를 들어, 2천 년 전 지중해에서는 로마제국이 동쪽의 페르시아제국 등과 경쟁을 벌였습니다. 중화제국은 동쪽의 속국들에 영향력을 행사하려 책략을 부렸고 서쪽으로는 유목민들과 대결했습니다. 이처럼 지정학적 경쟁은 계급의 역사만큼이나 오래됐습니다.

자본주의 하에서 제국주의는 국가들 사이의 지정학적 경쟁이 자본주의의 경쟁 논리에 통합되고 종속되는 현상을 뜻합니다. 이런 현상은 19세기 말부터 본격화됐습니다. 마르크스는 축적이 계속되면 자본이 집적·집중된다고 했습니다. 기업들이 계속해서 이윤을 재투자하면서 덩치가 계속 커집니다[집적]. 그뿐 아니라, 경제 위기를 거치며 더 크고 더 효율적인 기업들이 살아남아 더 작고 취약한 기업들을 흡수·통합합니다[집중]. 그러면, 갈수록 더 소수의 거대 기업들이 경제를 쥐락펴락하게 됩니다. 이 과정이 제국주의 등장의 배경이 됩니다.

먼저, 자본들이 점점 더 세계적 수준으로 활동하게 됩니다. 이미 19세기 말에 유럽의 자본이 엄청난 규모로 나머지 세계에 투자됐습니다. 그리고 그 과정에서 자본가들 사이의 경제적 경쟁이 점점 더 국제화됩니다. 자본들은 이 경쟁에서 우위를 차지하려고 자국에 기대게 됩니다. 그와 동시에, 개별 국가들은 다른 국가와의 지정학적 경쟁에서 이기려 하며 자국 자본에게 점점 더 기대게 됩니다. 19세기 말에 이르러서는 국가가 전쟁에서 승리하는 데 필요한 철도·대포·자동화기 등을 생산하려면 중화학공업 기반이 필요하게 됐습니다. 즉, 자본은 갈수록 국가가 더 필요해지고, 국가도 마찬가지로 자본이 더 필요해지는 것입니다. 그 결과, 19세기 말에 이르면 경제적 경쟁과 지정학적 경쟁이 융합됩니다.

당시 최강의 제국주의 국가였던 영국은 경제적 측면에서나 지정학적 측면에서나 다른 경쟁자들의 도전에 직면하게 됐습니다. 특히 독일과 미국이라는 신흥 산업국의 부상에 직면했습니다. 20세기 초에 이르러 미국과 독일은 산업 생산 면에서 영국을 앞질렀습니다. 또한 세계 최강 수준의 해군력을 갖추게 됐죠. 미국과 독일이 세계 최강 수준의 해군력을 보유하게 된 것은 영국에 특히 위협적인 일이었습니다. 왜냐하면 영국이 전 세계의 식민지를 계속 유지할 수 있었던 것은 바로 영국의 해군력 덕분이었기 때문입니다. 20세기 전반부에 두 차례의 세계대전이 일어난 원인은 무엇보다 영국 제국에 대한 지정학적·경제적으로 융합된 도전이 제기됐기 때문입니다.

현재 영국에서는 1914년 8월 개전한 제1차세계대전의 1백 주년을 기념하는 광풍이 불고 있습니다. 영국 지배자들은 '제1차세계대전이 민주주의를 지키기 위한 정의로운 전쟁이었다'는 둥 헛소리를 합니다. 그러나 제1차세계대전의 본질은 제국주의 열강들이 세계적 주도권을 놓고 다투면서 수없이 많은 사람들을 학살한 전쟁입니다.


## 제국주의는 미국으로 환원되지 않는다

제가 지금까지 말씀드린 것을 통해서 분명한 결론이 하나 도출됩니다. 마르크스주의의 관점에서 제국주의는 어떤 강대국이 나머지 세계를 지배하는 것을 뜻하지 않는다는 것입니다. 제국주의는 경쟁과 대결을 특징으로 하는 체제입니다. 제국주의는 주요 자본주의 국가들이 세계를 지배하려고 서로 경쟁하는 체제입니다. 레닌도 이 점을 그의 소책자에서 매우 힘주어 강조했습니다.

레닌이 강조한 것이 또 하나 있습니다. 레닌이 제국주의에 대해서 말한 것이 당시 현실에 모두 들어맞았던 것도 아니고, 일부는 오늘날에는 낡은 것이기도 합니다. 그럼에도 레닌은 오늘날에도 들어맞는 매우 중요한 통찰을 보여 줬습니다. 그것은 바로 '불균등 발전'이라는 개념입니다. 달리 말해, 자본주의가 모든 곳에서 똑같은 속도로 균등하게 또는 지속적으로 발전하는 것은 아니라는 뜻입니다. 오히려 자본주의 발전은 특정 지역에 편중되는 경향이 있습니다. 자본주의 발전이 지리적으로 쏠려 있어서 그 수혜자인 강대국들이 나머지 세계에 비교적 큰 영향력을 행사할 수 있게 됩니다. 그런데 어느 지역의 경제 발전이 가장 앞서 가느냐는 때때로 달라집니다. 자본주의가 워낙 역동적인 체제이다 보니 경제 발전의 순위도 수시로 바뀌는 것이죠.

레닌은 '초제국주의론'을 반박하면서 불균등 발전 개념을 날카롭게 제기했습니다. '초[지나치다는 뜻]제국주의론'은 독일 사회민주당의 지도자 카를 카우츠키가 주창한 이론입니다. 카우츠키 초제국주의론의 골자는 이렇습니다. '자본의 집적과 집중 과정이 계속되면 어느 시점에서는 마침내 국경을 초월해 통합된 거대 다국적기업들이 세계를 지배하게 된다. 국경을 초월한 이런 경제 통합 과정이 정치에도 반영된 결과, 국가들 사이의 지정학적 갈등은 사라진다.' 그래서 카우츠키에게 제1차세계대전은 이해할 수 없는 일이었습니다. 오늘날에는 토니 네그리와 마이클 하트가 그들의 공저 《제국》에서 비슷한 사상을 개진합니다.

그러나 레닌은 불균등 발전 때문에 초제국주의가 불가능하다고 주장했습니다. 불균등 발전으로 말미암아 경제 발전 수준이 가장 높은 지역이 계속 바뀌므로 경제적으로 가장 강력한 국가의 순위가 바뀌고, 정치적으로 강력한 국가의 순위도 바뀌기 때문입니다. 레닌은 당시로부터 50~60년 전만 해도 독일은 후진국이었다고 지적했습니다. 그랬던 독일이 어느 순간 영국을 상대로 세계의 맹주 자리를 놓고 다투기 시작한 것이죠. 이런 불균등 발전의 결과 앞으로 50~60년 뒤에는 어떤 나라가 세계적 패권 국가가 될지 누가 예상할 수 있겠는가? 이런 과정 때문에 국가들 사이에는 안정적이고 영원한 의견 일치가 유지될 수 없다. 레닌은 이런 분석을 독일과 영국의 관계에 적용했습니다. 오늘날 우리는 미국과 중국의 관계에 이런 분석을 적용할 수 있습니다.

다시 강조하건대, 제국주의를 미국의 지배로 환원할 수 없습니다. 그러면, 왜 많은 좌파들이 이 명백한 것을 보지 못할까 하는 의문이 떠오릅니다. 제가 볼 때, 이는 두 가지 착시 효과 때문입니다. 하나는 옛 소련이 사회주의였다는 오해입니다. 옛 소련을 사회주의라고 보니까 냉전 시기에 일어난 옛 소련과 미국의 지정학적 경쟁을 제국주의 간 경쟁으로 보지 못한 것이죠. 그 영향이 오늘날에도 남아서 사람들이 러시아를 그래도 반제국주의적인 국가로 보는 착각이 있습니다.

둘째, 냉전 종식 후 한동안 세계가 단극 체제처럼 보였던 시기의 잔상입니다. 당시에는 미국이 세계의 유일한 초강대국인 듯했고, 그 누구도 미국에 도전할 수 없을 듯했습니다.

하지만 당시 상황은 일시적이었고 또 모순됐습니다. 냉전 종식 후 한동안 미국은 군사적으로는 나머지 국가들을 압도했습니다. 미국은 나머지 국가들의 군사력을 다 합한 것보다 더 큰 군사력을 갖고 있었습니다. 그럼에도 미국의 상대적인 경제적 지위는 냉전기부터 계속 하락했습니다. 처음에는 서유럽 국가들에 견줘서 그랬고, 나중에는 일본, 마침내는 중국에 견줘서 그랬습니다. 오늘날 미국의 상대적인 경제적 지위가 하락하는 것은 매우 분명하게 보입니다. 특히 경기 침체에서 회복되는 속도가 중국보다 확연히 느려서 더욱 그렇습니다.

그 결과 미국의 세계적 주도력은 갈수록 더 많이 도전 받고 있습니다. 이것은 무엇보다 중동에서 두드러집니다. 2003년 미국은 세계 패권을 더 굳히려고 이라크를 침공했습니다. 그러나 이라크인들의 저항에 호되게 당하고 패배해 2011년 철군했습니다.

게다가 2011년 아랍 혁명이 일어나면서 중동 지역 국가들은 모두 불안정해졌습니다. 이는 현재 미국이 이라크를 폭격하고 있는 데서도 드러납니다. 지금 미국은 '이라크·시리아 이슬람 국가' ISIS를 공격하고 있습니다. ISIS는 강경 이슬람주의 수니파 무장 단체입니다. ISIS는 시리아 혁명과 내전의 결과로 시리아에서도 많은 지역을 장악했습니다. 이라크에서는 미국이 세운 [말리키] 정권이 매우 부패해 사람들이 그 정권을 혐오하는데, ISIS는 그 틈을 이용해 많은 지역을 장악할 수 있었습니다. ISIS는 매우 종파적이고 반동적인 운동입니다. 그런 ISIS가 이렇게 성장한 것은 미국이 약화되고 있음을 보여 줍니다.

그런데 미국의 장기적 약화는 여러분이 살고 있는 동아시아 지역에서 훨씬 더 극적으로 나타나고 있습니다. 이 점이 더 중요합니다. 오늘날 세계에서 중국은 최대 규모의 산업국이면서 수출국입니다. 그 결과 국가들 사이의 정치적·경제적 이합집산 구도가 바뀌고 있습니다. 예전에는 미국을 따라갈 수밖에 없었던 아프리카와 중남미의 많은 나라들이 중국과의 무역을 늘리고 중국에게서 투자를 받으며 이제 갈수록 중국으로 기울고 있습니다. 지난달 브릭스 국가들[브라질·러시아·인도·중국의 신흥경제 4국]이 미국 주도 금융 질서에 대항해 자신들만의 개발은행을 설립한 것이 그런 상황을 상징적으로 보여 줍니다.

중국은 군비 지출도 급격히 늘리고 있습니다. 특히 해군력을 증강하고 있습니다. 중국의 해군력 증강에는 매우 구체적인 맥락이 있습니다. 미국 해군을 인근 해역에서 밀어내기 위한 것이죠. 미국 해군은 제2차세계대전 이후로 쭉 아시아·태평양 해역을 장악해 왔습니다. 이것은 갈수록 중국 지배계급에 문제가 되고 있습니다. 중국이 물자를 수출하고 수입하는 해상 운송로는 믈라카 해협을 거쳐 인도양으로 이어집니다. 중국 지배계급은 이렇게 중요한 보급로를 미국의 통제에 내맡겨 두는 것을 더는 원치 않는 것입니다.

물론 중국의 군사력 증강을 과장해서는 안 됩니다. 중국이 보유한 항공모함은 한 척인데, 우크라이나에서 중고로 구입한 비교적 작은 항모입니다. 반면 미국은 핵항모가 열한 척이나 되죠.

그러나 중국은 미국의 항모를 격침시킬 수 있는 군사적 능력을 개발하고 있습니다. 미국 해군을 아시아 연안 지역으로부터 더 멀리 밀어내기 위해서입니다.


## 미국의 약화와 동아시아 불안정

또한 남중국해와 동중국해에서 영유권 분쟁이 많아지고 있는데, 여기에는 베트남·필리핀·일본 등이 연관돼 있습니다. 그러니까, 중국뿐 아니라 동아시아의 거의 모든 국가가 군사력을 증강하고 있는 것입니다.

흥미로운 사실은 이런 현상이 전통적 영토 분쟁의 모습을 보인다는 것입니다. 세계화론을 주장하는 사람들은 경제적 세계화 때문에 이제 더는 국가들이 영토 분쟁을 벌이지 않는다고 주장하는데 말이죠. 세계화론의 주장은 사실 일본과 중국이 지명조차 서로 의견 일치를 볼 수 없고 사람이 살 수 없는 섬[댜오위댜오 또는 센카쿠열도]을 두고 서로 다투고 있는 현실과 완전히 어긋납니다. 세계 자본주의에서 가장 역동적인 지역[동아시아]에서 영토 분쟁이 벌어지고 있습니다. 그런데 바로 이 지역에서 세계화가 가장 큰 경제적 성공을 거뒀습니다. 실제로, 오늘날 이런 무인도들을 둘러싸고 전 세계에서 경제 규모가 가장 큰 3개 국가가 맞붙을 수도 있습니다. 세계 3위 경제 대국인 일본, 2위인 중국, 1위인 미국입니다. 여기에 미국이 낀 이유는 미국이 일본과 안보조약을 맺고 있기 때문입니다. 저는 중국과 일본 지배계급들이 무인도를 놓고 전쟁까지 벌일 정도로 분별 없지는 않기를 바랍니다.

동아시아에서 나타나고 있는 현상은 제국주의 간 갈등입니다. 세계 3대 경제 대국들이 서로 경쟁을 벌이고 있고, 거기에 한국을 포함한 다른 자본주의 국가들도 군비 증강을 통해 가세하고 있는 형국입니다. 그리고 오래된 동맹 관계가 바뀌고 있습니다. 예컨대 베트남은 베트남 전쟁 때 미국이 베트남을 폭격하려고 사용했던 기지를 이제는 미국이 중국에 맞서 사용할 수 있도록 미국에 내줄 것으로 보입니다.

동아시아에서 일어나는 제국주의 간 경쟁은 또한 세계의 나머지 지역에 영향을 미칩니다. 푸틴이 우크라이나에서 하고 있는 일이 이를 보여 줍니다. 미국과 유럽연합이 다소 어리석게도 우크라이나를 서방의 영향권으로 편입시키려 했습니다. 푸틴은 우크라이나가 러시아의 안보에 아주 중요한 축이라고 보고 우크라이나를 다시 러시아의 영향권으로 흡수하려고 합니다. 우크라이나 국민에게는 매우 비극적인 일이죠. 우크라이나 국민은 제국주의 간 경쟁으로 희생을 치르고 있는 것입니다. 러시아는 자기보다 훨씬 강한 제국주의 국가인 미국을 상대로 자기 목소리를 내려고 하는 비교적 약한 제국주의 국가입니다. 그런 러시아의 푸틴이 미국과 유럽연합에 도전장을 내밀 수 있도록 기를 살려준 요인은 바로 미국의 약화입니다. 푸틴은 오바마가 우크라이나에서 일어나는 갈등에 휘말리고 싶어 하지 않는다는 것을 잘 알고 있습니다. 오바마는 무엇보다 중국을 견제하려고 아시아에 집중하고 싶어 했고, 그래서 중동에서 군사 활동을 줄였습니다. 이처럼, 동아시아에서 일어나는 제국주의 간 경쟁이 우크라이나에서의 제국주의 간 경쟁도 부추긴 것입니다.

## 제국주의를 체제로서 이해하지 못할 때 범하는 오류 — 진영 논리

이렇듯, 제국주의가 체제로서 갖는 성격을 잘 이해하는 것이 매우 중요합니다. 그렇지 않으면 매우 심각한 정치적 오류를 범할 수 있습니다. 냉전 때 많은 좌파가 '진영 논리'를 따랐습니다. 진영 논리는 이렇습니다. '일단의 진보적인 국가들이 있고 제국주의에 대한 평형추로서 그 국가들을 지지해야 한다.' 여기서 말하는 제국주의는 미국을 뜻합니다. 냉전 시대에 이 진영 논리는 미국을 견제하기 위해 옛 소련과 그 동맹국들을 지지하는 형태로 나타났습니다. 옛 소련 자신이 동유럽을 점령하고 아프가니스탄을 침공하는 등 제국주의적 행태를 보였는데도 진영론자들은 그것을 애써 무시했습니다.

오늘날 진영 논리는 두 가지 서로 연관된 형태로 나타납니다. 하나는 우크라이나 사태에서 러시아를 편드는 것입니다. 다시 말해, 미국과 유럽연합이 우크라이나를 자신들의 영향권 내로 흡수하려 한 것만이 문제라는 것입니다. 그러면서, 몇 달 전 러시아의 크림반도 병합을 지지했습니다. 물론 크림 반도가 애당초 러시아의 사실상 식민지였던 것은 사실입니다. 스탈린이 제2차세계대전 종전 뒤 원주민이었던 투르크계 무슬림들을 크림반도에서 쫓아냈었죠. 그러나 제국주의 국가가 자신의 옛 식민지를 되찾을 권리가 있다고 말하는 것은 원칙 있는 반제국주의자가 할 말이 결코 아닙니다.

진영 논리가 표현되는 또 다른 방식은 시리아의 아사드 정권을 옹호하는 것입니다. 많은 좌파가 아사드 정권을 이스라엘과 투쟁을 벌인 역사가 있는 진보적 반제국주의 정권으로 봅니다. 이것은 헛소리입니다. 아사드 정권은 팔레스타인인들을 매우 악독하게 다룬 역사가 있습니다.

이런 사실을 모두 제쳐 놓더라도, 이 경우에 진영 논리는 자국민을 상대로 종파적 내전을 벌이는 정권을 지지하자는 논리입니다. 시리아 내전에서 아사드는 사실상 ISIS가 성장하도록 부추겼습니다. 더 민주적인 혁명적 세력들이 약화되기를 바랐기 때문입니다. ISIS는 시리아 동부의 유전지대를 장악하고 있는데, 아사드에게 석유를 주고 그 대가로 전력을 공급받았다는 보도가 있습니다. 그런데 ISIS가 통제를 벗어나 버리니까, 이제 와서 아사드 정권은 미국과 함께 ISIS를 공격합니다. 이른바 진보적 반제국주의 국가가 온갖 냉혹한 책략을 부리다가 결국은 '대악마' 미국과 손잡는 지경에 이른 것입니다.

그래서 혁명가들은 제국주의를 체제로 보며 원칙 있게 반대해야 합니다. 특정 제국주의에 맞서 다른 제국주의를 지지하는 함정에 빠지면 안 됩니다.

물론 혁명가들은 특정 제국주의 국가가 벌이는 일에 반대해야 할 때도 있습니다. 때때로 제국주의는 일방으로 행동할 수 있습니다. 예컨대 오늘날 이라크에서 미국은 일방으로 제국주의 세력으로서 행동하고 있습니다. 비록 ISIS가 반동적이지만 이 경우에 주된 악은 미국입니다.

그러나 여러 제국주의들에 반대해야 하는 때도 있습니다. 현재 우크라이나 사태가 그런 경우입니다. 우크라이나 사태에서는 서방의 개입에도 반대해야 하지만 러시아의 개입에도 반대해야 합니다. 여러 제국주의 국가들이 서로 책략을 벌이고 있는 동아시아의 맥락에서도 마찬가지입니다.

우리는 제국주의의 억압을 받고 있는 약소 민족들의 투쟁에도 연대해야 합니다. 현재 제국주의의 억압을 가장 심하게 받고 있는 민족은 바로 팔레스타인입니다. 오늘 영국 런던에서는 팔레스타인인들에 연대하는 시위가 열릴 예정인데, 최대한 큰 규모로 치러지기를 바랍니다.[런던의 팔레스타인 연대 시위는 15만 명 규모로 크게 벌어졌음이 나중에 보도됐다.]

그러나 이런 갖가지 갈등들을 따로따로 떼어놓고 보면 안 됩니다. 우리는 그런 갈등들을 레닌이 1916년 아일랜드의 민족해방 운동을 대했던 방식으로 대해야 합니다. 천대받는 민족들의 반제국주의 투쟁을 그 자체로서 목적인 것이 아니라, 제국주의 체제 전체를 끝장낼 수 있는 더 큰 투쟁에 기여하는 것으로 봐야 합니다. 왜냐하면 제국주의 체제 자체가 우리의 적이기 때문입니다.

## 연사의 정리 발언

'미국이 조금 더 민주적이면 오바마가 중동에서 좀 더 민주적으로 행동하지 않을까' 하는 질문이 있었습니다. 그런데 이런 질문이 제기됩니다. '미국은 도대체 왜 중동에 간섭하는가?'입니다.

미국은 중국이 해군력을 증강하는 것을 굉장히 모욕적으로 여기는데, 저는 언제나 이것을 희한하게 생각했습니다. 그러나 정작 중요한 물음은 애당초 미국이 아시아·태평양 지역에서 무엇을 하고 있느냐는 것입니다. 제국주의는 본질적으로 대단히 비민주적입니다. 제국주의는 지배를 본질로 하므로 결코 민주적일 수가 없습니다.

### 배타성이 제국주의를 낳는가?

어떤 분은 배타성이 제국주의를 낳는다고 말씀했는데요. 저는 배타성이 왜 필연적으로 나쁜 것인가 하고 묻고 싶습니다. 저는 지금 연단 자리를 혼자서 배타적으로 차지하고 있습니다. 그건 제가 어떻게 할 수 없는 물리적 현실입니다.

물론 통역자가 목이 말라서 죽어가고 있는데, 제가 이 물에 대한 배타적 소유권을 주장하면서 마시지 못하게 한다면 그것은 나쁜 행동이겠죠. 그런데 그렇게 이기적인 짓을 제가 왜 해야 할까요?

걸출한 마르크스주의자 프레드릭 제임슨은 이렇게 말했습니다. "모든 것을 역사적 맥락 속에서 보라." 즉, 어떤 사건이나 갈등이 어떻게 일어나게 됐는지 역사적 배경을 보라는 것입니다. '배타성'처럼 지나치게 폭넓고 추상적인 개념만으로 무엇을 설명하려 한다면 아무것도 설명할 수 없게 됩니다.

## 미국과 중국의 갈등

다음으로, 중국과 미국 간의 경제적 경쟁이 왜 제국주의적 갈등으로 발전했을까 하는 질문이 있었습니다. 여러 이유가 있습니다. 첫째, 독일과 일본은 둘 다 제2차세계대전 종전 뒤 경제적으로는 미국과 경쟁을 하더라도 정치적으로는 미국 밑에 들어가기로 했습니다. 그러나 중국은 이런 합의의 틀 바깥에서 떠올랐습니다.

중국 지배자들이 미국의 지정학적 우세를 받아들일 용의가 없다는 것은 분명합니다. 중국이 새로운 슈퍼파워니 어쩌느니 하는 얘기를 하는 책도 많죠. 그러나 그런 책들의 주장과 달리 중국이 처음부터 세계 패권을 노려서 갈등이 빚어진 것은 아닙니다.

중국 지배계급은 세계 패권까지는 아니더라도 아시아·태평양 지역에서는 미국을 밀어내고 싶어 하는 듯합니다. 그러나 미국 지배계급은 그것을 받아들일 수 없죠. 아시아·태평양 지역은 그들에게 너무나 중요합니다.

미국과 중국의 경제적 경쟁이 불안정한 사태를 불러올 필연적 이유는 없습니다. 예컨대 애플의 제품들은 대만 기업이 고용한 중국 노동자들에 의해 중국에서 조립됩니다. 그런데 미국 입장에서는, 중국이 세계 다른 나라들의 원자재를 흡수하는 시장이 되고, 전통적으로 미국 영향권 아래 있던 다른 나라들의 대안적 투자원이 될 수 있는 상황이 매우 위협적입니다. 다른 나라들이 미국보다는 중국 쪽으로 더 기울 수 있기 때문입니다.

## 국가는 모두 제국주의적인가?

어떤 분이 '국가들이 모두 어느 정도는 제국주의적 성격을 갖느냐'는 질문을 하셨는데, 저는 이 질문이 어느 정도 오해에서 비롯했다고 생각합니다.

저는 우크라이나가 미국보다 더 약한 제국주의라고 말씀드리지 않았습니다. 우크라이나에 대한 영향력을 둘러싸고 미국과 경쟁을 벌이고 있는 비교적 약한 제국주의는 러시아입니다. 진정으로 제국주의라고 할 만한 국가는 소수입니다.

경제적·지정학적 경쟁의 논리가 모든 지역에서 작용하는 것은 사실입니다. 그래서 어느 지역에든 몇몇 국가들이 자기 주변 지역의 아류 제국주의가 되려고 애쓰는 것을 볼 수 있습니다. 달리 말해, 주요 제국주의 강대국들에게 그 지역의 강국으로서 인정받고 싶어 하는 것이죠.

저는 아랍 국가들이 모두 나름으로 작은 제국주의라는 주장에

동의하지 않습니다. 그럼에도 중동의 일부 국가들이 아류 제국주의가 되고자 하는 것은 사실입니다. 예컨대 터키·이스라엘·사우디아라비아가 그렇습니다.

## 한국이 미국의 식민지인가?

저는 남한이 미국의 식민지라고 생각하지 않습니다. 남한에는 남한 자본주의를 운영하는 꽤나 강력한 자본가 계급이 있고 그들은 세계적 수준에서 경쟁을 벌이고 있습니다. 남한이 북한과의 갈등 때문에 지정학적으로는 미국에 묶여 있기는 합니다. 북한 지배계급이 핵무기를 보유하고 있기 때문이죠.

북한 지배자들이 핵무기를 실제로 사용하려고 보유하고 있는 것은 아닙니다. 오히려 경제가 무너지고 있는 약소국의 지배계급이기 때문에 그런 것입니다. 약소국 입장에서, 핵무기를 개발하고 실제 사용할 것처럼 굴면 다른 강대국들을 상대로 효과적인 협상 카드가 될 수 있기 때문입니다.

## 약소국이 제국주의를 꺾을 수 있나?

약소국이 제국주의를 꺾을 수 있겠는가 하는 질문도 있었는데요. 베트남은 미국을 패퇴시켰습니다. 중요한 단서를 하나 달아야 하는데, 그에 대해서는 뒤에서 말씀드리겠습니다.

베트남이 미국에 맞서 승리할 수 있었던 데는, 베트남이 프랑스의 식민지였던 시절부터 45년 동안 벌인 끈질기고 영웅적인 투쟁이 한몫했습니다.

그러나 베트남 민중이 그들만의 힘으로 미국을 꺾은 것은 아닙니다. 국제 연대가 사활적으로 중요했습니다. 그 중에서도 가장 중요한 국제 연대는 미국에서 일어났습니다. 베트남 전쟁에 반대하는 거대한 대중 운동이었습니다. 그 반전운동은 미국 노동계급이 경제적으로 반란을 일으키던 시기에 등장했습니다. 그와 동시에, 미국 흑인들이 인종차별에 맞서 반란을 일으키고 있었습니다. 미국 내에서 일어난 이런 저항들이 베트남 민중의 항쟁과 결합되면서 미국을 패퇴시켰습니다.

그러나 미국 제국주의는 패퇴시켰지만 체제[자본주의 체제]를 패퇴시키지는 못했습니다. 오늘날 베트남은 여전히 공산당이 통치하는데, 저렴한 노동력으로 저렴한 공산품을 수출하는 나라가 됐습니다.

## 팔레스타인 해방은 어떻게 가능한가?

팔레스타인 해방을 어떻게 이룰 수 있을까 하는 질문도 있었습니다. 군사적·경제적 힘으로 볼 때 팔레스타인은 이스라엘의 상대가 안 됩니다. 물론 지금 가자 지구에서 일어나는 투쟁을 보면, 비록 엄청난 희생을 치르고 더디겠지만 팔레스타인인들이 이스라엘을 지치게 할 수 있음을 알 수 있습니다. 그러나 이런 식으로 이스라엘을 패퇴시키려면 시간이 오래 걸릴 것이고 엄청난 희생이 따를 것입니다. 팔레스타인 해방에 관한 국제사회주의경향의 입장은 항상 다음과 같은 구호로 요약됩니다. "예루살렘으로 향하는 길은 카이로를 통한다." 달리 말해, 팔레스타인의 해방은 아랍 지배계급들에 맞선 사회 혁명을 통해 달성될 수 있다는 것입니다. 이집트 혁명은 그런 일이 어떻게 가능할지를 힐끗 보여 줬습니다.

그런데, 반대로 오늘날 이집트 혁명이 일시적 패배 국면에 있는 것은 그것이 역으로는 어떻게 적용되는지를 보여 줍니다. 이스라엘이 가자 지구를 공격할 자신감을 얻은 요인 하나는 이집트의 군부독재자 엘 시시가 가자 지구를 봉쇄한 것입니다. 그런데 이것은 팔레스타인 해방을 위해서는 아랍 세계의 혁명이 필요하다는 것을 증명합니다. 오로지 아랍 노동계급의 힘만이 이스라엘을 꺾을 수 있습니다.

## 신자유주의와 연대의 가능성

마지막으로, 어떤 분이 신자유주의 하에서 개인주의가 팽배해 연대가 힘들어진다고 말씀했습니다. 신자유주의가 연대를 약화시킬 수 있다는 것은 사실입니다. 그러나 신자유주의 시대에도 새로운 연대 운동들이 일어났습니다. 팔레스타인인들을 지지하는 국제 연대는 몇십 년 전과는 비교도 안 될 정도로 커졌습니다. 영국에서도 팔레스타인인들에 연대하는 수많은 집회들이 잇따라 일어났습니다.

이런 현상을 설명한다면서 이스라엘 지지자들은 모종의 유대인 배척이 뒤에서 작용하고 있는 것 아니냐며 소설을 쓰고 있습니다. 그러나 팔레스타인 연대 시위에는 유대인 배척을 거의 찾아볼 수 없습니다. 이스라엘 지배계급이 왜 온 세계가 이스라엘에 적대적이고 팔레스타인에 우호적이냐는 물음에 답을 찾고 싶으면 거울을 들여다 보면 됩니다.

팔레스타인인들에 대한 연대는 새로운 형태로도 나타나고 있습니다. BDS[보이콧, 투자 회수, 제재를 뜻하는 영어 낱말의 머리글자를 딴 운동] 운동의 성장에 관해 누군가 말씀하셨는데요. 세계 곳곳에서 이스라엘과의 무기 거래를 중단하고 이스라엘을 제재하라고 요구하는 목소리가 높습니다. 이런 사실은 매우 중요합니다. 오늘날에도 연대가 살아 있음을 보여 줍니다.

이런 연대는 과거 운동들의 영향을 반영하는 것이기도 합니다. 지난해 영국 정부는 의회에서 시리아에 대한 군사 개입안을 통과시키려다가 반대표가 많아 실패한 적이 있습니다. 이것은 2003년에 일어난 거대한 반전 운동의 유산이기도 하죠.

이런 연대는 사활적으로 중요합니다. 연대가 커질수록 팔레스타인인들이 스스로 해방을 이룰 힘을 얻을 수 있을 것이고, 인류 모두가 제국주의로부터 해방될 힘이 강해질 것이기 때문입니다.

# 오늘날의 제국주의

오늘날 제국주의를 논하는 이유부터 말씀드리겠습니다.

먼저 우리가 주목해야 할 점은, 자본주의가 전 세계를 지배하게 된 20세기는 수많은 전쟁과 전쟁 위협으로 점철된 세기이기도 했다는 것입니다. 제국주의 이론은 바로 이 같은 현상을 설명하기 위해 한 세기 전에 개발된 이론입니다. 중요한 이론가 두 명, 즉 레닌과 부하린이 각각 1916년과 1917년에 제1차세계대전을 설명하기 위해 제국주의론을 개발했습니다.

그들의 요지는 자본주의가 워낙 발달한 탓에 이제 경쟁이 더는 개별 기업들 간의 경제적 경쟁에 국한되지 않고 적어도 선진 자본주의 국가들 사이에서는 국가간 경쟁도 수반하기에 이르렀다는 것이었습니다. 선진국의 기업들은 자기 국가의 힘에 기대서 세계 나머지 지역

크리스 하먼. 〈레프트21〉 13호, 2009년 8월 27일. 이 글은 영국 사회주의노동자당 (SWP) 중앙위원 크리스 하먼이 2009년 7월 26일 다함께가 주최한 진보포럼 '맑시즘 2009'에서 연설한 것을 옮긴 것이다.

을 수탈하고자 했고, 자기 국가의 힘에 기대서 다른 나라의 경쟁 기업들이 자신의 전리품에 손대지 못하게 하려 했습니다. 그래서 처음에는 영국이, 그 다음으로는 프랑스, 벨기에, 네덜란드가 각자 다른 나라 기업에 비해 자기 나라 기업들이 특권을 누릴 수 있는 제국을 구축하려고 그토록 애썼던 것입니다.

처음에 이들 제국은 서로 합의해 각자의 지분을 조정할 수 있었습니다. 그러나 갈수록 이 제국들이 서로 더 많은 지분을 요구하게 되면서 사이가 틀어지기 시작했습니다. 여러분도 잘 아시겠지만 일본과 러시아도 각자의 제국을 확장하는 과정에서 누가 한반도를 차지할 것이냐를 둘러싸고 사이가 틀어졌습니다. 열강들의 이 같은 각축 때문에 한반도는 20세기 최초의 전쟁터(러일전쟁)로, 그리고 1950년대에는 냉전 시대 최초의 전쟁터(한국전쟁)로 선정되는 끔찍한 영예를 누렸던 것입니다.

## 미국의 마피아 식 지배 전략

20세기 전반기의 주요 전쟁들은 영국과 프랑스를 한 축으로 하고 독일을 다른 한 축으로 하는 세계 패권 전쟁이었습니다. 이들 전쟁에서 쟁점은 두 가지였습니다. 선진 자본주의 국가의 자본가들이 나머지 세계를 수탈할 능력이 그 하나였고, 제국주의 열강 중 누가 나머지 세계를 더 많이 수탈할 것이냐를 둘러싼 충돌이 다른 하나였습니다.

1차 대전에서는 영국과 프랑스가 한 편이 돼서 독일과 싸웠고, 결국 전자가 승리했습니다. 한동안 평화가 이어지다가 곧이어 2차 대전이 발발했는데, 이 때도 1차 대전 때와 동일한 진영이 서로 맞붙었고 미국과 일본이 각각의 진영에 추가됐습니다. 그러나 2차 대전의 결과로 영국과 프랑스는 세계 패권을 잃었고 오히려 미국과 소련이 세계 패권을 나눠 갖게 됐습니다. 2차 대전 직후의 미국은 지구상에서 가장 강력한 자본주의 국가였습니다. 전 세계 생산의 절반 가량이 미국 국경 안에서 이루어졌습니다.

미국과 맞먹을 수 있는 나라는 소련뿐이었습니다. 소련은 경제 규모가 미국보다 작았지만 유라시아 대륙 북부를 거의 독차지하다시피 했습니다. 대서양 내륙 2백마일 지점부터 블라디보스톡에 이르는 지역 전체가 소련의 지배 아래 있었습니다. 미국과 소련 간 힘의 균형이 이루어질 수 있었던 것은 비록 미국이 첨단 무기 면에서는 앞서갔지만 방대한 영토를 장악하고 있는 소련이 지상전에서는 더 유리했기 때문입니다. 이런 식으로 미소 양국이 35년 동안 세계를 지배했습니다.

미국은 소련과 중국 이외의 모든 지역을 지배했습니다. 정확히 말하면 모든 지역은 아니고 몇몇 예외가 있었습니다. 인도 같은 나라는 양대 진영 사이에서 중립을 유지할 수 있었기 때문입니다. 그러나 어쨌든 미국은 세계의 3분의 2를 사실상 지배했습니다. 미국은 과거 영국, 프랑스, 독일, 벨기에, 네덜란드가 행했던 것과 같은 직접적인 식민통치 방식으로 세계를 지배하지는 않았습니다. 그보다는 마피아식 지배 전략을 구사했습니다. 즉, 미국은 세계의 3분의 2에 해당하는 자기 영역 내의 지배계급들에게 "너희들이 '보호세'만 내면 우리가 너희들을 후원해 주마" 했던 것입니다. 물론 이때의 보호세는 현금이 아니라 미국의 다국적 기업들이 그들 나라에서 영업할 수 있게 해주는 것이었습니다.

그러나 그렇다고 해도 미국의 힘이 절대적인 것은 아니었습니다. 때로는 현지 지배자들에게 양보해야 하는 경우도 있었습니다. 예를 들어 남한 지배자들은 1960~70년대에 독자적인 경제 발전 기반을 구축할 수 있었는데, 이는 소련, 중국, 북한과의 경쟁에서 남한이 미국에 필요한 동맹국이었기 때문에 가능했습니다. 이처럼 미국의 보호 아래 미국한테서 어느 정도 자율적인 지배계급이 등장할 수 있었던 국가가 당시에 15~20개 나라 정도 있었습니다. 마피아 영화를 보면 항상 젊고 야심 많은 중간보스가 나이 든 보스를 몰아내고 자기가 '대부'가 되려고 하는데, 미국도 번번이 그런 도전에 직면했습니다.

하지만 젊고 야심만만한 보스가 실제로 그렇게 해서 '대부'가 되는 경우는 흔치 않습니다. 미국이 오늘날 직면한 문제는, 전 세계 생산량에서 미국이 차지하는 비중이 2차 대전 직후에는 50퍼센트 가량이었지만 오늘날에는 22퍼센트 정도밖에 안 된다는 것입니다. 일본, 독일, 중국이 부상해 차례로 미국의 지위를 위협해 왔고 한국이나 인도 같은 더 작은 도전자들도 있습니다. 그 결과 미국의 경제적 지배력은 더는 40~50년 전처럼 압도적이지 않습니다. 그러나 미국은 여전히 압도적인 군사력을 보유하고 있습니다. 지구상에서 미국의 경제력 비중이 22퍼센트라면 군사력 비중은 무려 50퍼센트입니다. 따라서 미국은 군사력이 얼마나 중요한 것인지를 다른 나라 지배자들에게 주기적으로 상기시켜 줘야만 그들에게 영향력을 행사할 수 있습니다.

## 세계화와 국가

이와 관련해서 몇 가지 더 말씀드릴 것이 있습니다. 오늘날 자유시장주의자들, 신자유주의 이론가들 중에는 '자본주의에 더는 국가가 필요하지 않다'고 주장하는 사람들이 있습니다. 좌파 진영에서도 이 같은 주장을 수용하는 사람들이 있습니다. 이들의 주장인즉 '자본이 국경을 넘어 자유롭게 이동하고 세계 각지에 생산 기반을 갖추고 있는데 국가가 왜 필요하겠느냐'는 것입니다.

가령 포드 자동차가 기아 자동차를 자회사로 두고 있다면 포드에게 미국 국가가 왜 필요하겠느냐는 것입니다. 또는 한국의 삼성이 영국에 공장을 두고 있다면 남한 국가가 왜 필요하겠느냐는 것입니다. 또한 주요 다국적 기업들을 보더라도 생산량의 절반 정도를 본국 바깥에서 생산하는데 이런 상황에서 국가의 구실이 뭐가 중요하겠느냐는 것입니다.

하지만 이 같은 논의는 매우 중요한 두 가지 사실을 간과합니다. 일단 다국적 기업들이 생산량의 절반을 본국 바깥에서 해결한다는 말은 뒤집어 보면 나머지 절반을 본국에서 해결한다는 말입니다. 그렇다면 본국에서 벌어지는 일이 다국적 기업에게는 극히 중요할 수밖에 없습니다. 현 경제 위기에서 미국 국내의 상황은 포드나 GM 같은 기업들에게는 사활이 걸린 문제입니다. 반면 삼성과 현대에게는 한국의 상황이 대단히 중요합니다.

다시 말하지만, 생산의 절반이 다른 여러 나라에서 이루어지더라도 나머지 절반이 특정 국가에서 이루어진다면 그 특정 국가에서 벌어지는 일이 그 기업에게는 가장 중요한 문제가 됩니다.

더 중요한 문제로서, 어떤 기업이 세계 곳곳에 자산을 두고 있다면 유사시에 누가 그 자산들을 보호해 주겠습니까? 전 세계 20~30여 나라에 공장을 보유하고 있는 포드의 경우 누구에게 의존해서 그 공장들을 지킬 수 있겠습니까? 다른 나라 국가들이 그 공장들을 지켜 줄 거라 믿을 수는 없습니다. 그 국가들에게 압력을 행사할 더 큰 국가가 자기 뒤를 봐 주고 있지 않은 이상 말입니다. 이 점은 현재 위기에서 극명하게 드러나고 있습니다. 미국의 GM이 현재 파산 절차를 밟고 있는데, 미국에서 GM의 운명은 미국 정부의 결정에 달려 있고 유럽에서 GM의 운명은 영국, 독일 등의 정부에 미국이 가할 수 있는 압력에 좌우될 것입니다. 이런 상황에서는 국가의 힘이 개별 자본가들에게 얼마나 중요한지가 확연히 드러납니다. 각국 정부가 현재 위기에 대처하는 방식을 보더라도 자기 나라 기업을 먼저 구제한 다음 다른 나라 정부에도 똑같이 하라는 압력을 넣는 방식이 대세입니다.

이처럼 국가의 힘이 여전히 중요한 상황에서 미국 국가는 50년 전보다 힘이 많이 약해져 있습니다. 그 때문에 예전보다 훨씬 많은 다른 국가들이 미국으로부터 어느 정도 자율성을 지니게 됐고, 이를 이용해 미국 자본의 이익에 맞서 자기 나라 자본의 이익을 도모하고 있습니다. 특정 국면에서 각국 자본가들이 서로 협력한다 해서 그들이 자기 국가를 이용해 상대방에게 압력을 가하지 않는 것은 아닙니다. 그래서 독일, 일본, 또는 중국 은행이 미국 내에서 영업할 때조차 이들은 독일, 일본, 또는 중국 정부가 미국 정부에 행사할 수 있는 압력에 의존합니다.

이 점은 WTO에서 가장 극명하게 드러납니다. WTO는 기업들의 국제 무역을 규율하는 기구입니다. 하지만 WTO 내에서의 협상은 **국가들** 간에 이루어집니다. 현재 WTO에서 진행중인 논의에서는 미국, 유럽연합, 일본, 그리고 여러 개발도상국 간에 의견이 첨예하게 갈리고 있습니다. 이러한 의견 불일치는 사실 미국, 유럽연합, 일본, 그리고 개도국 **기업**들 사이에 존재하는 이해 갈등을 반영하는 것입니다. 그리고 이들 기업 중 누가 이기고 지느냐는 결국 그 기업이 속한 국가의 힘에 달려 있습니다.


## 미국 헤게모니의 상대적 쇠퇴

이는 미국 헤게모니의 상대적 쇠퇴 문제로 우리를 다시 인도합니다. 미국 국가는 미국 자본의 이익을 도모하려 하지만 50년 전보다 훨씬 불리해진 상황에서 그렇게 하고 있습니다. 20년 전만 해도 그들은 소련이 붕괴함에 따라 자신들에게 훨씬 유리한 여건이 펼쳐질 거라 믿었습니다. 하지만 실제로는 더 어려워졌습니다. 영국, 프랑스, 독일, 일본, 한국 같은 나라들은 소련의 위협이 상존하는 동안에는 미국의 지시를 기꺼이 따랐지만, 소련이 붕괴하고 나서는 좀더 독자적인 목소리를 내기 시작했습니다. 중국이 경제 대국으로 떠오르면서 미국은 한층 더 복잡한 문제에 봉착하게 됐습니다.

미국에서 네오콘들이 5~6년 동안 주도권을 잡게 된 데는 바로 이 같은 배경이 있었습니다. 아시다시피 그들에게는 '미국의 새로운 세기를 위한 프로젝트'라는 것이 있었습니다. 이 구상의 요지는 미국이 한 세기 동안 다른 어떤 나라도 넘볼 수 없는 세계적 패권을 확립할 기회가 존재한다는 것이었습니다. 그 기회를 부여잡으려면 미국이 우세한 군사력을 이용해 자국의 지배력을 과시해야 한다는 것이 네오콘들의 주장이었습니다.

또한 21세기에 전 세계를 지배하려면 지구상의 가장 중요한 천연자원인 석유 공급원을 통제해야 합니다. 석유 공급원을 통제하려면 중동을 완전히 장악해야 합니다. 단지 미국이 소비할 석유만이 아니라 중국, 인도, 유럽이 소비할 석유도 통제해야 합니다. 그렇게 보면 미국이 왜 중동 지역의 '경비견'으로서 이스라엘에 그토록 의존하는지도 이해가 됩니다. 또한 미국이 왜 이라크를 공격했는지도 이해할 수 있습니다. 미국은 이라크를 통제하면 세계 석유 공급의 중심지를 통제할 수 있을 것이고, 그 덕에 다른 국가들과의 협상에서도 압도적으로 유리한 입지를 점할 수 있을 것이라 믿었습니다. 중국이 급성장하고 있고 일본이 여전히 강대국이라고는 해도 이 둘 모두 산유국은 아니며 중동 석유에 의존하고 있기 때문입니다.

그러나 이라크 전쟁이 실제로는 미국 지배자들의 의도와 완전히 상반되는 결과를 낳았습니다. 미국의 입지는 유리해지기는커녕 더욱 불리해졌습니다. 미국이 이라크 상황을 어느 정도 관리할 수 있는 것은 이라크에 남아 있는 미군 병력 때문만이 아니라 이란이 이라크에 개입해서 문제를 일으키지 않겠다고 암묵적으로 합의해 준 덕분이기도 합니다. 그와 동시에 미국은 이라크에 워낙 많은 재원을 투입하고 있는 탓에 다른 중요한 전선에 충분한 역량을 투입하지 못하고 있습니다. 가령 라틴아메리카에서는 미국에 공공연히 적대적인 좌파 정부들이 연이어 집권했는데, 이에 대해 미국은 아무 것도 할 수 없었습니다.

거칠게 말하자면, 미국은 이라크 저항세력과 싸우느라 베네수엘라의 차베스 대통령을 손봐 줄 여력이 없었던 것입니다. 아프가니스탄도 마찬가지입니다. 처음에 미국은 아프가니스탄 점령이 쉬울 줄 알았는데, 이제는 아프가니스탄 상황이 이라크만큼 심각해지고 있습니다. 그런가 하면 에티오피아 군대를 동원해 소말리아를 장악하려던 시도는 완전한 실패로 끝났습니다. 이스라엘의 레바논 점령 시도도 완전히 실패했습니다.


## 미국 대외정책의 변화

바로 이러한 이유에서 지난 1년 사이에 미국의 대외정책에 중대한 변화가 나타났습니다. 오바마가 당선하기 전부터 이미 미국은 예의 공격적인 네오콘 정책에서 이탈하고 있었습니다. 달리 말해, 미국 국가의 힘을 다른 어느 때보다 과시해야 할 경제 위기의 시점에 그들은 자신들의 약점을 시인하고 있는 것입니다. 그렇다고 해서 미 제국주의가 갑자기 평화의 전도사가 되지는 않을 것입니다. 미국의 대외 정책 입안자들은 미국이 나머지 세계에 대한 통제력을 잃는 것을 극도로 두려워합니다. 그들이 특정 국가를 두려워하는 것은 아닙니다. 미국의 경제력이 약해졌다고는 해도 다른 많은 측면에서 미국은 여전히 매우 강력하기 때문입니다.

경제만 보더라도 일부 산업에서는 여전히 미국이 최고입니다. 항공우주 산업, 마이크로소프트로 대변되는 소프트웨어 산업, 제약 산업 등등. 그럼에도 불구하고 미국은 다른 몇몇 국가들이 서로 손잡고 미국에 대적할 경우 상당한 위협이 될 것으로 보고 있습니다. 그래서 미국 지배자들은 자기 나라가 초강대국이긴 하지만 지역적 강대국들에게 둘러싸여 있고, 이들이 서로 협력하면 미국의 지배력을 위협할 수 있다고 말합니다. 예를 들어 유럽연합의 경제 규모는 이제 미국보다 더 큽니다. 물론 유럽연합은 단일 국가가 아니라 국가들의 연합이며, 거기에 소속된 국가들은 많은 경우 서로 의견 차이를 보입니다.

일본은 지금도 세계 2위의 경제 대국으로, 그 규모가 미국 경제의 3분의 1입니다. 세계 경제에서 비중이 점점 커지고 있는 중국 경제의 규모도 대략 미국의 3분의 1입니다. 러시아 경제는 규모가 더 작긴 하지만 서유럽 국가들에게는 중요한 석유 공급원입니다. 말하자면 미국의 처지는 부하들을 단속하는 데 점점 어려움을 겪고 있는 마피아 두목의 처지와도 같습니다. 미 제국주의의 미래를 걱정하는 많은 지식인들은 중국 경제가 지금 속도로 계속 성장할 경우 20~30년 뒤에는 어떻게 될지를 두려워합니다. 그때쯤이면 중국도 초강대국이 될 수 있는 위치에 있을 것입니다.

　참고로 말씀드리자면 중국은 아직 초강대국이 아닙니다. 중국 경제의 규모는 아직 일본 경제와 비슷한 정도입니다. 무기만을 놓고 봤을 때 중국의 군사력은 아직 미국의 10분의 1에 지나지 않습니다. 물론 병력 수는 중국군이 미군보다 훨씬 더 많으며, 따라서 미국이 감히 중국을 침공하지는 않을 것입니다.

　또한 중국 경제가 지금 속도로 20~30년 동안 계속 성장하지는 않을 것입니다. 주기적인 경제 위기를 겪을 가능성이 더 큽니다. 하지만 중국이 언젠가 미국을 따라잡을지도 모른다는 생각 자체가 미국 지배자들을 두려움에 떨게 만듭니다.

　미국 지배자들은 커다란 딜레마에 빠져 있습니다. 예전처럼 세계를 지배하기에는 힘이 너무 약하지만, 그렇다고 해서 기존의 전선에서 후퇴했다가는 수많은 다른 도전자들에게 더욱 밀릴 수 있다는 것입니다. 조지 W. 부시 정부는 이라크를 침공하고 이란을 위협함으로써 이 딜레마를 해결하려 했습니다. 그러나 이제 저들은 이라크에서 철군하는 한편 이란에 유화 제스처를 취함으로써 이 문제를 해결하려 합니다. 그런데 이제 그들은 아프가니스탄에서 또 다른 문제에 직면해 있습니다. 그들은 아프가니스탄에서 후퇴하는 것이 참패로 이어질 것을 두려워합니다. 그래서 미국 언론들은 한결같이 오바마가 진퇴양난에 처해 있음을 지적합니다. 오바마는 앞으로 나아갈 수도 없지만 후퇴하기도 난감한 처지입니다.

　이는 미국이 지금 당장은 2, 3년 전에 비해 훨씬 덜 공세적으로 행동할 것임을 시사합니다. 하지만 달리 말하면 때때로 미국이 무차별

공세에 나서야 하는 상황으로 내몰릴 수도 있음을 뜻합니다. 그래서 오바마는 말로는 평화를 얘기하면서 아프가니스탄에 과거 어느 때보다 많은 병력을 투입하고 있습니다. 오바마가 평화를 얘기하는 동안 미국 폭격기들은 파키스탄 사람들을 계속해서 죽이고 있습니다.

더욱이, 미국은 동맹국들조차 온전히 단속하지 못하고 있습니다. 예컨대 이스라엘은 미국의 경비견이긴 하지만 항상 주인 말을 잘 따르지는 않습니다. 아랍 국가 수반들은 오바마와 클린턴에게 이스라엘 정착촌을 어떻게 좀 해보라고, 그러지 않으면 중동 곳곳에서 반란이 일어날지도 모른다고 하소연해 왔습니다. 이에 대해 이스라엘 지배자들은 오바마와 클린턴에게 "우리는 정착촌이 늘어나는 것을 전혀 막을 생각이 없다. 당신들이 그걸 막으려 한다면 미국 의회에서 우리가 난리를 칠 것이다" 하고 경고해 왔습니다. 마찬가지로 그루지야와 우크라이나에도 미국과 러시아 간의 무력 충돌을 유도하려는 정치 지도자들이 일부 있습니다. 사정이 이렇기에 앞으로 평화로운 시기가 도래하기는커녕 겉으로는 평온해 보이다가도 갑자기 끔찍한 무력 충돌이 벌어지곤 할 가능성이 훨씬 큽니다. 비유를 들자면, 사자나 곰 같은 맹수는 평상시에도 위협적이지만 상처 입었을 때 더 위험합니다. 오늘날 미국의 처지가 바로 상처 입은 야수의 처지입니다.


## 정리 발언

먼저 미국을 지나치게 악마화하는 것 아니냐는 질문에 답변하겠습니다. 청중 토론 때 한 분이 말씀하셨듯이 저 또한 미국 '국민'에 반대하는 것이 아니라 미국 '국가'에 반대하는 것입니다. 제가 집에 있을 때 듣는 음악은 거의 모두 미국 음악이며, 제가 읽는 소설 중에 도 미국 소설이 많습니다. 제가 그런 소설에서 배운 점은 미국 자본 주의와 미국 국가가 평범한 미국인들을 지독히도 학대한다는 사실 입니다. 제가 요즘 즐겨 보는 TV 프로는 '와이어'라는 시리즈물인데, 미국 볼티모어 시 슬럼가에서의 삶이 얼마나 끔찍한지를 그린 내용입 니다. 미국 정부의 부패도 적나라하게 드러납니다. 미국 기업들이 하 고 있는 짓을 보자면, 그들은 이윤을 찾아 전 세계를 돌아다닐 뿐 아니라 민주/공화 양당에 막대한 선거 자금을 제공함으로써 미국 정 치도 좌지우지합니다. 국제 무대에서 미국이 저지른 만행을 논하자 면 한국 전쟁 얘기부터 하지 않을 수 없습니다. 미국은 한반도를 남 쪽 끝부터 북쪽 끝까지 쑥대밭으로 만들었습니다. 단지 미국 자본 주의에 적대적인 독재자에 맞서 미국 자본주의에 우호적인 독재자 를 지켜주기 위해서였습니다. 그리고 1962년 무렵에 미국이 남한의 경제 발전을 허용했던 것도 사실은 그전 10년 동안 남한 경제가 워 낙 지지부진했던 탓에 과연 남한이 앞으로 북한에 맞서 제대로 싸 울 수 있을지를 미국이 걱정할 지경이 됐기 때문이었습니다. 그러다 가 베트남 전쟁이 일어나자 미국은 또 한 나라를 파괴하려고 한국 기업들에게 군수 물자 조달 계약을 몰아줬습니다. 또 한 가지 지적 할 것은, 미국의 패권 아래 있었던 나라 가운데 남한처럼 경제 발전 을 이룩한 사례가 흔치는 않다는 점입니다. 소위 신흥공업국가들의 부상은 미국의 영향권에 있는 제3세계 지역에서는 매우 예외적인 현상이었습니다.

민주당이 공화당보다 나은가 하는 질문에 답하겠습니다. 미국의 자유주의자들은 종종 민주당을 '차악'(次惡)으로 묘사합니다. 그러나 차악도 악이긴 마찬가지입니다. 오바마가 당선할 수 있게 한 분위기 변화가 미국과 전 세계 사람들에게 긍정적인 변화인 것은 분명합니다. 그러나 오바마는 전 세계인들의 이익과 배치되는 이해관계를 지닌 국가 기관에 속해 있습니다. 그렇기에 온두라스에서 그처럼 놀라운 상황이 벌어질 수 있는 것입니다. 선출된 대통령이 군사 쿠데타로 쫓겨났습니다. 미국은 그 쿠데타를 승인하지 않았습니다. 그러나 선출된 그 대통령이 온두라스로 귀국하려 하자 미국 정부는 그의 처신을 비난했습니다! 즉 미국 국가는 그 자신이 과거에 세계 곳곳에 구축해 둔, 미국이 세계를 수탈하는 데 도움이 되는 비민주적 구조들을 훼손하려 하지 않는 것입니다.

국가 없는 세상으로 가는 경향성은 엄연히 존재하지 않느냐는 질문에 답하겠습니다. 자본주의가 국경을 가로지르는 체제이고, 그 세계적인 작동을 규율하는 데 국제기구들이 필요하다는 점은 사실입니다. 그래서 WTO, 세계은행, IMF, 세계보건기구, ILO 등의 국제기구가 존재하는 것입니다. 하지만 이 모든 국제 기구에서 벌어지는 협상의 주체는 국가들입니다. 또한 이들 기구가 개별 국가의 직접적 통제를 벗어난 관료 구조를 형성할 수는 있어도 개별 국가의 압력에서 자유로울 수는 없습니다. 사실 그렇게 될 수밖에 없습니다. 거대 기업들은 세계적 수준에서 구축된 관료 구조에도 최대한 영향력을 행사하려 하기 때문입니다. 경제 위기 시에는 그러한 관료 구조를 쥐락

퍼락 하는 기업들이 그러지 못한 기업들보다 우위에 설 수 있습니다. 1997~98년의 동아시아 경제 위기 때는 IMF의 개입이 한국 자본주의에도 도움이 됐지만 미국 자본주의에는 특히 더 유리하게 작용했습니다. 현재 WTO의 도하 라운드에서 벌어지고 있는 논쟁은 전적으로 어느 나라 자본이 이득을 보고 어느 나라 자본이 손해를 보느냐를 둘러싼 논쟁입니다.

이라크 전쟁과 아프가니스탄 전쟁 비용이 그렇게 크다면 차라리 전쟁을 안 하는 것이 미국에 이득이지 않느냐는 질문이 있었습니다. 바로 이 점이 미국 지배계급의 딜레마이기도 합니다. 그들은 이라크 전쟁에 2조에서 3조 달러를 쏟아 붓고도 아무것도 얻지 못했습니다. 그러나 이제 와서 이라크 전쟁에 한 푼도 더 쓰지 않는다면 세계 패권을 더 많이 잃을 수도 있습니다. 그래서 이라크에 병력을 계속 주둔시키고 있고 점점 더 많은 병력을 아프가니스탄에 투입하고 있습니다. 철군했다간 다른 강대국들에 대한 미국의 영향력이 더욱 줄어들까 봐 두려워하기 때문입니다. 거칠게 말하자면, 만약 미국이 중동 석유를 통제할 수 없다면 일본이 중국과 손잡지 못할 이유가 뭐가 있겠습니까? 플로어에서 한 분이 말씀하셨듯이, 중국과 일본이 동맹을 맺는다면 그 동맹은 잠재적으로 미국보다 더 강력해질 수 있습니다. 이는 민주/공화를 막론하고 미국 지배계급의 어느 분파도 상상하기 싫은 시나리오입니다.

어떤 분은 미국이 몰락하고 있다고 말씀하셨는데, 우리는 두 가지 측면을 함께 봐야 합니다. 분명 미국의 경제적 지배력은 50년 전에 비해 크게 약해졌습니다. 그러나 여전히 매우 강력합니다. 어떤 분은 미국에 더는 제조업이 존재하지 않는 것처럼 말씀하셨는데, 저는 그 반대로 주장하겠습니다. 중국은 아주 미약한 우주항공 산업을 보유하고 있습니다. 저는 내일 중국행 비행기를 탈 예정인데, 그 비행기는 아마도 유럽산이거나 미국산일 것입니다. 중국의 자동차 산업도 아직 걸음마 단계입니다. 서울 시내에서도 중국산 자동차는 좀처럼 보이지 않습니다. 그러나 포드 자동차는 간혹 보입니다. 전 세계 제약 산업도 유럽 기업이나 미국 기업들이 주름잡고 있습니다. 퍼스널 컴퓨터의 소프트웨어 시장도 마이크로소프트가 지배하고 있습니다. 그 밖에도 수많은 사례를 들 수 있습니다. 달리 말해, 미국은 세계 최강의 제조업 국가입니다. 앞으로도 그러리라는 보장은 없지만 어쨌든 현재로서는 그렇습니다. 국제 금융 시스템에서도 미국의 우위는 여전합니다. 그렇기 때문에 중국 정부는 공산품 수출로 벌어들인 막대한 외화를 미국 국채에 투자하는 것입니다. 한편 중국의 수출품 중 다수는 100퍼센트 중국산이 아닙니다. 중국은 한국, 대만, 싱가포르, 말레이시아 등지에서 수입한 부품을 중국에서 조립한 다음 해외로 수출합니다. 이는 중국이 미국과 대등한 경제력을 얻기까지 오랜 시간이 걸릴 수 있음을 뜻합니다. 그와 동시에, 중국과 미국의 관계는 매우 모순적입니다. 중국은 미국에 물건을 팔기 위해서라도 미국에 돈을 빌려 줘야 하는 처지입니다. 따라서 중국은 미국과 관계를 끊을 수 없습니다. 하지만 많은 경우 미국과는 독자적인 노선을 추구할 수 있습니다. 이 점을 이용해 중국은 미국의 군사력과 대등할 정도는 아니어도 미국의 견제 세력은 될 수 있을 정도의 군사력을 키우고 있습니다.

어떤 분은 제3세계의 소외에 대해 말씀해 주셨습니다. 그런데 제가 볼 때 '제3세계'라는 표현은 오늘날 그다지 유용하지 않습니다. 과거에 '제3세계'의 일부분이었지만 그 후 산업화를 이루어낸 국가들도 있기 때문입니다. 세계 체제로 보면 중국, 남한, 대만, 싱가포르, 말레이시아, 브라질, 멕시코, 아르헨티나 등의 나라는 '어지간한 산업국가'라고 할 수 있습니다. 반면 과테말라, 파라과이, 온두라스, 볼리비아 등 남미의 많은 나라와 아프리카의 거의 전 대륙, 파키스탄과 인도 대부분 지역은 30~40년 전과 다름없이 가난합니다. 인도의 경우에도 일부 지역에는 산업이 들어서면서 많은 변화가 나타났지만 다른 지역, 예컨대 인구 1억 7천만의 우타르 프라데시 주 같은 곳은 거의 어떤 산업도 존재하지 않는 절망적인 빈곤의 땅으로 남아 있습니다. 이런 지역은 확실히 소외되고 있습니다. 자본주의는 이러한 지역에 약간이나마 남아 있는 부를 쥐어 짜내는 것 외에는 아무런 이해관계를 갖고 있지 않습니다.

마지막으로 한국이 다국적 기업들의 영향력에서 벗어날 수 있겠느냐는 질문에 답하겠습니다. 한국은 먼저 재벌의 영향력에서 벗어나야 합니다. 재벌들과 국가는 이미 1962년부터 남한 정치를 좌지우지해 왔습니다. 재벌들의 관심사는 오직 한국 노동자들과 여타 다른 나라 노동자들의 희생을 대가로 자신들이 다국적 기업으로 성공하는 데 있습니다. 그들은 지난 45년 간의 산업화 과정에서 한국 민중에게 어마어마한 고통을 강요했습니다. 이제야말로 한국 노동자와 빈민 들이 지난 45년 동안 강탈당한 부를 되찾은 다음 한국 사회의 총체적 변혁을 위해 그 부를 활용할 때입니다. 물론, 막상 그렇게 했을 때 한국 민중은 전 세계의 크고 작은 제국주의 국가들의 협공을 받을 것입니다. 그러나 한국 민중이 그런 일을 해낸다면 그동안 제국주의에 고통 받아 온 전 세계 수많은 사람들 사이에서 엄청난 연대감을 불러일으킬 것입니다. 제가 보기에는 자본주의에 맞선 세계적 반란이 한국에서 처음 시작될 것 같지는 않습니다. 그러나 한국의 운동은 자본주의적 축적 논리에 저항하는 전 세계적 운동의 일부분입니다. 그리고 이 운동은 경제적 착취에 맞선 저항일 뿐 아니라 전쟁에 맞선 저항이기도 합니다. 감사합니다.

# 오늘의 제국주의

좌파측에서 제국주의를 지나치게 단순하게 이해하는 경향이 있는데, 부국이 빈국에 대해 지배력을 행사하는 것이 제국주의라는 것이다. 결국 제국주의는 제3세계와 관계 있는 것이라는 것이다. 이것은 마르크스주의적인 제국주의 이해의 일부이기는 하지만 전부는 아니다. 마르크스주의의 관점에서 보면 제국주의는 자본주의 발전의 특정 국면이다. 레닌은 제국주의를 "자본주의의 최신 단계"라고 불렀다.

제국주의를 가장 분명하게 이론화한 사람은 부하린이었다. 부하린은 제국주의가 두 가지 경향에 의해 규정된다고 했다. 하나는 자본의 국제적 통합으로 나아가는 경향이고, 다른 하나는 국가 자본주의로 나아가는 경향이다. 분명히 이 경향들은 서로 모순된다. 자본주의의 세계적 통합은 국가 자본주의를 약화시키고 그 역도 마찬

알렉스 캘리니코스. 2000년 1월에 발행된 《비교국제정치논총》에 실렸다.

가지다. 실제로 제국주의의 역사는 이들 두 경향 사이의 균형에 달려 있는 상이한 국면들의 역사였다.

두 경향 모두 축적 과정의 결과이다. 마르크스는 자본 축적의 결과 그가 "자본의 집적과 집중"이라 부른 일이 일어남을 보여 준다. 즉, 개별 자본의 규모가 증대하는 한편, 개별 자본의 수는 감소한다. 그 결과 자본주의는 국경 밖으로 뻗어 나가고, 각국 내의 경제력 집중 증대가 사적 자본과 국가의 통합을 낳았다. 이 결과 자본들 사이의 경쟁 형태가 바뀐다. 더 이상 기업들 사이의 시장 경쟁만이 아닌 국가들 사이의 외교·군사 경쟁으로도 바뀌는 것이다.

레닌은 제국주의에 대해 부하린만큼 세련된 이론적 설명을 발전시키지 않았다. 그러나 그는 이 과정의 정수를 포착했다. 그리고 그것의 핵심적인 정치적 함의를 정식화했다. 즉, 이 시대는 제국 열강들 사이의 갈등과 전쟁 — 레닌의 말을 빌자면 "세계 재분할을 위한 열강들 사이의 투쟁" — 으로 나아가는 경향이 있는 시대라는 것이다. 이에 따라 레닌은 자유주의적 평화주의에 근거해서가 아니라 혁명적 국제주의에 근거해 제1차세계대전을 반대했다. 달리 말해, 전쟁의 원인은 제국주의이고 해결책은 사회주의 혁명이라는 것이다.

그러나 레닌의 설명에는 결정적인 약점이 있다. 그것은 "노동 귀족" 이론이다. 레닌은 제국주의와 관련지어 개량주의의 물질적 토대를 설명하려 했다. 레닌은 그가 "제국주의의 극도 이윤"이라 부른 것에 의해 노동자 계급의 일부가 매수된다는 사실에서 개량주의가 비롯하는 것이라고 주장했다. 그는 일부 노동자들이 제국주의로부터 득을 보고 다른 노동자들은 그렇지 않은 경제적 메커니즘을 결코 설명하지 않았다. 만일 그의 이론이 제1차세계대전중인 유럽에서 옳았다면, 금속 노동자들은 임금이 매우 높고 조직이 잘 돼 있는 직종의 노동자들이었으므로 노동운동의 보수파였을 것이다.

실제로는, 바로 그들의 강력한 지위 때문에 그들은 전쟁 경제를 편제하려는 자본가들과 각 국가의 가장 주된 표적이 됐다. 그래서 제1차세계대전 말에 모든 나라 노동자 운동의 전위에 섰던 것은 바로 금속 노동자들이었다. 페트로그라드와 베를린과 토리노와 글래스고에서 그들은 혁명 운동의 사회적 기반이었다.

그러므로 "노동 귀족"이론은 잘못된 이론이었을 뿐 아니라 좌파에 나쁜 영향을 미쳤다. 특히 좌파 민족주의자들은 서구 노동자 계급 전체가 제3세계에 대한 착취로부터 득을 본다고 주장한다. 이것은 레닌이 결코 주장한 적이 없는 것이지만, 이런 주장을 하는 좌파 민족주의자들은 레닌한테서 착상을 얻었다. 하지만 이것은 전적으로 잘못된 이론이다.

첫째, 이 이론은 부국의 노동자들이 더 높은 임금을 받기 때문에 그들보다 제3세계 노동자들이 더 착취당한다고 주장한다. 그러나 단순히 상이한 노동자 집단들의 임금 수준을 비교함으로써 그들의 착취 정도를 알 수는 없다. 노동자들이 지급받는 임금과 그들이 자본가들을 위해 생산하는 이윤 사이의 관계를 보아야 한다. 오히려 선진국의 생산성 수준이 더 높기 때문에 예컨대 미국 노동자들이 임금을 훨씬 적게 받는 제3세계 노동자들보다 임금에 비해 더 많은 이윤을 자본가들을 위해 생산할 가능성이 크다.

둘째, 해외 직접투자는 부국과 좀더 선진적인 또는 신흥 공업국에 집중돼 있다. 이것은 제3세계 노동자들이 자본주의 착취의 주된 원천이라는 예상과는 정반대이다. 만일 제3세계 빈국의 노동자들이 가장 많이 착취당하는 것이 사실이라면 이들 나라에 가장 많은 투자가 이루어졌으리라고 생각할 것이다. 그러나, 실제 현실은 빈국들이 축적 과정에서 배제돼 있다는 것이다. 국제 자본주의는 예컨대 아프리카의 대부분을 사실상 포기해 왔다.

## 제국주의의 세 국면

이제 제국주의의 발전의 세 주요 국면을 간단히 구별해 보자. 이 국면들은 두 가지 경향, 즉 세계적 통합으로 나아가는 경향과 국가 자본주의로 나아가는 경향 사이의 균형 변화로 구별된다.

첫째 국면은 1870년부터 1945년까지 고전적 제국주의의 국면이다. 이 국면은 처음에 세계적 통합화 경향과 국가 자본주의화 경향이 협동 — 상호보완적으로 작용 — 했다. 그러나 시간이 지남에 따라 제국주의간의 경쟁과 갈등으로 나아가는 경향이 세계적 통합으로 나아가는 경향을 약화시켰다.

1914년과 1945년 사이에 세계 경제는 서로 경쟁하는 국가 자본주의 블록들로 부분 해체됐다.

둘째 국면은 "냉전 제국주의"라고 부를 수 있는 국면이었다. 이 시기는 1945년부터 1990년까지의 시기였다. 한편으로, 양대 초강대국 블록 사이에 외교·군사 경쟁이 있었다. 다른 한편으로, 세계 경제가 서방 자본주의 블록을 중심으로 급속히 통합되는 사태가 전개됐다. 다시금 시간이 지나자 한 경향이 다른 경향을 약화시켰다. 한편으로, 서방 자본주의 블록의 생산성 향상이 국가 자본주의 나라들을 더욱더 뒤처지게 만들었다. 다른 한편으로, 서방 자본주의 블록 내의 경제적 경쟁, 특히 미국과 일본·서독 사이의 경제적 경쟁이 서방 자본주의 블록의 응집력과 단결을 흔히 약화시키곤 했다. 서방 자본주의 블록 내의 이러한 경쟁 증대는 1970년대 초에 시작된 경제 위기 시대를 초래하는 데 일조했다. 그러나, 동시에, 경쟁은 위기에 의해 격화된다.

제국주의의 셋째 국면은 1990년경에 시작된 불안정하고 유동적인 현 시기이다. 제국주의의 현 국면이 지니고 있는 핵심적인 특징들 가운데 첫째 것은 서방 자본주의 블록의 해체로 나아가는 경향이 더욱 진척되고 있다는 점이다. 미국과 일본과 유럽연합(EU) 사이의 경제적 경쟁이 더 격화되고 더 불안정해지고 있다. 그와 동시에, 냉전이 서방 자본주의 블록에 강요한 규율이 없어졌다. 상이한 서방 경제들이 소련 블록이라는 외적 때문에 어쩔 수 없이 미국의 지도를 받아들이지 않을 수 없었던 냉전 시대의 압력은 이제 없다.

둘째 특징은, 그럼에도 미국이 여전히 가장 강력한 제국주의 열강이라는 점이다. 이것은 특히 세 가지 점을 반영한다. 첫째, 1960년대에서 1980년대까지 미국 경제는 일본과 서독의 강력한 경제적 압력을 받았다. 1980년대 말부터는 적어도 일부 부문에서 미국 경제는 회복했거나 해외 경쟁자들과 비교해 경쟁력이 향상됐다. 마이크로소프트와 인텔의 역할은 이것의 사례이다. 둘째, 일본과 독일의 경제가 모두 1990년대 동안 심각한 문제들에 부딪혀 온 것과 비교해 볼 때 미국 경제는 1990년대의 대부분 동안 성장했고 지난 2년간은 꽤 빨리 성장했다. 셋째 요인은 미국이 다른 모든 강대국들에 대해 압도적인 군사적 우위를 점하고 있다는 것이다. 이 우위는 냉전이 끝남으로써 더 벌어졌다. 지난해 미국의 군사비는 러시아의 약 4.6배, 중국의 약 8배이고, 러시아, 중국, 영국, 일본, 프랑스, 독일의 군사비를 모두 합친 것보다도 더 많았다.

현 상황의 셋째 특징은 제국주의간 충돌의 가능성이다. 올해 초의 발칸전쟁은 한편으로 미국과 다른 한편으로 러시아·중국 사이의 긴장을 매우 분명하게 드러냈다. 미국의 군사적 계획은 이론상 미국이 이라크와 북한이라는 두 '악당 국가'들과 동시에 싸울 수 있다는 가정에 근거하고 있다.

그러나 실제로는 미국의 군비 지출 수준은 이에 필요한 수준보다 훨씬 더 높다. 미국 국방부가 러시아와 중국을 잠재적인 적으로 여기고 있다는 것이 훨씬 더 타당한 말일 것 같다. 그리고 지난 몇 년간 미국 기성체제의 일부는 그들이 중국의 위협으로 파악하는 것에 대해 더욱 공공연하게 얘기해 왔다.

이 맥락에서 특별히 언급할 게 있다. 옛 소련의 일부였던 중앙 아시아는 이제 제국주의간 갈등의 중요한 지역이 되고 있다. 그 이유는 부분적으로 막대한 양의 석유와 가스가 카스피 해 주위에 매장돼 있기 때문이다. 하지만 또한 러시아와 중국과 모두 인접한 그 지역의 전략적 중요성 때문이기도 하다. 지금 미국은 그 지역에서 매우 활발한 외교를 펴고 있다. 나토(북대서양조약기구) 정상회담이 열린 지난

4월, 옛 소련 소속 중앙 아시아 공화국들이 중심이 돼 GUAM이라는 새 블록이 워싱턴에서 형성됐다. 왜 그들이 워싱턴에서 만났을까? 왜 냐하면 이 블록은 미국이 후원하는 반(反)러시아 블록이기 때문이 다. 그 지역 전체에서 온갖 매우 복잡한 외교적 책략이 벌어지고 있 다. 러시아가 그 지역을 지배하던 동안은 그 지역은 제국주의의 관점 에서 볼 때 안정돼 있었다. 지금은 그 지역은 19세기에 처했던 상태 가 돼 있다. 즉, 열강들이 서로 책략을 부리는 지역이 됐다.

마지막으로, 세계에는 다른 불안정한 지역이 물론 있다. 두 개의 코리아와 중국과 대만 등이 있는 동아시아가 있다. 또 다른 지역은 특히 그리스와 터키가 갈등을 빚고 있는 지중해 동부 연안이다. 여 기서 아류 제국주의의 역할을 염두에 둘 필요가 있다. 즉, 경제적 경 쟁뿐 아니라 외교·군사적 경쟁도 초래하는 자본 축적의 논리는 단지 세계적 규모에서만 작용하는 것이 아니라 지역적 규모로도 나타난 다. 지역 규모에서 현지 자본주의 강국들은 제국주의 강국들이 설정 한 한계 안에서 지역 지배를 위해 투쟁할 수 있다.


## 최근의 전쟁들에 대한 이해

이러한 배경에 비추어 우리는 최근의 발칸 전쟁 같은 사건들을 더 잘 이해할 수 있다. 첫째, 나토의 확장이다. 나토는 원래 소련과 그 동맹국들에 맞서는 방어적 동맹으로 상정됐다. 그러나 클린턴 정부 는 나토를 강화해 왔고 나토를 중부·동부 유럽으로 확장했다. 클린턴 정부는 또한 주로 옛 소련 소속 공화국들과의 평화협정을 위한 제휴를 통해 나토의 영향력을 확대해 왔다. 지난해 미국 국무장관 매들린 올브라이트는 나토가 중앙 아프리카에서 중동에 이르기까지 평화를 위한 세력이 되고 있다고 말했다. 나토의 확장은 친서방 동맹국들로써 러시아를 에워싸는 데 이바지한다. 뿐만 아니라 나토는 또한 미국이 유럽에서 지도적인 정치·군사 권력임을 정당화한다. 사실상 이것은 이 지도 역할이 유라시아의 대부분을 포괄해야 한다는 주장을 포함한다.

둘째, 이러한 제국주의간 경쟁이 단지 러시아와 중국을 겨냥한 것이 아님을 이해하는 것이 중요하다. 미국은 서방의 경제적 경쟁자들에게 미국의 군사력이 없어서는 안 될 것임을 입증하기 위해 군사력을 사용한다. 1991년의 걸프 전쟁은 중동의 석유 생산 지역에서 서방의 헤게모니를 주장하기 위한 것만이 아니었다. 일본과 독일은 중동산 석유에 미국보다 더 의존한다.

그래서 부분적으로 걸프 전쟁은 일본인들과 독일인들에게 그들이 석유 확보를 미국의 군사력에 의존한다는 것을 상기시키는 것이었다. 그 뒤 옛 유고슬라비아 지역인 보스니아와 코소보에서 미국은 유럽연합이 자기 자신의 뒷마당에서 발생하는 문제들을 해결할 수 없음을 보여 주기 위해 군사력을 사용했다. 동아시아의 경우는 전역미사일방위(TMD) 체제 덕분에 편리하다. 왜냐하면 미국은 일본인들에게 그들의 안보가 미국에 달려 있음을 TMD를 통해 상기시킬 수 있기 때문이다.

셋째이자 마지막으로, 제국주의 전쟁의 성격이 바뀌고 있음에 주목할 필요가 있다. 20세기 전반부 기간에 제국주의 전쟁의 유력한 형태는 서로 경쟁하는 제국주의 열강들이 서로 전쟁을 벌이는 제국주의간 전쟁이었다. 제2차세계대전이 끝난 뒤에 제국주의 전쟁의 유력한 형태는 오히려 민족 해방전쟁이었다. 즉, 제국주의 열강이 혁명적 민족주의 운동 — 중국·베트남·알제리 등의 — 과 싸우는 것이었다. 그러나 지난 15년 남짓 사이에 한편에 제국주의 강국이 있고 다른 한편에 아류 제국주의 강국이 있는 새로운 종류의 제국주의 전쟁이 전개돼 왔다.

이것의 최초 사례는 1982년 영국과 아르헨티나 사이에 벌어진 포클랜드전쟁이었다. 당시에 마르크스주의자들은 그저 두 지배계급들이 정신이 나갔다고만 생각했다. 실제로 포클랜드 전쟁은 거의 무가치한 섬 하나를 놓고 벌인 비교적 중요하지 않은 전쟁이었다. 양편 모두 국내 정치상의 이유로 전쟁을 벌였다. 하지만 실상은 포클랜드 전쟁은 신종 제국주의 전쟁의 첫 사례로 판명됐다. 1980~88년의 제1차 걸프 전쟁도 나중에는 이런 성격을 띠게 됐다. 대부분의 기간 동안 그 전쟁은 이란과 이라크라는 두 아류 제국주의들 사이에 지역 패권을 놓고 벌어진 전투였다. 그러나 전쟁의 마지막 국면에서 미국이 이라크 편을 들어 개입했다. 왜냐하면 미국은 만일 이란이 이긴다면 이것이 중동 전역에서 혁명적 반제 이슬람교를 강화할 것임을 두려워했기 때문이다. 그래서 서방은 사담 후세인이 반드시 승리하도록 애썼다. 그 뒤 1991년 제2차 걸프 전쟁이 일어났다. 이 전쟁의 원인은 사담 후세인이 제1차 걸프 전쟁 승리 이후 탐욕이 지나쳐 쿠웨이트를 강탈했기 때문이다. 그래서 미국은 다국적군을 구성해 사담 후세인을 분쇄했다. 크리스 하먼이 지적했듯이, 이것은 어떤 지역 깡패든 무슨 일을 하기 전에 먼저 워싱턴에 전화를 걸어야 함을 그들에게 상기시키기 위한 것이었다. 가장 최근의 사례는 발칸 전쟁이다. 다시금 제국주의 동맹(나토)이 지역 깡패인 세르비아의 밀로세비치와 싸웠다. 밀로세비치는 특히 보스니아 전쟁의 데이턴 협정과 관련해 미국이 기쁘게 협력했던 지역 깡패였다. 그러나 미국은 자신이 선택한 곳에 나토가 개입할 수 있음을 보여 주기 위해 코소보를 놓고 그에게 최후통첩을 보냈다.


## 맺음말

이것이 오늘날 중요한 사태 전개이다. 그리고 혁명가들이 이 사태 전개를 분명히 이해하는 것이 중요하다. 왜냐하면 부하린과 레닌이 분석한, 제국주의로 나아가는 일반적 경향은 새로운 정당화를 이용하는 새로운 형태로 발전하고 있기 때문이다. 이것은 신종 제국주의 전쟁의 본질을 살펴보면 알 수 있다. 앞서 언급한 사례들에서 부르주아 민주주의인 제국주의 강국들이 지역의 독재 정권들과 싸운다. 이 때문에 제국주의 강국들은 전쟁을 민주주의와 "파시즘" 사이의 전쟁으로 비쳐지게 할 수 있게 된다. 그리고 이런 주장은 좌파의 일부에 영향을 미칠 수 있다. 예컨대 최근의 발칸 전쟁 중에 한때 혁명가였던 독일 외무장관 요슈카 피셔는 그 전쟁이 1930년대 스페인 내전처럼 파시즘에 맞선 전쟁이라고 주장했다.

다른 이데올로기적 정당화는 "인도주의적" 개입이라는 것이다. 제국주의로 말미암아 위기가 빚어졌고, 제국주의 강국들은 그럼에도 이렇게 말한다. '보라. 사람들이 고통을 받고 있지 않은가. 우리는 그들을 돕기 위해 군대를 보내야 한다.' 1990년대에 이런 일이 거듭거듭 일어났다. 소말리아에서 미군은 마침내 소말리아 민중과 싸우고 수천 명을 죽였다. 보스니아에서 미국의 개입은 나라의 민족별 분할을 강요했다. 코소보에서 나토의 폭격은 알바니아인들에 대한 민족 청소를 초래했는데, 이것은 바로 나토가 막겠다고 했던 것으로 이제는 세르비아인들에 대한 민족 청소를 초래했다.

이런 쟁점들은 좌파를 몹시 분열시킬 수 있다. 예컨대 영국과 프랑스의 좌파는 최근 발칸 전쟁 중에 심각하게 분열했다. 그러므로 혁명가들에게는 명료함과 굳건함과 한결같음이 필요하다. 동티모르에 대한 새로운 유엔 개입 문제에 대해서도 마찬가지다. 우리가 경험으로 얻은 지식은 이렇다. 첫째, 개입에 찬성하는 주장을 매우 명료하고 굳건하게 공격해야 한다. 둘째, 특정한 제국주의적 개입에 반대해, 다른 문제에서라면 엄청나게 정치적 차이점이 많은 사람들과 꽤 광범한 운동을 건설하는 것에 참여할 태세가 돼 있어야 한다. 이와 동시에, 우리는 이런 종류의 위기들과 전쟁들에 대한 해결책은 사회주의 혁명뿐임을 주장해야 한다.

# 알렉스 캘리니코스 인터뷰 —
# 마르크스주의와 제국주의

Q. 당신은 제국주의가 자본주의의 최고 단계라는 레닌 정식이 옳다고 생각합니까?

제국주의에 관한 레닌 책의 원래 제목은 《제국주의 — 자본주의의 최신 단계》입니다. 따라서 흔히 알려진 제목과는 뜻이 상당히 다릅니다. 저는 레닌과 19세기와 20세기 초반의 다른 위대한 마르크스주의자들의 주장, 즉 동시대 자본주의에서 질적 변화가 일어났다는 주장이 옳았다고 생각합니다.

다만 저는 21세기 초의 시점에서 되돌아보면서 제국주의를 자본

---

〈레프트21〉 44호, 2010년 11월 11일. https://wspaper.org/article/8820. 이 글은 아르헨티나의 문화 단체 '이성과 혁명'(RAZÓN Y REVOLUCIÓN)이 세계적으로 저명한 마르크스주의자이자 영국 사회주의노동자당 중앙위원인 알렉스 캘리니코스와 한 인터뷰를 옮긴 것이다.

들 간 경제적 경쟁과 국가들 간 지정학적 경쟁이 상호 작용하면서 모순적이고 불안정한 결합(데이비드 하비가 옳게 지적한)을 이룬 것으로 정의하고 싶습니다. 제 최근 저작인 《제국주의와 세계 정치경제》 (2009)가 이 점을 다뤘습니다.

Q. 레닌은 제국주의론에서 세계적 열강들의 경제 외적 활동이 종속국 토착 부르주아지의 발전을 가로막는다고 주장했습니다. 당신은 이렇게 정치적 관계를 통해 저발전을 설명하는 것이 가장 올바른 설명 방식이라고 생각하십니까, 아니면 동일한 현상을 가치법칙이나 세계적 경쟁으로 설명할 수 있을까요?

저는 방금 하신 말씀이 레닌의 제국주의 이론을 정확히 소개한 것인지 의문이 듭니다. 레닌은 카우츠키의 초제국주의 이론을 비판하면서 불균등 발전의 중요성을 강조했습니다. 레닌은 단지 나라와 지역들 간 경제적 불평등만을 가리킨 것이 아니라, 자본주의가 본래 그런 불평등을 낳을 수밖에 없고 부의 불균등한 분배가 계속 변하면서 지배적 열강들 간 안정적 동맹 결성이 불가능해진다고 말했습니다.

레닌은 "50년 전에 독일은 가난하고 중요하지 않은 나라"였지만 자기 시대에 들어 독일이 주요 제국주의 열강으로 부상한 것을 지목했습니다. 다시 말해, 전 지구적 자본축적 과정의 불균등한 성격 때문에 새로운 열강들이 미래에 등장할 수 있다는 것이었습니다.

따라서 레닌은 확실히 종속이론가는 아니었습니다. 비록 그가 '노동귀족론' 등 이론적 실수를 범하긴 했지만 말입니다. 저는 나라와 지역들 간 관계가 가치법칙과 세계 경쟁에 의해 결정된다는 주장에 레닌이 공감했을 것이라 생각합니다.

Q. 오늘날 위기가 제1·2차세계대전 때처럼 제국주의 열강들 간의 전쟁을 낳을까요?

단기적으로 그런 일이 벌어질 가능성은 별로 없습니다. 왜냐하면 미국의 '잠재적 경쟁자들'은 약하거나(러시아), 분열해 있거나(유럽연합), 종속돼 있거나(일본), 혹은 신중해(중국) 미국과 맞서려 하지 않기 때문입니다. 또, 미국의 잠재적 경쟁자들 중 어느 누구도 그런 대결을 바랄 만큼 절망적 처지에 몰려 있지도 않습니다.

그러나 미국과 중국 간 갈등은 상당히 심각합니다. 당장은 무역과 환율 문제로 그렇고 앞으로 몇십 년간 갈등이 더 심각해질 것입니다. 미래에 미국과 중국 간 심각한 충돌이 벌어질 가능성은 실재합니다.

Q. 제국주의 열강과 비교해 종속국을 정의할 때 흔히 외채라는 범주를 사용합니다. 그런데, 최근에 미국이 가장 많은 빚을 진 나라가 됐습니다. 이 현상을 어떻게 이해해야 할까요?

이것은 논란이 많은 주제입니다. 고(故) 지오바니 아리기 같은 급진 학자들은 미국의 외채가 미국 제국주의의 쇠락을 보여 주는 징후라고 주장했습니다. 제1차세계대전과 제2차세계대전 사이에 영국이 겪었던 일이 반복되고 있다는 것이죠.

그러나 최근 출간된 《서브프라임 네이션》에서 허만 슈워츠는 이 현상을 다르게 해석했습니다. 그는 1990년대 초부터 일부 나라들 사이에 금융 이동의 순환이 생겨났다고 말했습니다. 동아시아 국가들뿐 아니라 유럽과 중동 산유국도 이 순환에 포함됐습니다. 이들은 미국 국채와 민간 채권을 사들였고, 덕분에 미국 기업들은 해외에서 훨씬 많은 이윤을 벌어들이는 투자를 할 수 있었습니다. 슈워츠는 미국 주택 금융 시스템으로 매개되는 이 금융 순환 덕분에 미국이 다른 선진 자본주의 국가들보다 높은 성장률을 유지할 수 있었고 자신의 패권적 지위를 유지할 수 있었다고 주장했습니다.

슈워츠는 수많은 통계로 자신의 주장을 뒷받침합니다. 그럼에도 저는 그가 미국이 갈수록 중국의 대출에 의존하는 상황이 낳는 불안정성을 과소평가한다고 생각합니다. 중국은 미국에게 가장 중요한 잠재적 경쟁자일뿐 아니라, 여전히 전 세계에서 가장 가난한 나라 중 하나입니다.

과거에는 가장 강력한 제국주의 열강이 약한 자본주의 국가들에게 돈을 빌려 줬습니다. 19세기 영국과 미국 간 관계가 그랬고 1940년대 미국과 서유럽 간 관계가 그랬습니다. 그러나 지금은 신흥 자본주의 열강이 패권 국가에게 돈을 빌려 주고 있습니다.

그럼에도 슈워츠의 분석에서 흥미로운 점은 오늘날 금융 이동이 채권국 지배계급의 이익에 봉사하고 있다는 것입니다. 그래서 중국의 경우 "새로운 경제 엘리트가 된 중국공산당의 엘리트 자제들"은 미국으로의 자본 유입을 통해 유지되는 저임금 수출 주도 경제를 유지하는 데 이해관계가 있다고 말합니다. 또, 그는 자신이 '억제된 부자들'이라 부르는 일본, 독일과 기타 유럽 나라들도 미국 금융시스템이 만드는 엄청난 양의 채권들 중 일부를 사들일 필요가 있다는 점을 지적합니다. 이것은 이들 나라의 금융시스템이 미국만큼 유동성을 공급할 능력이 없기 때문이죠.

그러나 전체 상황이 대단히 모순적이란 점을 잊어서는 안 됩니다. 1930년대처럼 채권자와 채무자 간 갈등은 갈수록 현 세계경제 위기에서 중요한 변수가 되고 있습니다. 중국과 미국 간 관계에서만 그런 것이 아닙니다. 유로존 위기의 핵심 특징 중 하나는 독일과 (주로 독일 제품을 수입하려고) 독일과 프랑스 은행에서 많은 돈을 빌린 남유럽 주변부 나라들 간 갈등입니다.

Q. 당신은 독점 자본이란 개념이 오늘날 자본축적 단계를 설명하는 데 여전히 유효하다고 생각합니까? 독점 자본은 가치법칙, 국제 경쟁과 어떤 관계를 맺고 있습니까?

저는 독점 자본이 별로 유용한 개념이라고 생각하지 않습니다. 이 개념은 말 그대로 각 산업 부문을 하나의 기업이 지배하는 상황을 가정합니다. 그러나 이것은 사실과 맞지 않습니다. '조직된 자본주의'가 절정에 이른 20세기 중반, 한 기업이 국가의 도움으로 특정 국민경제 분야에서 지배적 지위를 차지했던 때에도 그 기업은 국내외 자본의 경쟁 압력을 피할 수 없었습니다. 더구나, 지난 몇십 년간 이런 특권적 지위는 사라지거나 심각하게 손상됐습니다. 오늘날에는 엄청나게 크고 산업 내에서 막강한 위치를 차지하는 기업조차 외국 경쟁자들과 치열한 경쟁을 벌여야 합니다. 미국과 세계 자동차 시장에서 제너럴모터스의 쇠퇴와 도요타의 부상을 보면 알 수 있죠.

가치법칙은 '복수 자본' 간 경쟁에 의해 관철됩니다. 독점 자본이라는 개념이 단지 한 산업 부문뿐 아니라 (마르크스는 비독점 기업에서 독점 기업으로 잉여가치의 재분배를 말할 때 독점이라는 개념을 사용했습니다.) 경제 전체에서 경쟁의 종식을 뜻하는 한, 그 개념은 가치법칙의 종말을 뜻할 수밖에 없습니다. 그런 점에서 바란과 스위지가 《독점자본》에서 마르크스의 가치법칙을 폐기한 것은 논리적으로 자연스런 결과였던 것이죠. 그러나 그들 주장의 전제 조건은 잘못된 것이었습니다. 독점자본은 경제 전체에 걸쳐 존재할 수 없습니다. 우리가 현실에서 보는 것은 과점 경쟁입니다. 굴리에모 카르케디 [네덜란드 암스테르담대학교 교수이자 마르크스주의 경제학자]는 이런 경쟁 형태를 가치법칙의 틀 내에서 잘 설명했습니다.

"(협소한 의미에서) 독점은 존재하지만, 오늘날 현실에서는 과점을 주로 볼 수 있다. 과점은 크고 선진 기술을 가진 자본 단위들이 선진 기술을 대규모로 투입해 시장의 큰 부문을 차지하는 상황을 말한다. 그들은 이런 선진 기술의 대규모 투입(막대한 자본 투자로 가능한) 덕분에 시장에서 우월한 경쟁적 지위를 차지할 수 있다. 과점은 경쟁을 없앨 수 없다. 그러나 … [그들은] 작고 약한 자본들이 경쟁 압력을 넣는 것을 가로막으면서 새롭고 낡은 형태의 상호 경쟁을 벌인다."

Q. 제국주의 이론은 독점들이 지배적 지위를 차지하면서 경쟁을 지양하고 궁극적으로는 가치법칙을 폐기하는 상황을 가정합니다. 따라서 일부 저자들은 자본주의적 수입이 오로지 잉여가치의 수취에 의존하는 상황이 종식될 것이기 때문에 잉여가치 증가가 자본의 주요 관

심사가 되는 상황도 종식될 것이라고 주장합니다. 당신은 이런 관점에 동의합니까? 만약 그렇다면 그것은 계급투쟁에 어떤 영향을 미칠까요?

제가 이미 밝혔듯이 저는 그런 관점을 거부합니다. 레닌은 제국주의를 '자본주의의 독점 단계'로 정식화했습니다. 그러나 그는 또한 자본주의가 주요 자본주의 국가들 사이의 경쟁에 의해 움직인다고 말했습니다. 즉, 그의 이론은 일관되지 않은 것이죠. 다음과 같은 문장에서 그런 모순을 볼 수 있습니다.

"자유 경쟁 과정에서 탄생한 독점은 경쟁을 없애지 못한다. 그러나 독점은 경쟁을 넘어서면서도 경쟁과 함께 존재한다. 따라서 수많은 날카롭고 심각한 충돌과 갈등을 낳는다."

저는 독점에 관한 레닌의 분석이 실제로는 과점 경쟁과 더 잘 어울린다고 생각합니다.

좀더 엄밀한 경제 이론을 폈던 이론가였던 부하린(동시에, 변증법적 이해가 부족하다고 레닌이 비판했던 것처럼 상당히 일면적 분석을 하기도 했는데)은 독점 자본주의란 개념이 궁극적으로 함의하는 것을 잘 지적했습니다.

그는 제국주의가 국가자본주의 단계에 도달할 것이고, 국가자본주의에서는 정치적 통제를 통해, 경제 위기를 낳는 경향(그는 소비와 생산 간, 산업 간 불비례가 불황을 낳는다고 생각했습니다)이 사라질 것이라고 예측했습니다.

그러나 부하린은 자본주의의 비합리성은 존재할 것이라 생각했습니다. 다만, 그것은 정치군사적 경쟁 형태로 존재할 것이라고 생각했습니다. 이런 분석 때문에 부하린은 1929년 월스트리트 주가 폭락을 앞두고 심각한 경제 위기가 발생할 가능성을 기각했습니다. 제가 제 책에서 지적했듯이, 고전적 제국주의 이론의 가장 심각한 약점 중 하나는 마르크스의 가치론과 위기론을 제대로 이해하지 못한 것이었습니다.

Q. 일부 저자들은 중심부 부르주아와 종속국가의 부르주아, 두 지역의 노동계급이 모두 서로 다르다고 봤습니다. 이런 주장을 어떻게 생각하십니까?

부와 권력의 지구적 위계질서 때문에 자본가뿐 아니라 노동계급 내에서도 차이가 있는 것은 사실입니다. 그러나 당신이 말씀하신 것이 북반구 노동자가 남반구 노동자 착취에 참여한다는 레닌의 '노동귀족론'이나 '불균등 교환론'을 지칭한 것이라면 저는 그런 주장에 동의할 수 없습니다. 이 이론들은 마르크스주의 가치론을 정확히 이해하지 못했고 입증하지도 못했습니다.

노동귀족론은 제1차세계대전 당시 전 유럽에서 노동자 반란을 주도하고 공산주의 인터내셔널을 열광적으로 지지했던 것이 임금이 상대적으로 높고 잘 조직된 철강 노동자들이었다는 점을 설명하지 못합니다.

노동조합 관료들 — 노동자와 자본가 사이를 중재하는 상근 간부층 — 은 사회정치적으로 중요한 현상입니다. 그러나 이들의 존재를 인정하는 것이 곧 숙련 노동자들이 식민지 이윤에서 이득을 얻는다는 레닌의 노동귀족론을 인정한다는 것을 뜻하진 않습니다. 노동조합 관료에 관한 마르크스주의적 분석을 선구적으로 개척한 것은 레닌이 아니라 로자 룩셈부르크였습니다.

불균등 교환 이론가들은 왜 전 세계적으로 자본이 주로 북반구에서 남반구로 향하지 않았는지를 설명하지 못합니다. 그들이 남반구의 저임금이 전 세계 잉여가치 창출에서 가장 중요하다고 주장했는데도 말이죠. 1992년에서 2006년 사이에 해외직접투자(FDI)의 3분의 2가 선진국 내에서 이뤄졌습니다. FDI 최대 수혜자는 중국과 인도가 아니라 미국과 영국이었습니다. 물론, 이 통계는 월스트리트와 시티의 인수합병 활동 때문에 상당히 왜곡돼 있지만, 현실을 반영하고 있습니다.

마르크스주의 가치론에서 착취율은 실질임금뿐 아니라 노동생산성에 의해 결정됩니다. 선진국들의 생산성 수준이 훨씬 높기 때문에 기업들도 이곳에 더 많이 투자합니다.

물론, 남반구 노동자의 생활수준은 북반구 노동자보다 훨씬 낮습니다. 남반구는 서유럽 같은 발달된 복지국가를 가지고 있지도 못하고, 주류 사회과학에서 '비공식 부문'으로 정의하는 준프롤레타리아와 소상인 들로 구성된 복잡한 구조물을 가진 경우가 많습니다. 이것은 북반구와 남반구를 구분하는 중요한 사회정치적 특징입니다. 그러나 이런 차이가 있다고 해서 북반구 노동자가 남반구의 동료 노동자들을 착취하는 데 가담하고 있다는 말이 성립되지는 않습니다.

Q. 식민지나 반(半)식민지 관계를 어떻게 정의해야 할까요? 17세기와 18세기 제국과 식민지 간 관계와 20세기 이들 간 관계는 어떻게 달랐

나요?

식민지 관계는 직접적인 정치적 예속으로 이해하는 것이 맞습니다. 예컨대, 1750년대에서 1940년대까지 지속된 영국과 인도 간 관계가 그랬죠. 레닌은 반식민지를 "형식적으로는 정치적 독립국이지만 금융적 외교적으로 종속된 다양한 [국가] 형태"로 정의했습니다. 그는 대표적 사례로 1914년 이전 중국이나 라틴아메리카에서 존재했던 영국의 '비공식적 제국'을 들었습니다.

그러나 이 관계를 유심히 봐야 하는데, 레닌이 지적했듯이 '반식민지' 지배계급이 형식적으로 주권을 가질 때에도 그들은 다른 국가에 식민지로 종속된 경우보다 운신의 폭이 넓었기 때문입니다. 예컨대, 1930년대와 1940년대 아르헨티나에서 그런 경우를 볼 수 있죠. 당시 아르헨티나는 영국과 독일 간 제국주의 경쟁을 자신에게 유리하게 이용하려 노력했습니다.

국가 형태를 갖춘다는 것이 순전히 형식적 겉모습을 갖추는 것은 아닙니다. 그것은 상당한 차이를 낳습니다. 이 점을 이해해야 하는데 왜냐하면 오늘날 이른바 '반주변부'로 불리는 국가들 — 중국, 인도, 남한, 브라질, 남아공 — 을 '반식민지'로 규정하는 것은 매우 황당한 일이기 때문입니다. 그들은 자신의 주권과 국가 간 체제가 낳은 기회를 이용해 상대적으로 독립된 자본축적 기반을 건설할 수 있었습니다.

당신의 질문은 제한된 지면에 답하기에는 너무 포괄적입니다. 따라서 영국과 미국 제국주의 간에 존재하는 한 가지 중요한 차이점을 지적하는 것으로 답변을 대신하겠습니다.

페리 앤더슨이 말했듯이 영국 자본주의의 중요한 특징 하나는 그것이 전(前)자본주의 집단들 — 동쪽의 공납제 제국과 유럽의 절대주의 왕정 — 과 경쟁하면서 탄생했다는 것입니다. 인도에서 영국은 무굴 제국의 잉여 수취 메커니즘을 계승했습니다. 나중에 인도가 갈수록 자본주의 순환 과정에 편입돼 갔지만 말입니다.

영국 패권이 절정에 도달한 19세기 중엽에도 팔머스톤 경은 오스트리아, 프로이센과 러시아 같은 대제국과 대적해야 했습니다. 19세기 말 미국과 독일 같은 자본주의 경쟁자들이 등장하면서 영국 제국주의는 비로소 쇠퇴하기 시작했습니다.

반대로, 미국은 자본주의 국가들 간의 경쟁 과정에서 영국을 제치고 패권 국가가 됐습니다. 미국 패권을 구성하는 핵심 요소 중 하나는 자신의 주도 아래 선진 자본주의 국가들 사이에서 협력을 제도화했다는 것입니다. 그래서 1945년부터 시작된 브레턴우즈 체제, 유엔, 나토 등의 제도를 건설하는 과정이 중요했습니다. 냉전 종식 이래 미국의 역대 정부들이 시도한 것은 미국 주도의 제도화된 협력 구조를 지속하고 확대(예컨대 나토와 유럽연합의 확장)하려는 것이었습니다.

오늘날 상황의 한 가지 중요한 특징은 이른바 '신흥 시장 경제들'(중국, 인도, 브라질, 남아공, 터키 등)의 성장이 잠재적으로 가져올 수 있는 불안정입니다. 이들은 앞서 말한 협력 구조의 밖에 있거나 그곳에서 주변적 지위를 차지했습니다. 국가 간 경제 포럼으로서 G8을 G20으로 대체하려는 — 조지 W. 부시 정부가 시작했고 오바마 정부가 좀더 공격적으로 추진하는 — 시도는 미국이 제도화된 협력 체제를 확대해 이런 나라들을 완전하게 미국 주도의 자유주의적 자본주의 공간에 편입시키려 노력하는 것으로 해석할 수 있습니다. 로버트 웨이드는 G20을 미국이 브릭스 국가와 유럽연합을 이간질하기 위한 시도로 해석했다고 하는데, 저의 해석과 그의 해석은 대립하는 것이 아닙니다.

Q. 미국이 라틴아메리카, 중동과 유럽에 군사기지를 건설하는 것을 어떻게 봐야 할까요?

윌리엄 애플먼 윌리엄스가 《미국 외교의 비극》(1959)을 쓴 이래로, 미국을 '비영토적 제국주의'로 보는 것이 일반적 시각이 됐습니다. 다시 말해, 미국 제국주의는 식민지를 얻는 것보다 (미국의 막강한 경제력을 통해 지배하는) 열린 세계 시장을 만드는 것에 더 관심이 있었다는 것입니다. 저는 이런 해석이 큰 틀에서 옳다고 생각합니다.

특히, 미국은 자본주의 국가들로 구성된 세계를 지배하려 했기 때문이죠. 히틀러 치하 독일은 다른 전략을 추구했습니다. 당시 독일은 무력을 사용해 유럽 대륙에 제국을 건설하려 했습니다. 이 시도가 군사적 패배로 실패하지 않았을지라도, 무한정 제국을 유지하기는 힘들었을 것입니다. 나치 국가는 억압과 테러만으로 당시 선진 자본주의 사회들을 통치할 수 없었을 것입니다.

따라서 미국의 비영토적 지배 전략이 좀더 실현 가능한 것이었습니다. 왜냐하면 미국 자본주의가 경쟁자들보다 훨씬 강력했기 때문이죠.

그러나 먼저 제2차세계대전 중에, 또 냉전 중에 미국이 발견한 것은 이 전략을 실현하려면 미국이 군사력을 굉장히 멀리까지 보낼 수 있어야 한다는 것이었습니다. 1939년과 1941년 사이, 그리고 1945년 직후, 미국은 영국이 유럽에서 중요한 군사적 구실을 해 주기를 바랐습니다. 그러나 영국은 그런 일을 하기에는 너무 약했기 때문에 미국이 자기 군대를 보내 독일을 패배시켜야 했고, 나중에 특히 한국전쟁 발발 후에는 소련을 봉쇄해야 했습니다.

그래서 미국은 전 세계적으로 해군과 공군 기지 네트워크를 건설해야 했습니다. 실제로 제2차세계대전 후 이런 과정에 착수했고, 루스벨트와 그의 보좌관들은 태평양 군도들을 접수하려고 크게 노력했습니다.

한편으로, 이것은 18세기와 19세기 영국이 벌였던 일의 연장선상에 서 있습니다. 당시 영국은 자신이 힘을 행사하는 주된 수단인 왕립해군이 전 세계적으로 활동할 수 있는 근거지들을 확보할 수 있었습니다.

이런 역사적 연속성을 보는 것은 중요합니다. 미국 국방부는 여전히 지상군보다는 해군과 공군에 의지하고자 합니다. 미국은 최강의 육군을 가지고 있지만, 미 육군의 성적은 그다지 좋지 않습니다. 1945년부터 시작해 미 육군이 큰 전쟁에서 승리를 거둔 것은 거의 전 세계 나라들을 자기편으로 끌어들였던 1990~1991년 이라크 전쟁뿐입니다. 미국은 한국전쟁에서 고전했고 베트남에서는 졌고, 최근 이라크 침략에서는 거의 질 뻔했고 아직 이길지 질지 확실치 않습니다. 또, 아프가니스탄의 상황도 나쁘죠.

Q. 군사 침략을 받은 지역(이라크, 아프가니스탄)에서 혁명적 정치는

어떤 구실을 해야 합니까? 이 지역들이 현재 직면한 상황은 순전히 '외부' 침략 때문입니까?

두 번째 질문에 먼저 답하겠습니다. 이들 지역이 당면한 상황은 순전히 외부 침략 때문만은 아닙니다. 이라크와 아프가니스탄의 상황은 모두 내전의 요소를 가지고 있습니다. 사실, 이라크에서 저항이 커지자 미국은 수니파와 시아파의 갈등을 부추겨 간신히 점령을 유지할 수 있었습니다. 물론, 그것은 엄청난 인명 살상을 낳았습니다.

그러나 이들 지역이 직면한 상황을 결정하는 데서 가장 중요한 것은 외국 점령입니다. 원칙적으로 이런 곳에서 혁명적 마르크스주의자는 점령에 맞선 투쟁과 계급투쟁을 결합하려고, 민족해방뿐 아니라 사회해방의 길을 닦기 위해 노력해야 합니다. 나치 점령 하 유럽 저항세력의 경험은 그런 관점의 가능성과 어려움을 동시에 보여 주는 사례였습니다.

불행히도, 이라크와 아프가니스탄의 세속 좌파는 한때 강했지만 나중에 엄청난 실수를 저질러 대중의 신뢰를 잃었습니다. 그들은 심지어 제국주의 열강과 협력하기도 했습니다. 아프가니스탄에서는 소련과 협력했고, 이라크 공산당은 2003년 미국 침략 당시 미국에 협력했습니다. 그 결과 이슬람주의자들이 반점령 투쟁을 주도하게 됐습니다.

물론, 이런 상황과 상관없이 이라크 밖에 있는 우리가 해야 할 일은 명백합니다. 반전운동은 점령 종식에 초점을 맞춰 운동을 건설해야 하지만, 혁명가들은 주로 이슬람주의자들로 구성된 저항세력의 손에 미국과 동맹들이 패배하는 것을 환영해야 할 것입니다.

불행히도, 이 점령지 안에 있는 혁명가들은 매우 힘든 일을 해야 합니다. 그들은 극단적으로 어려운 상황에서 새로운 반자본주의적·반제국주의적 좌파를 탄생시키기 위한 초석을 놓아야 합니다.

# 세계 체제의 이해

## 신국제질서 — 자멸의 씨앗

화려한 미사여구에도 불구하고 부시의 신국제질서는 국제적 분쟁이 평화적으로 해결되고 UN이 평화유지자 역할을 한다는 것으로 요약될 수 있다.

이 "멋진 신세계"는 걸프 전쟁으로써 진면모를 드러냈다. 그리하여 부시의 장광설이 터무니없는 어불성설에 지나지 않음이 드러났다. 쿠웨이트를 놓고 벌인 "국제적 분쟁"은 이 제국주의 장성 노먼 슈워츠코프가 이끄는 다국적군이 수십만 이라크인의 생명을 희생시킴으로써 해결되었다.

———

이 글은 1991년 5월 발간된 《정치적 명확성을 위하여》에 실린 것이다.

부시의 신국제질서는 실제로는 미국의 패권을 확인시키려는 기도이다.

그러나 1950년대와 60년대를 재연하는 것은 불가능하다. 미소 적대를 종식시킨 압력들이 또한 그와 동시에, 2차대전 종전 이래 가장 심한 불안정을 일으키고도 있기 때문이다.

다섯 가지 요인들이 이 불안정의 원인이 되고 있다.

첫째, 주요 제국주의 국가들 사이의 관계가 변했다. 미소 두 초강대국이 쇠퇴한 반면, 일본이나 독일 같은 다른 열강들의 경제가 미국의 주도권을 위협하고 있다.

둘째, 동구권에서, 더 극적인 관계 변화와 스탈린주의의 종말이 내부 격변을 일으켜 왔다.

셋째, 2차대전 이후 세계경제 주변부의 일부가 공업화하면서 신흥공업국들(NICs)이 생겨났는데, 이 가운데 일부는 기존의 경제적·정치적 타결 상태를 불안정에 빠뜨릴 수도 있는 "아류 제국주의"(sub-imperialism: 제국주의는 아니지만 마치 제국주의처럼 지역적 패권을 추구하는 골목대장들)가 되었다.

넷째, 동서 양진영 모두에서 경제공황은 이제 거의 영속적인 특징이 되어 버렸다. 1980년대의 안정에 비해 이제는 낮은 투자수익, 높은 실업 그리고 완만한 성장이 당연한 것으로 여겨진다.

다섯째, 남한·남아공·폴란드·브라질 같은 나라들에서 전투적인 노동계급이 엄청나게 성장했다. 피억압 민족들의 계속되는 반란들과 결합되어 그러한 세력들은 신국제질서(新國際秩序)의 와해를 위협한다.

## 여전히 핵심적인 군부의 역할

동서 냉전은 미소 경제에서 뽑아낸 엄청난 군비(軍費)의 지출이 그 핵심적 특징이었다.

많은 사람들이 동서 냉전 종식으로써 군사적 긴장이 완화되었다는 결론을 이끌어 냈다.

NL이든 PD든 간에 UN이나 평화조약 또는 "해결안 협상" 따위에 기대를 걸고 있는데, 이는 동서 진영간의 군사적 적대가 끝나고 '평화'의 시대가 도래했다는 생각에서 비롯한 것이다.

그러나, 그렇기는커녕 두 초강대국들의 경제력 쇠퇴는 군사력을 중시할 필요성을 유발하고 있다. 미소 경제의 제반 문제점들이 거액의 군비(軍費) 지출로 말미암아 악화되어 왔는데도, 두 초강대국은 군사력 증강을 포기함으로써 경제 문제들을 해결할 수가 없다. 국제 경쟁력 강화를 위해 군비(軍備) 경제를 약화시킨다면, 열강 정치에서 밀려나 방관자로 주저앉게 되고, 그리하여 회피하고 싶어했던 바로 그 경제력 약화라는 위험을 겪게 된다. 하지만 군수산업을 계속 증강한다면 더 한층의 경제력 쇠퇴를 겪을 수 있고, 이는 역으로 군수산업의 효율성을 잠식할 것이다.

미국은 군사적 우위를 최대한 이용해야 한다는 압력을 받고 있다. 즉, 군사력 증강이 미국의 경제적 경쟁국들인 독일과 일본을 미국이 세계 경찰 노릇을 하는 기존 체계에 계속 의존케 만드는, 최선의 결과를 가져오지는 않을지라도 차선의 결과만큼은 확실히 가져올 방법이라는 것이다. 괜시리 그 결과가 불확실한 방안을 택하기보다는 이미 결정적인 우위를 점하고 있는 분야인 군사력의 증강과 그 과시 (걸프 전쟁처럼)에 기대를 걸어 보자는 주장이다.

걸프 전쟁으로써 독일과 일본은 걸프 전쟁 같은 작전을 성공적으로 수행하려면 미국의 군사력에 필적하는 군사력을 길러야 하고 그러기 위해서는 군비(軍備)를 증강시킬 필요가 있음을 새삼 통감했을 것이다. 또한, 석유 같은 사활적인 상품이 걸려 있는 제3세계 국가들에서 일어나는 충돌을 주요 열강이 팔짱만 낀 채 수수방관할 수는 없음도 명백해졌다. 그리고 미국이 사용하는 석유의 10%를 수입하는 데 반해 자기들은, 특히 70% 이상을 수입한다는 사실도 군사력 증강의 필요성을 절감케 했다.


## 외관은 때때로 판단을 그르치게 한다

전쟁의 여파는 우리에게 신국제질서란 게 도대체 무엇인지를 보여주고 있다. 중동 지역의 전망은 어두워만 보인다.

쿠웨이트 "해방"은 부시의 친구인 알 사바 왕가의 "합법적 민주정부"가 계엄 통치로써 재야인사와 무고한 양민들을 고문·학살하는 것임이 판명되고 있다. 후세인은 쿠르드족을 학살하고 있고, 미 제국주의는 쿠르드족이 결정적으로 패퇴하기 시작하는 즉시 친미 쿠데타를 통한 후세인 제거 공작에 착수할 것이다. 물론, 뜻대로 안 되면, 차라리 후세인을 다시 길들였다가 제거에 적당한 시기가 오기를 호시탐탐 노리겠지만 말이다. 아무튼 이라크 민중에게는 고난의 연속이다. 또한 이스라엘과 요르단에서 팔레스타인 민중에 대한 탄압이 강화되고 있다.

그러나 외관은 믿을 수 없을 때가 흔하다. 지배계급의 승리는 미래의 곤경의 씨앗이 되기도 한다.

1981년 폴란드 지배계급의 연대노조 탄압은 80년대 후반 거센 복수의 반격이 되어 돌아왔다. 그리하여 동유럽 민주혁명의 촉진제가 되었다. 1984-85년의 영국 광원파업은 1990년 주민세 반대 대중 폭동으로 되돌아와 급기야는 철의 여인 대처를 퇴진시켰다. 1980년 5월의 광주는 1987년 6월의 민주화 폭동으로 부활했고 이것은 7-8월의 노동자 파업 물결로 성장·전화했다. 현대중공업 노조에 대한 "식칼 테러"는 골리앗 크레인 점거농성 투쟁이 되갚았다. 남한 노동자가 지금 겪고 있는 패배들은 미래의 반격의 씨앗이다.

더군다나 1990년대 초반 세계 경제와 남한 경제의 불안정은 80년대 말보다 더 심할 것이다. 80년대 후반의 투기성 투자는 지속적인 실질성장의 기초가 될 수 없었다. 그리하여 그 동안 개혁의 실질적 토대가 부식되어 왔으며, 세계 체제 내의 민족간·계급간 갈등이 격화될 전망이다.

미국에서 전쟁에의 도취 행복감이 서서히 가라앉고 이라크 GNP 전체의 네 배나 되는 엄청난 자원을 국방예산이 잡아먹음에 따라 병원과 학교에 대한 긴축이 대중의 삶에 미치는 영향이 뼈저리게 느껴지기 시작할 것이다.

소련에서 광원 파업과 소수민족 독립운동은 지배 관료를 더욱 분열 상태로 몰아넣고 있고 러시아 제국주의를 옥죄고 있다.

신국제질서는 자멸의 씨앗을 키우고 있다.


## 부하린의 제국주의론

이 모든 것을 이해하기 위해 우리는 제국주의 이론을 알아야 한다. 레닌과 부하린은 자본주의가 끝없는 자본축적 동기에서 지구를 샅샅이 뒤지고 돌아다니는 경위를 분석했다. 그들은 두 가지 동시적이지만 모순적인 과정을 목도했다.

하나는 세계 체제의 국제화 추세였다. 해외시장, 해외금융 그리고 원료는 각 국민국가가 생존경쟁을 하는 데 날이 갈수록 중요해지고 있었다. 다른 한편에서는, 국가가 지지하는 대기업(국영기업체 자체를 포함해서)만이 이러한 경쟁에 필요한 각종 자원들을 확보할 수 있었다. 그리하여 자본주의는 점점 더 국유화(국가화)되고 있기도 했다.

레닌과 부하린은 이러한 과정의 논리적 결과는, 군사력이 절대 필수불가결한 "국가자본주의 트러스트"라고 주장했다. 새로운 시대의 특징은 군사적 경쟁이 경제적 경쟁을 강화하는 동시에 심지어 대체하는 것이다.

바로 이것이야말로 제2차세계대전이라는 살육을 설명해 준다. 독일과 일본은 세계 무대에 늦게 등장했다. 영·미·불 등을 따라잡으려고 독일과 일본의 지배계급들은 국가자본주의를 지향했고, 자신들의 제국(帝國)을 확장하려고 군사적 팽창을 추구했다. 이것은 1930

년대에 스탈린 치하 소련에서 일어났고, 그보다 덜하게는 대공황 동안 미국에서 일어났다.

오래지 않아 이 새 경쟁자들은 서로, 그리고 영국 제국 같은 기존 경쟁자들과 충돌하기 시작했다. 동남아시아, 태평양, 중동 그리고 동유럽에서 구제국주의자들과 신흥·후발 제국주의들 사이의 영토분쟁은 마침내 제2차세계대전이라는 전면적인 충돌을 일으켰다.

바로 이러한 이론에 바탕을 두어야만 세계와 그 세계의 저변에서 출렁이는 격동을 이해할 수 있다.

미국과 소련은 제2차세계대전을 통해 세계 최강국의 지위로 떠올랐는데, 이는 세부적 특징은 달라도 그 본질은 똑 같은 국가자본주의를 통해 이루어진 일이었다. 미소는 자기들끼리 세계를 분할해 자신들의 세력권 안에 편입시켰다. 그러나 1943-45년의 세계경제를 규정했던 화합 분위기는 새로운 평화의 시대를 도래시키지 않았다.

그 때의 상호 조화는 미소 각 나라가 서로 상대방의 욕구를 좌절시킬 만큼 충분히 강성하지 못하다는 대략적인 계산을 하고 있었음을 반영한다. 경제력은 연합군 진영의 군사적 승리를 뒷받침했고, 그리하여 미소는 전후 시대의 국제정치를 지배할 수 있게 되었다.

그러나 이 지배력은 불균등하게 배분되었다. 영·불의 지위는 전쟁으로 말미암아 약화된 반면, 부상(浮上)한 두 초강대국 가운데 미국이 단연 최강국이 되었다. 1952년 서방세계 총생산의 거의 60%가 미국에서 이루어졌다. 전후 미국의 군사적 지배는 유럽에서 중동까지 그리고 대평양까지 뻗어 나간, 부대·기지의 해외 배치·주둔과 여러 군사 조약 및 협정의 체결로써 구체화되었다.

반대편 진영에서도 소련이 그 나머지 국가들에 비해 단연 우세했다. 소련은 막강한 군사력에 힘입어 동구의 공장과 설비를 떼어내 가져갈 수 있었고, 자신의 위성국가들에게 불평등한 교역조건을 강요할 수 있었으며, 그리하여 진영 내에서 자신의 경제력을 뒷받침할 수 있었다. 모든 자원에 대한 대대적인 국가 감독과 결합된 이 과정은 1950년대에는 소련이 영국을 제끼고 세계 제2의 경제 강국이 되게 해 주었다.

각자가 자기 진영을 지배함으로써 냉전기의 정치 관계는 양극화되었다. 게다가 이 과정에서 필연적이었던 군비(軍備) 경쟁은 양진영의 경제성장에 특정한 유형 — 영구군비경제(permanent arms economy) — 을 고착시켰다.


## 군비 경쟁의 모순들

그러나 모순이 뒤따랐다. 군비(軍費) 지출은 중요한 것이었지만 그 때문에 미소 경제의 더 한층의 발전에 필요한 재원(財源)이 소모되었다.

일본과 서독이 경제적으로 급부상하는 동안 세계 제조업 생산에서 미국이 차지하는 몫은 1945년 50%에서 1980년 31%로, 그리고 1990년에는 25%로 격감했다. 물론 미국 경제의 규모는 여전히 세계 최대이지만, 일본과 서독에 비하면 그 상대적 비중은 급속히 축소되어 왔다.

예컨대, 1960년 세계 총생산에서 일본은 3%를 맡았다. 1990년의 그 수치는 15%-17%로 뛰었다. 또한 일본은 이제 세계 제3위 군비 지출국으로서 연간 군비 예산이 6백억 불이 넘는다. 하지만 일본의 국방력이 이렇게 거액의 기금으로써 충당되어도 아직은 미소 초강대국의 군사력에 필적하기에는 어림도 없이 못 미친다. 일본은 아직 항공모함도 못 갖고 있으며, 장거리 폭탄도 없고, 주요 전투기의 비행거리는 500㎞밖에 안 된다. 이것은 동서 냉전기에 형성된 불균등성과 모순을 보여 준다.

냉전기의 특징으로서 오늘날의 불안정을 야기하는 데 한몫을 한 것이 또 있는데, 그것은 두 초강대국 중 하나가 무장시킨(창출하지는 않았다) 지역적 맹주들(소위 "아류 제국주의" 국가군)의 창출이다. 팔레비 왕 치하의 이란, 수하르토 치하의 인도네시아, 그리고 이번에 주목받은 이라크 자신이 제국주의에 의해 쓸모 있는 경비견 대우를 받았다. 미소간 경쟁에는 이러한 아류 제국주의들을 기지로 삼아 전략적 영향력을 행사하려는 노력도 포함되었다.

이들 지역적 소열강들은 본질적으로 불안정했다. 그 국가들은 제국주의의 단순한 꼭두각시는 될 수 없었다. 지역적 팽창을 통해 경제위기와 저발전 그리고 내부 불안을 해결하고자 하는 방안은 초강대국들의 바람에 관계없이 여전히 매력을 끌었던 것이다. 사담 후세인의 쿠웨이트 침공이 이를 여실히 보여 주었다.

전후 호황에 내포된 또 다른 모순은 호황이 끝난 방식에서 드러났다. 미국의 경우는 군비 지출과의 연관이 매우 분명했다. 베트남 전쟁에 든 비용(미국 GNP의 10%에 달했다)은 한국전쟁 수행 비용

(15%)에 못 미쳤다. 그러나 거액의 군비 지출이 몇 십 년이나 지속되어, 미국 경제의 기반이 부식되었고, 그리하여 전쟁으로 인한 긴장이 1960년대 말에 맨 처음 나타나기 시작하던 위기를 증폭시켰다.

군비 지출 부담은 일본과 서독에 비해 미국을 더 약화시켰는데, 소련 경제에 대해서는 그보다도 훨씬 더 심각한 영향을 미쳤다.

소련은 자기 경제규모의 두 배나 되는 나라와 경쟁을 벌였기 때문에 미국보다 훨씬 더 많은 자원을 군비에 소모해야 했다. 자기 경제에서 미국보다 두 배의 부분이 무기 경쟁에 쓰여야 했던 것이다. 소련의 경제성장률은 1960년대 말부터 둔화되기 시작해서 지금은 마이너스 성장을 벗어나지 못하고 있다. 고르바초프의 경제 브레인인 아벨 아간베기얀은 1966-70년의 경제성장률이 30%였는 데 반해 1981-85년의 수치는 영(零)이었다고 실토했다.(《페레스트로이카의 경제적 도전》, 우아당, 1989.)

동구권 국가자본주의 경제의 자급자족적 성격은 계속되는 생산 국제화에 직면해 어려움을 더욱 가중시켰다. 동구권의 경제 개방과 군비 지출 감소의 근저에 자리잡고 있는 것은 바로 이러한 일국화와 국제화 사이의 모순이 자아낸 압력들이었다. 이 점과 관련지어, 동구권에서 대부분의 군사력 감축이 동구 혁명 전의 구정권들에 의해 공표되었다는 사실에 주목할 만하다. 이러한 경제적 압력의 결과, 소련의 고르바초프와 미국의 부시 모두가 자기네들의 경제를 짓누르고 있는 군비 지출 부담을 줄이는 데 동의했다.

걸프 전쟁이 진행되고 있던 동안에도 부시는 미국의 국방예산을 더욱 줄이겠다고 발표했다.

# 군비 축소 — 환상

바로 이러한 실제 변화 때문에 군비 축소와 군사적 긴장 완화라는 겉모양이 생기는 것이다.

그러나 초강대국들의 군축의 본질을 살펴보는 순간 평화의 외양은 순전한 환상임이 드러난다.

첫 번째 유의사항은 초강대국들의 무기 비축량이 어마어마하다는 사실이다. 미국 한 나라만으로도 NATO와 일본을 합한 것보다 무기가 더 많다. GNP에서 무기 생산에 할애되는 부분의 비율이 저하하더라도, 경제가 성장하는 한, 무기와 탱크 및 (핵)탄두 등의 실제 수는 여전히 증가할 수 있다. 예컨대, 부시의 예산삭감이 계속된다 해도 미국의 1995년 국방예산은 1980년보다 19%가 더 늘어나 있을 것이다.

두 번째 유의사항은 미국이든 소련이든 어느 누구도 자기들이 사활적이라고 여기는 분야, 특히 첨단 핵무기를 감축하려고는 하지 않는다는 사실이다. 사실, 탄도탄 미사일 관련 각종 조약들은 무기 제한을 염두에 두고 있는 것이 아니라 무기 관리를 염두에 두고 있는 것이다. 미소는 재래식 무기 수는 감축시켰지만 신종 무기는 증강시켰던 것이다.

예컨대, 전략무기감축회담(START: Strategic Arms Reduction Talk) 조약을 미소의 대륙간탄도미사일(ICBM)을 4천4백7십6개 감축시켰으나, 공중발사 크루즈 미사일과 단거리 공격용 미사일은 2천9백9십개를 증가시켰다.

물론, 소련의 처지는 이런 상황이 힘겹게 느껴지게 만들었다. 소련이 더 이상 동유럽에 대한 군사적 지배를 유지할 수 없다는 사실은 바로 얼마 전에 있었던 바르샤바조약기구의 군사기구 전면 해체로써 상징되었다.

그러나 그렇다고 해서 소련이 군사행동을 포기한 것은 결코 아니다. 오히려 경제적 제약들 때문에 군사력이 다른 분야로 재편된 것뿐이다. 1988년 고르바초프가 50만 병력의 일방적 감축을 선언했을 때 그는 그 가운데 30만 명이, 요즘에 시위와 폭동을 진압하는 병력으로 쓰이고 있는 내무부 및 KGB 산하 부대로 편입될 것이라는 사실은 의도적으로 언급하지 않았다.

달리 말해, 미소 초강대국들은 핵무기의 96%를 그대로 놔두는 "군비 축소"를 이용해 자신들의 비축 무기를 제거하는 것이 아니라 재구성하려 하고 있는 것이다.


## 계급투쟁은 계속되고 있다

동구 사태는 더 큰 불안정을 낳는 데 일조했다.

군비 지출로 말미암아 악화된 다루기 힘든 경제 문제들이 시장경제의 도입으로써 해결되지는 않았다. 소련의 두 주요 계급들 — 관료와 노동계급 — 은 모두 개혁에 저항해 왔다. 왜냐하면 개혁이 그들의 이익에 부합하지 않기 때문이다.

대부분의 서방에서처럼 동구권에서도 국가자본주의는 경제 문제들 — 그 지배자들을 그리도 걱정케 만들고 있고 인민대중의 생활수준을 낮추고 있는 — 을 해결하지 못했다.

그리고 이것은 사회주의자들에게는 고무적인 불안정의 형태 — 계급투쟁 — 를 격화시켜 왔다. 소련에서 지금 벌어지고 있는 광원 파업, 헬무트 콜에 대한 항의 표시로서 옛 동독 지역 노동자 파업, 불가리아에서 스탈린주의자 수상을 사임시킨 노동자 파업, 루마니아에서 산발적이지만 끊임없이 일리에스쿠를 위협하는 노동자 파업 등은 동구권의 다반사가 되었음을 명확히 보여 준다. 그리고 그와 동시에 체제 변혁의 동력인 노동자 권력에 대한 각성도 일고 있다.

마지막으로, 오늘날 소련 불안정의 주요한 형태로서 피억압 민족들의 민족투쟁이 일어나고 있다.

이러한 불안정은 느닷없이 나타난 게 아니다. 오늘 우리가 목도하고 있는 모든 경제적·군사적 긴장들은 냉전기의 외관상의 안정 속에서 발전해 왔던 것이다. 세계 제국주의의 본질은 바뀌지 않았다. 그 주요 선두주자들 사이의 "공포의 균형"은 두 가지 조건에 의존했다. 하나는 서로 상대방을 밀어 제껴버리지 못하는 두 초강대국 — 미국과 소련 — 의 압도적인 지배였고, 다른 하나는 전후의 경제 호황이었다.

이제는 둘 다 과거지사가 되어 버렸다.

# UN — 평화 유지자인가 아니면
# 미국의 꼭두각시인가?

이라크는 국제연합(UN)의 이름으로 맹공당했다. 부시는 걸프 전쟁이 UN과 침략자 사이의 전쟁이라고 규정했다. 노태우도 이에 동조했다.

그런가 하면 전쟁 반대자들 가운데도 UN이 선의를 가지고 있다고 믿거나 그렇게 시사하는 사람들이 있었다. 민중당 노동위원회의 기관지 〈노동자〉(제15호, 1991.2.1)는 "다국적군의 일부로 참가한다는 것은, UN의 결의나, 국제사회의 일원으로서 책임을 느끼는 정부의 올바른 태도가 아니다."라고 말함으로써(P.13), UN의 결의가 마치 "국제사회"의 도덕성을 대표하는 양 넌지시 암시했다. 이 불분명한 문장 이면에 민중당 노동위원회가 접어두고 있는 진짜 속내가 무엇이든 간에, 〈노동자〉를 포함해 민중당의 문건 어디에서든 UN

_____

이 글은 1991년 5월에 발간된 《정치적 명확성을 위하여》에 실린 것이다.

을 비판하는 주장을 찾을 수 없는 것만큼은 분명하다.

하지만 진실은 UN이 단 한 번도 평화라는 큰 뜻에 이바지하는 일을 한 적이 없었을 뿐 아니라 할 수도 없다는 것이다.


## UN은 왜 창설됐는가?

UN(국제연합)은 제2차세계대전의 승자들이 세운 "질서와 안정"을 유지하기 위해 창설됐다.

대전중에 미·영·소의 지도자들은 자신들을 "국제연합"으로 지칭했다. 그리고 대전이 끝나자 그들은 자기들이 "해방시킨" 인민들을 전혀 고려하지 않고 세계를 분할하고자 했다.

처칠은 전후 세계 분할에 대한 자신의 구상을 종이 한 장에 낙서해 놓았다. 거기에는 이렇게 휘갈겨 쓰여 있다. 소련이 루마니아의 90%를 차지하고, 영국은 그리스의 90%를, 그리고 양국은 헝가리와 유고슬라비아를 공동점유한다는 것이다. 처칠은 이 비망록을 스탈린에게 보여줬다. 스탈린은 "파란색 연필을 집어들더니 크게 체크 표시를 하고는 도로 돌려주었다. 그걸 결정하는 데는 착안하는 데 걸린 시간만큼만이 걸렸던 것이다." 처칠은 이렇게 적었다.

이 미리 예상된 정확한 거래는 단지 한 장의 종이조각에 불과한 채로 남아있지만, 그 과정은 그 순간에 자신들의 운명이 결정되는 인민들을 연합국 지도자들이 얼마나 멸시하고 있었는가를 잘 드러낸다고 하겠다.

전쟁이 끝날 무렵 미국 경제는 매우 강력해서, 미국이 '평화'를 지배하는 것은 당연한 일이었다. 따라서 UN 본부가 뉴욕에 있는 것도 당연한 일이었다.


## 누가 UN을 지배하는가?

UN 내의 진정한 실세는 안전보장이사회(안보리), 그 가운데서도 특히 미국에 있었고 지금도 여전하다.(이 점은 지난 2월 11일 유엔 사무총장 케야르가 " … 유엔 안보리는 작전이 개시된 뒤에야 미국·영국·프랑스로부터 [걸프]전쟁 과정을 통고 받고 있을 뿐"이라고 불평했던 데서도 드러난다.)

바로 그렇기 때문에 다른 어느 국가보다도 미국이 더 많이 안보리 거부권 행사에 책임이 있다. 미국은 이스라엘에 불리한 결의안에 거듭 반대해 왔다.

또, 미국은 약소국 파나마에 대한 자신의 침공을 비난하는 UN 결의안에 비토를 놓았다.

전세계에 걸쳐 ─ 파나마·니카라과·그레나다·베트남·캄보디아 등지에서 ─ 미국의 인권 침해와 "국제법" 위반은 둘째가라면 서러워할 것이다.

안보리의 다른 회원국들도 미국처럼 자기들이 원할 때는 언제든지 UN을 무시해 버릴 수 있다.

소련 제국주의가 헝가리·체코슬로바키아·아프가니스탄·그루지야·

아제르바이잔 등지에서 소수민족의 자결권을 짓밟고 있을 때 UN은 아무 일도 안 했다.

걸프 전쟁의 개시와 거의 동시에 소련 관료는 발트해 연안 국가 독립운동을 폭압으로써 진압하면서 미국의 공모(共謀)를 뻔뻔스럽게 얻었다.

다른 안보리 이사국들의 손도 미·소보다 결코 더 깨끗하지 못하다.

영국은 말라야와 키프로스 그리고 아덴(예멘)에서 제국(帝國)을 철수하면서 다시 돌아올 때의 길을 내는 셈 치고 고문 같은 야수적인 행동을 서슴치 않았다. 프랑스 제국도 베트남과 알제리에서 철수할 때 똑같은 짓을 했다. 또한 아프리카의 프랑스 제국은 야만의 극치를 이루는 독재 정부의 형태를 취했다.

중국은 천안문 광장과 티베트의 비무장 시위대를 탱크로 밀어부치고 발포하는 만행을 부렸다.

진실인 즉, UN이란 그저 두 가지 역할 가운데 하나를 행하도록 되어 있다는 것이다.

주요 열강이 분열되어 있으면, UN은 마비된다. 이라크에 대해서 그랬던 것처럼 열강들이 서로 합의를 보고 있으면, 초강대국들이 그들의 이익을 추구하려고 다는 깃발을 UN이 제공한다.


## UN은 무슨 짓을 해 왔는가?

UN의 최초 행동은 1947년 팔레스타인을 분할해 그보다 30년 전부터 1백만의 팔레스타인인과 5만6천의 유태인이 살아 왔던 땅에 이스라엘 국가를 창립했다. 1940년대 중엽에 유태인 정착자들은 인구의 30%를 차지하였고 토지의 6%를 소유했다. UN은 그들과 팔레스타인인 둘 다에게 "정의"를 약속하였으면서도 이스라엘에게 토지의 55%를 부여하였다. 이스라엘이 테러로써 75만 팔레스타인인을 살던 집에서 쫓아내고 토지의 80%를 수용해 버렸을 때 UN은 아무 일도 안 했다.

한국전쟁 때 UN은 미군으로서 개입했다. 한국전쟁은 스탈린이 UN을 보이콧 할때 미·소가 각각의 대리자인 남한과 북한을 앞세우고 측면에서 후원하면서 벌인 전쟁이었다. 미군은 15개국의 똘마니들을 거느리고 UN 깃발을 달고 왔다. 그 때 '다국적'이라는 외피는 맥아더 장군이라는 "UN 사령관" 휘하에 2백만이 넘는 미 육해공군에다가 구색 갖춘 나라들의 4만 군대를 덧붙이는 것으로써 유지되었다.

1956년에는 수에즈 운하 문제를 놓고 UN은 그 때까지와 다르게 행동했지만 이바지한 목적은 매양 마찬가지였다. 아랍 민족주의자 나세르 이집트 대통령이 수에즈 운하를 장악해 버리자 영·불·이스라엘은 이집트를 침공했다. 미국 대통령 아이젠하워는 이 때가 그 지역에 대한 영·불의 영향력을 자신의 영향력으로 대체할 기회다 싶어 UN에게 "평화유지군"을 보내라고 "요청"했다. 그 때의 UN 간섭 이래로 학살 계획안들은 UN에서 견제 당하지 않은 채 차례차례 통과되어 왔다.

한 가지 예만 더 들어 보자. 인도네시아가 1975년 12월 이스트 티모르라는 조그만 섬을 침공해서 10만 내지는 20여만(전체 인구 70만 가운데!)을 학살했을 때 UN은 "개탄"하며 인도네시아에게 그 섬에서 철수하라고, 그 뒤 7년 동안 해마다, 그 뭐 말라 비틀어진 "결의안"인가 무식깽인가 하는 것을 통하여 요청했다. 예고된 살인극이었으므로, 또 UN이 주둥아리만 놀리는 것뿐이라는 점을 잘 알고 있었으므로, 인도네시아는 들은 척도 안 했다.

## UN이 바뀔 수 있을까?

냉전 질서의 해체를 통해 "신UN질서" 따위를 전망하는 기회주의자들이 꽤 있다.(민중당과 PD가 그 대변자들이다.)

그들에게는 미안한 일이지만, 그렇게는 안 될 것이다. 바로 걸프 전쟁이 이를 입증 — 야만적으로 — 했다.

미국의 국무부 관리 하나가(그의 이름은 익명으로 보도되었다) 말했듯이, "우리가 UN의 덮개 아래서 움직일수록 그만큼 더 우리에게 이로운 것이다." 이것이 진실이다.

## 국제연맹과 코민테른

공산주의 인터내셔널(코민테른) 창립대회는 국제연합(UN)의 전신인 국제연맹(the League of Nations)을 "자본가들의 신성동맹"이며

"약탈과 착취와 제국주의 반혁명의 연합"이라고 묘사했다.

볼셰비키는 그런 기구들에 어찌나 적대적이었던지, 그런 것들에 대해 반대하는 것을 코민테른 가입조건 가운데 하나로서 명시했다.

공산주의 인터내셔널에 소속되고자 하는 정당은 모두 사회애국주의뿐 아니라 사회평화주의의 불성실성과 위선의 가면을 벗겨야 하는 의무를 지닌다. 그럼으로써 노동자들에게 자본주의를 혁명으로 전복하지 않고는 국제 중재 법원 따위가, 군비 축소 회담 따위가, 국제연맹의 '민주적' 재조직화 따위가 새로운 제국주의 전쟁을 막을 수는 없으리라는 사실을 체계적으로 보여 주는 것이다.

UN이란 그 회원국 모두가 손에 피를 묻힌 그런 기관이다. 이 자들의 행태를 견제할 수 있는 것은 하나밖에 없다. 바로 대중적 항거이다.

UN 외교가 아니라 대중 항의운동이 베트남 전쟁을 마무리지었다. 걸프 전쟁도 그것만이 끝장내 줄 것이다. 발트해 연안 민족들을 깔아버린 고르바초프의 탱크도 대중적 항의운동만이 내쫓아 버릴 수 있다. 다른 어느 것도 그것을 대체할 수는 없다.

# 이면에 가려진 유엔(UN)의 역사

## UN에 대한 환상

수천 명이 앙골라에서 죽었다. 또 보스니아–헤르체고비나에서는 1992년부터 전쟁으로 17만 명이 목숨을 잃었다. 옛 소련에서는 '지역 분쟁'으로 많은 사람들이 죽고 있다. 1960년대 이후 세계적인 위기로 인해 곳곳에서 대량학살이 일어나고 있다. 이러한 학살에 두려움과 절망을 느낀 많은 사람들은 대량학살을 끝장내기 위해 UN이 개입 해야 한다고 생각한다.

그러나 클린턴의 주장처럼 주요 열강들이 "선을 위한 세력"으로서 행동할 수 있다는 믿음은 환상이다. 제국주의는 항상 공동의 이익을 위하는 것처럼 가장했지만 실제로는 자신들의 이익만을 위해 행동했

---

이 글은 《사회주의 평론》 5호(1995년 9~10월)에 실린 것이다. 1995년 10월 24일은 UN 창립 50주년 기념일이었다. 이 글은 50 년 동안 UN이 평화란 이름으로 자행한 짓들에 대해 쓴 것이다.

다. 좌익 가운데 많은 사람들조차 이러한 환상에 젖어 있다.

제2차걸프전이 시작됐을 때 지금껏 제국주의에 반대했던 좌익들조차 "새로운 히틀러"인 사담 후세인을 응징한다는 명분으로 조지 부시를 지지했다. 프레드 할러데이는 "제국주의가 행하는 행위들은 모두 부정적인가?" 하고 의문을 표시했다. 제국주의가 특정 상황에서는 "선한 세력"으로 행동할 수 있다는 것이다. 이와 똑같이, 지금 서방이 보스니아에 개입해야 한다는 주장이 꽤 널리 퍼져 있다.

서방의 개입을 주장하는 것은 절망감 때문이다. 또 UN이 열강들을 감시하는 민주적인 기구라는 생각도 깔려 있다. 하지만 UN이 창립된 지 50년이 지난 오늘날 UN의 과거를 살펴본다면 UN이 결코 민주적인 기구가 아니라는 점을 알 수 있다. 오히려 UN의 본질은 제국주의라는 "세계 도적들의 식탁"이다.

## UN의 전신인 국제연맹

자본주의의 국제적인 경쟁이 전쟁과 약탈의 원인이라는 마르크스주의적 관점을 지지하는 사람들조차 국제적인 감시기구가 이러한 긴장을 완화시킬 수 있다고 생각한다. 그러나 이 기구의 역사를 살펴보면 그렇지 않다는 것을 쉽게 알 수 있다.

UN의 전신인 국제연맹은 1919년 베르사유 조약이 조인된 후에 설립되었다. 이 조약은 제1차세계대전에서 승리한 열강들이 유럽을 분할하는 것을 승인했으며, 국제연맹은 이 과정을 감독하기 위해 만들어졌다. 당시 미국 대통령이던 우드로 윌슨이 '민족 자결'이라고 부른 원칙에 따라 세계의 모든 지역이 국제연맹에서 지배적인 국가들에게 '위임'되었다. 예컨대 영국은 중동 지역 대부분을 집어삼켰다.

레닌은 국제연맹을 가리켜 '도적들의 식탁'이라고 불렀다. 주요 열강들이 약소국을 병합하는 데에 동의한 나라들은 이러한 '위임'을 합법적인 것으로 허가했다. 이 도적들이 서로 동의하지 않은 곳에서는 국제적인 감시가 의제에 오르지도 않았다.

예컨대 1935년에 이탈리아는 아비시니아(에티오피아의 옛 이름)를 공격하고자 했다. 이 때 영국은, 이탈리아가 아비시니아 영토의 일부만을 차지한다는 조건으로, 이탈리아가 바다를 거쳐 영국령 소말리아를 통해 아비시니아에 접근할 수 있도록 해 주겠다고 제안했다. 영국은 이것이 아프리카의 희망봉을 안전하게 지킬 수 있는 최선의 방법이라고 생각했다. 결국 이탈리아는 아비시니아 전체를 집어삼켰고, UN은 이것에 대해서는 어떠한 조치도 취하지 않고 아비시니아의 지배자 하일레 셀라시를 축출했다.

제2차세계대전이 닥치자 국제연맹은 완전히 무기력했다. 1938년에 히틀러가 체코를 침략했을 때나 심지어 1939년 9월에 전쟁이 발발했을 때에도 마찬가지였다.

국제연맹은 자본주의의 모순을 그대로 반영했다. 여러 국가의 지배계급은 시장, 원재료, 영토를 얻기 위해 서로 잡아 먹으려고 으르렁대고 있으면서도 동시에 제3의 세력들에 대항해서는 서로 협력해야 할 필요성이 있었다.

세계의 주요 열강들은 유럽연합(EU), 나토(NATO), 가트(GATT)

와 같은 수많은 기구들을 설립하여 이 기구가 자신들 사이의 관계를 조절하도록 했다. 그러나 협력을 해야 하는 경제적·정치적 충동이 갈등하는 충동보다 더 클 때에만 이 기구들은 효과적으로 기능했다. 그렇지 않을 때에는 국제적인 감시와 규제로 더 합리적이고 평화적인 세계를 만들 수 있다는 생각은 무너졌다. UN의 역사와 역할도 이러한 맥락에서 이해해야 한다.


## UN이 한 짓들

UN은 제2차세계대전 후에 세계를 어떻게 재조직할 것인가를 두고 미국, 영국 그리고 옛 소련의 지배자들이 세운 계획에 따라 만들어졌다. 국제통화기금(IMF), 세계은행, 브레턴우즈 체제와 함께 UN은 미국이 세계를 지배하기 위해 만든 여러 기구 가운데 하나였다. 주요 열강들은 UN을 설립하여 세계를 자신들의 통제 아래에 두었다.

안전보장이사회(Security Council)는 이 기구의 핵심이며 여기에서 모든 중요한 결정들이 이루어진다. 미국, 옛 소련, 영국, 프랑스 그리고 중국 등 5개 영구 회원국이 안전보장이사회를 창설했다. 다른 국가들은 안전보장이사회에 참석할 수는 있지만 거부권은 없다. 따라서 안전보장이사회를 구성한 다섯 국가들이 공동의 이익을 추구하기로 결정하면 바로 행동이 이루어지는 게 거부권 체계이다. 하지만 한 국가라도 침공의 정당성에 동의하지 않으면 UN은 무기력해진다.

전략적으로 중요한 문제는 안전보장이사회에서 다루어지는데, 주로 미국의 거부권에 의해 좌우된다. 예컨대 남미는 UN이 간섭하지 못하며 미국이 자신의 목적을 자유로이 추구할 수 있는 지역이다. 다른 문제들은 신탁통치이사회(Trusteeship Council)에서 다루어지는데, 미국의 주요 동맹국들에게만 거부권이 있다.

1950년에 미국 군대가 UN군을 이끌고 소련이 후원하는 북한과 전쟁을 벌였을 때, 안전보장이사회는 영구 회원국 가운데 한 국가의 이해관계와 충돌하는 행동을 취했다. 그 당시 옛 소련은, UN이 베이징의 승리한 '공산당' 정부 대신에 패배한 장제스에게 중국에 대한 위임권을 준 것에 항의하며 UN에 불참했다.

그 이후에 UN은 독립 투쟁을 가로막는('평화유지') 한편, 주요 열강들의 이해관계와 직접 연관이 없는 갈등에 대해서는 수동적으로 감시하는 데에 이용되었다.

첫 번째 유형의 개입에 대한 가장 뚜렷한 예는 아프리카이다.

## 콩고

1960년에 미국 CIA(중앙정보국)는 새로 독립한 콩고의 수도 레오폴드빌에 있는 CIA 콩고 지부로부터, 민족주의 지도자 패트리스 루뭄바에 대한 다음과 같은 전보를 받았다.

지금 콩고에서는 정부를 전복시키려는 공산주의자들의 활동이 진행되고 있다. … 그렇든 그렇지 않든 간에 루뭄바는 빨갱이이며, 권력을 공고화하기 위해 빨갱이 게임을 막 시작하려고 한다. 지금 콩고에서 반(反)서방 세력의 힘이 급속히 증가하고 있다. 콩고가 제2의 쿠바가 되지 않도록 하기 위해서는 지체할 시간이 거의 없다.

CIA는 콩고에 주둔하고 있는 UN군을 이용해 루뭄바를 납치·살해함으로써 이 '어려운 문제'를 해결했다. UN은 콩고의 독립을 막지는 못했지만, 제국주의에게 온순한 국가로 만들기 위해 결정적인 순간에 개입한 것이다.

## 나미비아

콩고와 비슷한 조치가 나미비아에서도 이루어졌다. 나미비아는 1920년에 국제연맹에 의해 남아프리카공화국에 위임되었다. 1969년이 되자 UN은 이 위임권을 무효로 만들었다. 그 후 나미비아인들이 자신들의 힘으로 독립을 이루려고 했던 1980년대말까지도 UN은 아무 일도 하지 않았다. 그 뒤에 남아공 군대와 나미비아 독립 투사들 사이의 휴전을 감시하기 위해 UN군이 파견되었다. UN군이 들어오면서 나미비아 독립 투사들은 포위되어 무장해제를 당한 반면 남아공 군대는 자유로이 돌아다녔다. 2백 명이 넘는 나미비아 독립 투사들이 UN군이 보는 앞에서 남아공 군대에게 학살당했다. UN군과 남아공 군대로 이루어진 순찰대가 선거 때까지 나미비아 인민들을 폭행했다.

여기에서도 독립은 막을 수 없었지만 해방운동 세력은 깨끗하게 제거되었다. 그래서 선거에서 우익이 대부분 당선되었다. UN군은 새로운 나미비아 정부에게 남아공의 뜻을 중시해야 한다는 것을 각인시키는 데 결정적인 역할을 했다.

## 중동

UN의 '감시' 기술을 가장 눈부시게 보여 준 예가 바로 중동이다. UN은 1948년에 유태인들이 팔레스타인인들을 추방하고서 세운 이스라엘 국가를 승인했다. UN은 이스라엘 국가가 팔레스타인인들을 추방하는 것을 감독했다. UN 군대는 1956년에 이스라엘이 주변국을 침공한 후에 시나이 반도에 파견되어 1967년에 전쟁이 일어나기 전까지 머물렀다. 1967년에 벌어진 전쟁에서 이스라엘군은 주변국을 장악했다. UN은 이스라엘군을 장악한 지역에서 철수시키기로 결정했지만, UN은 1948년 이후 26년 동안 아무것도 하지 않았다. 헨리 키신저는 1973년 전쟁 이후에야 아랍의 석유 수출 금지조치를 철회시키기 위한 협상의 대가로 미군을 시나이 반도에 투입할 것을 제안했다.

## 레바논

레바논 주둔 UN 잠정군(UN Interim Force in Lebanon: UNIFIL)은 1978년 이스라엘이 레바논을 침공한 뒤에 투입되었다. 그 때부터 UNIFIL은 이스라엘 군대를 레바논에서 철수시키는 권한을 위임받았다. 하지만 이스라엘 군대는 지금까지 레바논에 머무르고 있다. 1979년 3월 중순에서 8월말까지의 짧은 기간 동안 이스라엘 군대는 1만 9천 번의 대포와 박격포 공격을 포함하여 148 번이나 레바논을 공격했고, UNIFIL도 이것을 '감독'했다. UNIFIL이 감독하는 지역에서 자행된 공격 말고도 13 번의 공습과 14 번의 해상 공격이 더 있었다. 1982년에 이스라엘 군대가 베이루트까지 밀고 들어가 팔레스타인해방기구(PLO)를 추방하고, 파시스트인 팔랑헤당(Falange Party)으로 하여금 사브라와 샤틸라에서 수백 명을 학살하도록 부추길 때 UN군은 슬며시 사라졌다.

이것은 결코 예외적인 경우가 아니다. 창립된 이후 UN군은 항상 기만적인 모습을 보여 주었다.

## 앙골라

앙골라에서도 나미비아와 비슷한 양상이 반복되었다. 하지만 그 결과는 나미비아보다 더 재앙적이었다. 1975년에 포르투갈로부터 독립한 앙골라의 MPLA(앙골라 해방운동)정부는 옛 소련과 쿠바의 지원을 받고 있었고, 요나스 사빔비가 지도하는 '완전독립을 위한 전국연합'(National Union for Total Independence: UNITA)은 미국과 남아공의 막대한 원조를 받으며 정부에 저항했다. 남아공 군대가 쿠이토 쿠아르네발에서 결정적인 패배를 맛본 뒤 1980년대 말에 군대를 철수시키자 쿠바 군대도 앙골라에서 철수했다.

1991년에 UN의 소규모 부대가 앙골라에서 외국 군대의 철수와 선거를 '감시'하는 책임을 맡았다. 이것은 사실상 앙골라가 15년 전과 다를 바 없으며, 지금 UNITA가 남아공 군대가 없다는 심각한 압력을 받고 있음을 인정한 것이었다. 1992년 10월에 사빔비는 만약 MPLA가 선거에서 승리한다면 — 승리했다 — "앙골라는 소말리아와 같은 유혈낭자한" 내전을 벌이게 될 것이라고 말했다. 〈뉴 스테이트먼트 앤드 소사이어티〉의 기자인 존 필거는 이렇게 보도했다.

불행하게도 UN이 감시한 선거는 이전에 공산주의 진영과 가진 연계 때문에 용서받지 못한 MPLA의 '잘못된' 승리를 낳았다. 아프리카 나라들 가운데에서 워싱턴의 가장 오래된 냉전 도당인 요나스 사빔비에 대한 미국과 UN의 지원에도 불구하고 MPLA가 승리했다. … 지금 워싱턴은 외교적 승인을 하지 않고 있으며, 부트로스 갈리는 민주적으로 당선된 예전의 반란군 지도자 주세 에두아르도 도스 산토스에게 사빔비와 UNITA를 수용하라고 압력을 넣었다.

사빔비는 이러한 후원을 이용하여 "세계 최악의 전쟁"을 다시 수행했다. 미국은 1993년 5월에 MPLA 정부를 승인했지만, 얼마 지나지 않아 사빔비는 3백 명의 UN군이 지켜보는 가운데 하루에 수천 명을 학살하는 새로운 전쟁을 시작했다.

## 캄보디아

캄보디아는 UN의 성공사례로 꼽힌다. 〈파이낸셜 타임즈〉지는 이렇게 지적했다.

평화유지 활동이 소말리아와 옛 유고에서 정치적 논쟁 때문에 지연되거나 악화되었다면 캄보디아는 환영할 만한 UN의 성공사례이다.

캄보디아는 베트남 전쟁 이후에도 미국의 수중에 있었다. 1970년에 닉슨은 베트남 민족해방전선(NLF)이 캄보디아에 은신하고 있다는 이유로 미군을 남베트남에서 캄보디아로 보냈다. 또 당시 캄보디아를 지배하고 있던 시아누크 공을 축출하고 캄보디아 반군에 대해 확고한 태도를 취할 것을 주장해온 론 놀 장군으로 하여금 군사쿠데타를 일으키도록 조장했으며, 폭탄을 투하하여 캄보디아 전역을 쑥밭으로 만들기도 했다. 미국이 베트남과 형식적으로 협정을 맺은 뒤에도 캄보디아의 황폐화는 계속되었다. 히로시마에 투하된 폭탄과 맞먹는 양이 6개월 동안에 캄보디아에 떨어졌다. 6십만 명에서 일백만 명 정도가 죽었으며, 캄보디아 경제는 몇 세기 전으로 돌아갔다.

그 결과 크메르루주의 민족주의 운동이 미국 제국주의에 대한 반대 분위기 속에서 성장했다. 1970년대초 CIA의 작전 지휘관의 말에 의하면, 크메르루주는 "B52 폭격으로 인한 황폐화를 자신들의 주된 선전 주제로 이용하고 있었다." 폴 포트의 지도 아래 크메르루주는 1975년에 권력을 장악했다.

폴 포트 정부는 정신병 증세를 보이며 2백만 명 정도를 죽이는 킬링 필드를 연출했다. 후에 폴 포트는 "과거의 모든 유산을 제거하기 위해" 필수적이었다고 주장하면서 "추구할 어떠한 모델도 없이 사회주의를 건설했다."는 이데올로기로 그 당시에 일어났던 일을 설명했다. 하지만 실제로 크메르루주가 권력을 장악한 뒤 취한 그들의 잔혹한 정책은 그 어떤 이데올로기에 바탕하고 있는 것이 아니라 미국의 야만주의 때문에 황폐화된 국가를 발전시키려는 전략에서 나왔다.

킬링 필드의 공포가 진행될 때 주요 열강은 어느 누구도 관심을 기울이지 않았다. 수백만 명이 죽었지만 이것이 세계질서의 안정을 위협하지 않는 한 주요 열강들이 관심을 가질 리 없었다. 이러한 상황은 1978년에 캄보디아가 베트남의 침공을 받았을 때 비로소 변했다. 훈 센과 예전의 크메르루주 성원들은 베트남이 세운 새로운 정부의 각료로 임명되었다. 지금 폴 포트는 이 지역에서 미국의 주요 하수인이 되어 미국으로부터 후원을 받아 무장하고는 베트남이 캄보디아를 지배하는 것을 받아들일 수 없다며 캄보디아를 혼란에 빠뜨리고자 한다.

베트남은 지금까지 미국의 엄중한 제재를 받았고 캄보디아와는 관계가 단절된 상태이다. 그러나 미국은 태국 국경선에 있는 크메르루주 캠프에 원조를 보내고 있다. 미국은 이 지원을 공공연하게 밝히지 않고 있다. 미국 국가안보위 자문인 브레진스키는 1981년에 이렇게 말했다. "나는 중국이 추악한 자인 폴 포트를 지원하도록 요청했다. 우리는 그를 지원할 수 없지만 중국은 할 수 있다."

주요 열강들은 이 곳을 세계에서 가장 추악하고 빈곤한 지역으로 남겨 두기 위해 캄보디아에 개입하고 있다. 그래서 이 지역의 세력균형이 1980년대말에 변화했을 때, 서방의 개입이라는 절대명제도 바뀌었다. 베트남이 1989년에 군대를 철수했을 때, 크메르루주는 미국의 지원을 받으면서 실질적인 승자의 위치에 올랐다. 그러나 주요 열강들이 지금까지 군사 행동을 한 목적은 이것이 아니었다. 그래서 주요 열강들은 캄보디아와 새로운 협상을 하게 되었다.

미국, 중국, 러시아 그리고 베트남 사이의 비밀협상으로 '평화 계획안'이 나왔으며, UN에서 승인되었다. 이 계획안에 의해 1990년 9월에 최고민족회의가 설립되었는데, 이 기구는 훈 센 정부의 6명과 반대파 연합의 6명으로 구성되었다. 20억 달러가 소비되고 2만 명의 외국 군대가 개입된 거대한 연방국가(United Nations)가 출범했다. 유엔 캄보디아잠정기구 사무소(UNTAC)가 1993년 선거와 상황의 '격변을 막는' 역할을 맡았다.

짧은 기간 내에 UN이 강요한 해결 전망은 반대파의 분노를 샀다. 아래로부터 일어나는 인민들의 반대가 신문에 등장했다. 그래서 UNTAC는 신문을 검열했다. 크메르루주의 지도자 키우 삼판이 되돌아왔지만 성난 군중의 폭동 때문에 1991년 11월에 다시 도망쳐야 했다. 경찰은 1달 뒤 프놈펜에서 벌어진 노동자와 학생 그리고 공무원 들의 반부패 시위와 폭동에 발포하여 적어도 8명을 죽이고 20명 이상을 다치게 하고서야 폭동을 잠재울 수 있었다. 이러한 억압도 UN군이 보는 앞에서 행해졌다.

크메르루주나 베트남이 세운 훈 센 정부의 대안 세력 — 노동계급 — 이 완전히 분쇄될 때까지 UN은 지켜 서서 보기만 했다. 그 때부터 이 지역에서 어떤 변화도 일어나지 않았으며, UN은 이 과정을 감시했다. 캄보디아에서의 '성공'은 UN의 본업인 기만과 아무런 활동도 하지 않는 것의 기막힌 결합이었다.

UN 자신도 사태를 알고 있었다. UN 내부 보고서에는 다음과 같이 적혀 있다.

1992년말 UNTAC가 도착한 뒤로 캄보디아는 암울한 현실에 직면해 있으며, 생활도 더 악화되었다. … UNTAC는 전혀 희망을 줄 수 없는 부적절한 존재이거나 아니면 SOC[구 정부] 당국과 공모하고 있다는 시각이 널리 퍼져 있다.

1993년 선거로 새로운 정부가 구성되었는데, 구 지배자인 시아누크 공과 그 아들 훈 센이 망명에서 돌아와 수상과 부수상을 맡았다. 시아누크 공은 자신을 왕이라고 하면서 "왕을 비판하는 우리 관습에 반대한다."는 명분으로 반대파 신문을 재빨리 탄압했다. 그러는 동안 크메르루주는 북부와 서부 캄보디아의 대부분을 통제했다.

좌익을 포함하여 많은 사람들은 캄보디아에 UN이 개입하여 사태가 호전되었다고 생각한다. 하지만 그 결과는 평범한 사람들을 소수의 사악하고 믿을 수 없는 지배자들의 수중으로 넘겨 주는 것이었다.

## 소말리아

미국은 내전으로 만신창이가 된 소말리아에 평화와 빵을 가져다 준다는 명분으로 '희망회복 작전'을 수행했다. 이것은 제2차걸프전 이후 부시가 제창한 신세계질서 아래서 행한 첫 번째 모험이었다. 미국의 소말리아 개입은 베트남에서와는 달리 수렁에 빠지지 않고서도 세계에 개입할 수 있다는 것을 증명해 줄 것만 같아 보였다. 하지만 1년이 지나자 그 희망은 산산조각났다.

미국은 족벌 체제와 '부족주의'가 전쟁과 기아를 낳았으며 소말리아를 재앙으로 몰고 갔다고 하면서 UN의 개입을 부추겼다. 사실 소말리아의 후진성과 분열은 지난 한 세기 동안 서방의 필요에 따라 족벌주의를 이용한 제국주의의 유산 때문이었다.

20세기초 고전적 제국주의 시기에 영국, 프랑스 그리고 이탈리아 정부는 이 지역을 다스리기 위해 분리지배 전술을 구사했다. 제국주의의 후원 아래서 자신들의 토대를 구축하고 싶었던 소말리아의 새로운 지배계급은 다시 족벌을 형성했다. 빈곤에 찌든 도시 거주자들에게는 한 족벌과의 결탁만이 희귀한 자원을 얻을 수 있는 유일한 희망이었다. 오늘날 소말리아의 족벌주의는 인도에서 나타나는 공동체주의와 똑같은 것이다. 인도에서처럼 소말리아도 분리지배를 위해 족벌 체제를 이용하면서 더 깊숙한 위기로 빠져들었다.

세계은행의 수치에 따르면, 1970년에 소말리아는 일인당 국민총생산(GNP)이 80 달러로, 세계에서 가장 가난한 지역인 사하라 사막 이남에서 여섯 번째로 가난한 국가였다. 1976년에 일인당 국민총생산(GNP)은 두 배로 증가하여 150 달러가 되었지만 그 후 상황은 역전되었다. 15여 년 동안 정체와 쇠퇴를 반복하면서 1990년에 일인당 국민총생산(GNP)은 120 달러로 줄어들었다.

1970년대말부터 미국은 소말리아에서 군사 쿠데타를 통해 1969년에 권력을 장악한 모하메드 지아드 바레 정권에게 호의를 보냈다. 인접한 에티오피아가 혁명으로 불타고 있으며 소련이 에티오피아에서 데르그 정권을 지지하고 있는 상황에서, 미국은 이 지역을 통제하기 위해 바레를 이용하고 싶어 했다.

군사협정이 체결되었으며, 미국은 바레의 야만적인 정권과 완전히 동맹을 맺었다. 1980년대 동안 미국은 바레에게 10억 달러어치의 무기를 보냈으며, 소말리아인의 연평균 수입은 170 달러에 달했다. 하지만 매우 온건한 반대조차 탄압에 직면해야 했다. 1989년 7월 모가디슈에서 시위자 450 명이 총에 맞아 죽었다. 1990년 7월 축구경기장에서 바레에 반대하는 구호를 외친 1백 명이 죽음을 당했다.

1989년 이후 미국은 이 정권에 대한 지원을 줄여나갔다. 소련의 영향력이 약화되자 소말리아가 중요하지 않게 되었고 또 소말리아 국내에서도 바레 정부는 야만주의적 통치 때문에 지지를 잃었기 때문이었다.

1988년 5월에 북부에서 시작된 내전에서 바레의 테러는 극에 달했다. 그의 군대는 19개월 동안 반란군 병사와 시민 5만 명을 죽였다. 바레의 군대는 가뭄에 대비해 만든 농업용수인 지하 물저장소를 목표로 삼아 공격했다. 바레는 인위적인 재앙을 만들었다.

서방 열강들은 두 가지 전략을 추구했다. 첫째로, 현 정권을 지지했다. 바레 정권은 미국의 이익을 지키기 위해서 노력했을 뿐 아니라 이탈리아의 '보조' 금융 사기를 통해 많은 이탈리아 정치가들과도 연루되어 있었다.

둘째로, 서방은 사태가 계속 악화된다면, 바레 정권의 반대파인 '선언' 그룹이 권력을 장악하여 다른 반대파들을 제압하도록 책략을 부릴려고 했다. 소말리아 북서부에는 소말리아의 독립을 주장하는 '소말리아민족운동'이 있고 아이디드 장군이 이끄는 '통일소말리아회의'도 있으며, 남부에는 '소말리아애국운동'이 있다. 1991년 1월 모가디슈에서 바레에 대항하는 폭동이 일어나 미국의 계획은 이루어지지 않았다. 바레 군대가 모가디슈에서 테러를 자행하여 2만 명이 넘게 죽었다.

바레가 물러남으로써 미국은, 미국 대사의 말을 빌면, "불을 끄고 문을 닫은 다음 소말리아에 대해서 잊어 버렸다." 그러나 통일소말리아회의의 구성원이었던 아이디드 장군과 알리 마디 장군의 두 군벌

사이에 내전은 계속되었다. 바레가 자행한 파괴 위에 벌어진 내전은 소말리아를 더 심각한 기아로 몰아 넣었다. 기아는 1992년 중반부터 그 해말까지 극에 달했다. 두 달 동안 기아로 하루에 2천 명이 죽었지만 부시 정부는 모든 식량원조를 중단했다.

주요 파벌은 1992년 3월에 전쟁 종식을 합의했다. 또 UN은 종전 감시요원 40 명을 보내기로 합의했다. 기아로 사람들이 다 죽은 뒤에야 미군의 주요 부대가 도착했다. 1992년 여름에 바이도아에서만도 하루에 200 명이 기아로 죽었다. 11월에 그 수치는 60 명으로 줄어들었다. 소말리아에 있는 많은 구조 노동자들은 미국의 군사개입을 비난했다. 한 보도원은 "미국의 군사 개입은 더 피비린내 나는 또 다른 전쟁을 시작하게 될 것이다."고 말했다.

UN은 소말리아에서 인기가 없다. 유출된 UN 자료에는 소말리아인들을 "적군"이라고 적어 놓고 있다. 사무총장 부트로스 부트로스 갈리가 1993년 1월에 모가디슈에 왔다가 돌팔매질을 당했고 10월에 다시 왔을 때는 바리케이드가 불타는 것을 보고 비행기에서 몸을 사리다가 두 시간 만에 황급히 되돌아갔다.

이와 반대로 주요 군벌들은 1992년 12월에 미군이 개입하는 것을 처음부터 환영했다. 미군은 아이디드를 '군벌'이라고 부르는 것을 금지했다. 그러나 1993년 봄 이러한 상황은 변했으며, 모가디슈에 있는 미국 사절은 아이디드의 머리에 2만 5천 달러의 현상금을 걸었다.

미군이 소말리아에 들어가자 빌 클린턴은 "우리는 소말리아에 보호국을 세우거나 신탁통치를 하거나 아니면 이 나라를 지배하기 위

해 온 것이 아니다."고 말했다. 그러나 미군이 소말리아에 주둔하고
또 무력으로 내전을 '해결'하려고 시도하는 것이 바로 이러한 짓이다.
주요 군벌들이 서로 권력을 장악하기 위해 다투고 있는 마당에 미국
이 자신의 계획에 가장 잘 충실한 군벌을 택하리라는 것은 불을 보
듯 뻔한 일이다.

1993년 6월 13일에 파키스탄인 UN 병사들이 점령에 저항하는 시
위자들에게 발포하여 200~300 명을 죽였다. 7월 12일에는 미군이
족벌 수장들의 회담이 이루어지는 곳을 공격하여 100명의 소말리아
인을 죽였으며, 200 명을 부상시켰다. 키시마요에서 수백 명을 죽였
던 벨기에 군대에 대한 내부 조사가 시작되었다. 구조 노동자들은
식량 대신에 외과의사팀을 보내는 데 집중하고 있다.

여름 동안에 미군의 도착을 반대했던 구조 노동자들은 '희망회복
작전' 때문에 자신들이 하던 일을 그만두어야 했다. 한 예로, 6월에
있었던 미군의 공격 때문에 그 때까지 175,000 명을 먹여 살렸던 국
제구조 계획이 전면 중단되었다. 미국의 한 상원의원이 상황을 이렇
게 요약했다. "우리는 소말리아인들이 기아로 죽는 것을 막기 위해
갔다. 지금 우리는 여성과 어린이들을 죽이고 있다."

7월에 이탈리아가 UN과 미국에 군사작전을 중단할 것을 요청하
면서 서방의 전략에 균열이 생겼다. 10월에 소말리아에 있던 133 명의
노르웨이 UN 병사들 가운데 117 명이 본국으로 돌아갔다. 10월 3일
에는 한 전투에서 18 명의 미군과 7백 명의 소말리아인이 죽었다. 미
군 헬리콥터는 빌딩 계단에다 미사일을 퍼부어 점령자들을 대량학살
했다. 1993년 6~10월에 미군은 전부 1만 명 정도의 사상자를 냈다.

베트남의 악몽이 되살아나는 듯했다. 한 논평가는 이렇게 말했다. "여기[미국] 언론에서는 모하메드 파라르 아이디드 장군과 베트콩의 전술 대가인 호치민 사이의 비교가 이미 이루어졌다. 아이디드 장군의 하층 도시 군대가, 잘 무장했더라도 미군의 화력에 쉽게 굴복할 것이라는 예견은 사라졌다."

소말리아에서 철수해야 한다는 압력을 받고서 미국은 10월에 아이디드와 비밀 협상을 시작했다. 그 때 UN도 군대를 대부분 철수했다. 지금 소말리아에서는 분열과 고통이 더욱 증가하여 상황이 이전보다 더 악화되었다.

## 보스니아

지금 옛 유고, 특히 보스니아에 서방과 UN이 개입해야 한다는 목소리가 크게 울려퍼지고 있다. 하지만 서방은 이전부터 발칸 지역에 개입해 왔다. 옛 유고 연방이 해체될 즈음에도 서방의 지배자들이 먼저 모여서 유고 연방을 그대로 유지하려고 노력했으며, UN 상임이사국도 이러한 시도에 동의했다.

"새로운 히틀러" 사담 후세인도 왕년에는 서방의 동맹자였듯이, "새로운 악마" 슬로보단 밀로셰비치도 오랫동안 서방 지배자들의 후원을 받았다. 밀로셰비치가 경제위기를 해결하기 위해 시장에 대한 열의를 보인 것과 더불어 반대파를 강경하게 탄압한 것은 서방의 지배자들로부터 동유럽의 나머지 국가들이 본받아야 할 모델로 칭송받았다. 세르비아 남부의 코소보에서 알바니아인들이 군사적 탄압을 받을 때에도 서방은 밀로셰비치의 행동을 지지했다.

그러나 유고 연방이 해체되자 상황은 변화했다. 독일 정부가 이끄는 서방의 지배자들은 크로아티아와 동맹을 맺는 것이 자신들에게 더 유리하다고 판단했다. 1991년 12월 15일에 독일 정부는 크로아티아에 무조건적인 지원을 할 것이라고 발표했다. 서방 지배자들은 크로아티아 정부를 승인하여 그들이 크로아티아 내의 소수민족인 세르비아인들의 권리를 무참하게 짓밟도록 내버려 둠과 동시에 밀로셰비치와 투지만이 보스니아를 분할하기 위해 타협하는 것을 후원했다.

　서방은 옛 유고를 전쟁에 휩싸이게 만들었던 크로아티아의 분리를 지지했고, 그 다음에는 보스니아에서 전쟁을 수행하게 만든 보스니아 분할안을 승인했으며, 이번에는 보스니아-헤르체고비나의 독립을 인정했다. 특히 보스니아-헤르체고비나에서 세르비아계와 크로아티아계가 서로 자신의 영역을 확대하기 위해 싸우고 있는 와중에 보스니아-헤르체고비나가 '독립'한다는 것은 인종적으로 더욱 배타적인 이슬람 국가가 하나 더 생기게 된다는 뜻이다. 결국, 발칸 반도에 서방이 개입하여 낳은 결과는 옛 유고를 해체하여 인종적 바탕 위에 각각의 국가를 세우도록 하는 것이었다. <파이낸셜 타임즈>지는 UN과 유럽연합(EU)의 공동 계획인 사이러스 밴스-데이비드 오웬 안을 두고 이렇게 말했다.

　　연관된 다른 요소들 — 역사, 지리, 경제 상황 그리고 통신 등 — 을 충분히 고려함으로써 순수히 인종적 구분에 따른 국가 분할이 되지 않도록 노력하고 있다는 공언에도 불구하고 이 안은 궁극적으로는 주로 인종적 구분에 따라 경계선을 긋고 있다.

최근, '사악한' 세르비아에 대항하여 크로아티아 편을 지원하기 위해서는 서방과 UN의 군사개입이 필요하다는 바람이 생겨났다. 이러한 희망의 밑바닥에는 크로아티아와 보스니아 정부는 선한 존재 — 세르비아와 달리 — 라는 생각이 깔려 있다. 그러나 현실은 전혀 그렇지 않다. 크로아티아 정부도 세르비아 정부와 마찬가지로 인종청소를 자행했다. 예컨대 이슬람교도들은 크로아티아 군대에 의해 모스타르의 대부분의 지역에서 추방당했다. UN의 조사팀은 1993년 6~10월에 4만 5천에서 5만 5천 명 정도가 자신들의 거주지에서 쫓겨났다고 말했다. 세르비아와 마찬가지로 크로아티아도 포로수용소를 세워 놓고 있다.

보스니아의 대통령 알리아 이제체고비치도 보스니아-헤르체고비나를 인종적 구분에 따라 분할하는 것을 지지하고 있다. 따라서 그는 중부 보스니아에서 조금이라도 더 많은 지역을 장악하려고 이슬람교도의 인종적 국수주의를 부추기고 있다.

이러한 상황에서 UN(또는 다른 국제기구)이 개입한다면 어떠한 형태를 취할까? 첫째로는, 우선 옛 유고에서 전쟁의 주된 희생양이 된 이슬람교도들을 지원해야 한다는 목소리가 높다. 따라서 지금 이슬람교도들을 무장시키자는 주장이 가장 많은 인기를 얻고 있다. 하지만 보스니아-헤르체고비나에서 이슬람 세력들은 크로아티아와 세르비아계 세력 들에 둘러싸여 있다. 따라서 이들에게 무기를 공급하는 일은 해상을 통해 무기를 싣고 와서 공중으로 공급해 주는 것이 유일한 길이다. 따라서 이슬람교도들을 무장시키자는 안은 미국의 대규모 개입을 의미한다. 이러한 이유 때문에 이슬람교도들을 무장시키자는 안을 두고서도 미국 지배자들은 의견이 분분하다. 클린턴과 국무성은 이 안을 지지하지만 국방성은 반대하고 있다.

두 번째 대안은 서방이 평화조약을 체결하도록 중재하는 일이다. 밴스-오웬 안과 같은 다양한 제안들이 제시되고 있지만 사실 평화조약을 체결하는 과정 그 자체가 UN이나 EU 또는 다른 국제기구가 대안이라는 신비를 박살내고 있다. 평화안들 모두가 한결같이 인종적 분할을 내세우고 있기 때문이다. 서방과 UN은 개입할 때마다 인종청소와 새로운 공격이 이루어지는 장을 제공했을 뿐이다. 밴스-오웬 안이 제시됨에 따라 보스니아-헤르체고비나의 여러 세력들은 이 안에 따라 경계선이 확정되기 전에 영토를 조금이라도 더 차지하기 위해 전투를 더 격렬하게 치르고 있다. 다른 많은 작은 읍이나 마을에서와 마찬가지로 모스타르와 트라브니크에서 전투가 일어났던 것도 바로 이 때문이다. 1993년 가을에 〈파이낸셜 타임즈〉지는 "UN 관리는 어제 중부 보스니아에서 시작된 '인종청소'와 잔혹한 만행들이 최근의 보스니아 분할계획안 때문에 더 가열될 것이라고 경고했다."고 보도했다.

영국이 제안한 세 번째 대안은 세르비아계를 목표로 한 폭격이다. 그러나 이 제안에 따라 폭격을 하게 된다면 세르비아인들이 서방 군대와 싸우고 있다고 느끼게 만듦으로써 밀로셰비치의 입지만 더 강화시킬 것이다.

세르비아계를 솎아내기 위한 군사 행동은 그 이전에도 진행되었다. 1992년 5월 안전보장이사회는 세르비아에 대한 제재를 허용한 바 있다. 하지만 이러한 제재 조치는 세르비아 경제를 황폐하게 만들었고, 밀로셰비치의 주장에 설득력만 강화시켜 주었다. 그는 모든 세르비아인들이 단결하여 전세계에 대항하자고 주장했던 것이다.

동시에 세르비아의 농촌 주민들은 경제제재 조치로 거의 고통을 당하지 않았다. 이들은 쉽게 곡물을 얻을 수 있었을 뿐 아니라 천문학적 인플레이션으로 인해 곡물을 시장에 내다팔아야 할 유인을 거의 갖고 있지 않았다. 그래서 경제의 황폐화 속에서도 밀로셰비치는 지지를 획득하고는 계속되는 선거에서 승리할 수 있었다. 1992년 12월에 세르비아에서 있었던 선거에서는 세르비아 민족주의에 대한 지지가 더 강하게 나타났다.

많은 좌익들은 옛 유고의 대량학살에 대한 대안이 없어 절망에 빠져서 서방의 제국주의가 이 지역에 개입해야 한다고 주장하고 있다. 하지만 **계급투쟁의 부활만이 진정한 대안이다.** 옛 유고 연방에서 주요 공화국의 지배자들이 노동자 투쟁을 진압하기 위해 여러 인종 사이의 전쟁이라는 전술을 구사했다. 그러나 아래로부터의 반란은 결코 제압되지 않았다. 1992년 7월에 베오그라드에서는 2만 명의 학생들이 전쟁에 반대하는 시위를 벌였다. 크로아티아에서는 한 시간 총파업이 독립노동조합의 지원 아래 전체 작업장의 절반 정도에서 이루어졌다. 1993년 9월 바냐루카에서는 보스니아의 세르비아계 군장교들이 낮은 봉급에 항의하며 반란을 일으켰다.

다른 형태의 저항들도 인상적이다. 예컨대 베오그라드 예비 군인의 85%가 반정부 전단을 뿌리고 있다. 또 20만 명은 전투 참여를 거부하며 옛 유고를 떠나려 한다. 1991년 가을에 노동자들은 코지에리츠라는 세르비아계 마을에서 전쟁에 반대하는 폭동을 일으키고 이

틀 동안 이 마을을 장악했다.

서방의 개입을 주장하고 또 지지하는 사람들은 전쟁과 경제적 황폐화에 반대하여 아래로부터 일어나는 저항을 무시하고 있다. 이들이 서방은 "이슬람교도들을 도와주어야 한다"고 말하는 것의 진정한 의미는 이제체고비치 정권을 지원하는 것이고, 사라예보에서 반정부 전단을 돌리는 사람들에게 군복을 입고 전선에 나가라고 외치는 것이며, 여러 인종이 모여사는 지역을 황폐하게 만드는 것이다.

서방이 옛 유고에 개입하면서 이 지역에 살고 있던 수많은 평범한 사람들은 죽음과 기아 그리고 보금자리에서 추방당하는 고통을 겪고 있다.


## 대안은?

앞에서 언급한 지역들은 위기에 빠진 세계에서도 최악인 곳들이다. 야만적 자본주의에 다름아닌 제국주의는 그러한 상황이 세계 곳곳에서 계속 나타나도록 만든다. 제국주의 열강들이 직접 개입할 수 없는 곳에서도 이들은 자신들의 이익을 지키기 위해 제3세계의 야만적인 정권에 대한 지원을 해왔고 또 계속할 것이다. 설사 제국주의 열강들이 직접적인 개입을 하지 않는다손 치더라도 개입이라는 말은 항상 이들이 전세계를 자신의 수중에 장악하기 위해서 사용해 왔다.

현존 체제를 유지하고 자신들의 이익을 지키기 위해서 직접적인 군사적 개입이 이루어졌다. 그렇다면 이것에 대한 대안은 무엇일까? 일부 좌익을 포함한 많은 사람들은 공정하고 합리적인 국제 기구가 이러한 개입을 억제해 줄 것이라고 믿고 있다.

그러나 UN과 같은 국제기구들의 역사가 보여 주듯이, 의사결정에 더 많은 국가를 포함시켜서 UN을 더 민주적인 기구로 만들어야 한다는 개량적인 희망은 이루어질 수 없는 꿈이다. 국제연맹이나 UN은 제국주의적 위계질서에 따라 구성되었다. 오늘날 UN을 재구성하자는 주장은 이러한 위계질서의 변화를 반영하고 있다. 독일 정부는 상임이사국에서 영국과 프랑스의 영구이사국 자리를 없애고, 그 두 나라가 차지했던 자리가 독일의 영향력 아래에 있게 될 것이 뻔한 합동 EU 대표로 대체되어야 한다고 주장한다. 일본 정부도 1995년에 상임이사국 자리를 얻기 위해 로비를 벌이고 있다. 이러한 움직임은 1945년 이래로 진행된 경제적·군사적 세력의 변화를 반영한 것이다. 특히 독일 정부는 자신의 군사적 지위를 강화하기 위해 보스니아의 위기를 이용하고 있다. 즉 NATO 지역 외부에 군대 배치를 금지하는 것을 없애는 명분으로 보스니아 위기를 들고 있다.

그러나 UN이 개조된다고 해서 지금과 다르게 행동할 리는 만무하다. 결국 파키스탄인과 모로코인 UN 병사들은 소말리아인 학살로 추방될 것이며, 루뭄바 암살에는 스웨덴과 아일랜드인 UN 병사들이 가장 많이 연루되었다. 어느 지배계급도 자신의 국경선 내에서 결코 인자하지 않다. 그렇다면 그들이 왜 국경선 밖에서는 인자할 것이라고 기대해야 할까?

UN을 개혁할 수 있다는 기대는 국제기구가 주요 열강들의 바람과는 다르게 구성될 수 없다는 사실을 부인하는 것이다. UN은 그

구성이나 목적 그리고 정작 필요할 때는 활동하지 않는 점 등으로
보아 전적으로 제국주의의 산물이다.

UN을 개조하려는 희망이 환상에 불과하다는 것은 전쟁, 기아, 인
종청소 등이 바로 세계체제에서 비롯한다는 사실에서 분명해진다.
서방이나 UN의 개입에 반대하는 대신에 아래로부터의 투쟁이라는
대안을 추구해야 하는 이유도 바로 이 때문이다.

서방의 개입을 주장하는 것은 노동자 계급의 투쟁에 대하여 비관
적인 전망을 가지게 만든다. 이러한 것은 결코 새롭지 않다. 독일의
사회민주주의 지도자 카를 카우츠키는 제1차세계대전이 시작될 때
"국제주의는 전시에는 효과적인 도구가 아니다. 국제주의의 핵심은
평화적 시기의 도구이다." 하고 주장했다. 이에 대해 로자 룩셈부르
크는 이렇게 반박했다.

이 이론은 거세당한 조건이라는 자의적인 가정을 바탕으로 한다. 이 이론
은 사회주의의 미덕이 세계 역사의 결정적인 순간에 한 요소가 되지 못할
경우에만 펼쳐질 수 있다고 주장한다. 그러나 이 점이 정치적 발기불능인
모든 이론의 기본적 토대이다. 이 이론은 실질적인 힘을 가질 수 있는 사
람들은 전혀 고려하지 않는다.

러시아 혁명이 동부전선의 포성을 멎게 만들었던 1917년에 그리고
독일 노동자들이 1918년말에 전쟁을 중단시켰을 때 로자 룩셈부르
크의 올바름이 입증되었다.

전쟁의 위협은 노동자 계급을 잠시 동안 마비시킬 수 있다. 이 때

에는 계급적 단결이라는 모든 가정들이 민족주의에 의해 쏠려가는 듯이 보인다. 그러나 자본주의의 위기에서 비롯되었다는 바로 그 이유 때문에 전쟁은 계급적 갈등을 한층 높은 형태로 부활시킨다. 이러한 사실은 전쟁의 전조인 사회적 긴장이 더 한층 높은 형태로 등장한 옛 유고에서 그대로 입증되었다. 자그레브와 베오그라드에서 심지어는 사라예보에서 대중의 실업, 초인플레, 식량 부족 때문에 수백만의 사람들이 상상할 수조차 없는 어려움에 직면해 있다. 억압과 검열은 스탈린주의자들이 지배하던 옛날의 악몽을 회상시키게 만든다. 모든 도시에서 젊은이들은 지목되어 전선으로 강제 징집되지 않으려고 카페에서 고개를 숙이고 있다.

UN은 지금으로부터 50년 전인 45년 10월 24일 결성되었다. 이 때 트루먼은 UN을 가리켜 "[세계] 평화의 도구"라고 주장했다. 하지만 UN이 한 역할이란 제국주의 세계질서를 유지하고 또 피억압 민족에 대항해서 주요 열강들의 이해를 충족시켜 주는 것이었다. UN의 평화유지군은 88년 9월 26일에 노벨 평화상을 받았다. 이것은 제국주의적 '평화'를 훌륭하게 수행한 대가였다. 지금도 UN군은 위에서 언급한 지역들뿐 아니라 레바논, 사이프러스, 골란 고원, 이란—이라크 접경지역 등 세계의 곳곳에 있다. 하지만 이들의 역할은 주요 제국주의 국가들의 이익을 지키거나 아무런 역할도 하지 않은 채 지역 갈등이 학살로 이어지는 것을 방조하는 것이다.

UN이 무기력하다는 비판은 내부에서도 나오고 있을 정도다. 따라서 진정한 대안은 아래로부터의 투쟁이 일어나서 제국주의 국가들이 세계를 요리하는 '도적들의 식탁'인 UN을 일소하는 것이다.

# 유엔의 전력을 기억하라

　　호주가 주도하는 다국적군을 동티모르에 파견한 유엔은 침략에 대항해 약소국을 보호하는 독립적인 세력이 아니다. 호주 정부는 그 나름으로 동티모르에 이해관계를 갖고 있다.

　　제2차세계대전 말에 5대 열강 ─ 미국·소련·중국·영국·프랑스 ─ 은 유엔 안전보장이사회의 의석을 영구적으로 보유했다. 각각의 나라는 자기의 이익과 상충한다고 느끼면 안전보장이사회의 어떤 결정에도 거부권을 행사할 수 있다. 그래서, 예컨대 유엔은 2백만 명의 베트남인들을 죽인 미국의 베트남 전쟁을 중지시키기 위한 조치는 전혀 취하지 않았다.

　　유엔은 오로지 주요 열강들이 합의할 때에만 행동을 승인해 왔다. 그래서 유엔은 1991년 이라크를 상대로 미국이 주도한 전쟁에 외피를 제공했다. 그 뒤 유엔이 승인한 제재 조치로 50만 명이 넘는 이라

─────

이 글은 1999년에 발간된 《비판과 대안》 3호(10~11월)에 실린 것이다.

크 어린이들이 목숨을 잃었다.

유엔이 겉으로는 인도주의적 동기에서 개입하는 것처럼 보였을 때
조차도 유엔은 기껏해야 주민들 사이의 분열을 굳혔고, 최악의 경우
에는 내전과 더 심각한 민족간 폭력을 유발했다. 1992년 12월에 유
엔은 내전에 시달리고 있던 소말리아에 "평화유지군"을 파견하자는
미국의 결의안을 승인했다. 1990년에는 5만 명 이상의 소말리아인들
이 살해됐고, 1992년에는 50만 명이 기아로 죽었다.


## 초점 동티모르

미국은 개입군을 이끌었고, 처음에 보통의 소말리아인들은 군대를
환영했다. 그러나 결과는 재앙이었다. 유엔 점령 아래서 1만 명 가량
의 소말리아인들이 살해당했다. 미국의 1만 5천 군대는 민간인들에
게 자행된 소말리아 군벌들의 폭력을 무시했으며, 자신들이 위협받
을 때에만 행동했다. 미국·캐나다·벨기에 군대는 소말리아 민간인들
에게 고문 등의 잔학 행위를 저질렀다. 유엔과 미국은 대부분의 소말
리아인들이 전범으로 간주한 알리 마디와 아이디드 장군 같은 경쟁
군벌들 사이의 협상을 정당화하고 실제로 추진하려 했다. 1년 뒤 미
국은 군대를 철수시키기 시작했다. 1995년 3월에 마지막 남은 유엔
군대가 소말리아를 떠났다. 소말리아 내전은 지금도 계속되고 있다.

유엔이 혼란 속에서 소말리아를 떠나고 있을 무렵, 빌 클린턴은
카리브해의 섬 나라인 아이티에 미국 군대를 파견했다. 그는 병사들

에게 말했다. "당신들은 민주주의의 전사들입니다." 1994년 9월 약 2만 명의 미국 군대가 "민주주의 유지 작전"에 따라 아이티에 도착했다. 미국이 1991년 쿠데타로 전복된 민선 대통령 아리스티드를 복귀시키겠다고 약속했기 때문에 아이티인들은 거리에 나와 춤을 췄다.

그러나 미국의 진정한 이해관계는 이내 민주주의에 관한 위선에 구멍을 냈다. 한 기자가 말했듯이, "미국 군부의 목적은 다소 단호해 보인다. 그것은 빈민들을 해방시키러 왔다는 겉보기의 구실과는 달리 하층 빈민가의 1백만 빈민들의 분노로부터 부유한 엘리트들을 안전하게 보호하는 것이다." 미국은 군사독재자 세드라스를 그가 가진 수백만 달러와 함께 파나마로 실어 보냈다. 미국은 에마뉘엘 콩스탕 같은 대량학살자들을 구출했다. 미국은 아이티에서 재판을 받게 돼 있었던 에마뉘엘 콩스탕을 뉴욕에 정착시키고 돌려보내지 않았다.

20세기 내내 미국은 아이티를 침공해 뒤발리에 같은 잔혹한 독재자를 지원했다. 1994년에도 미국의 본질은 다르지 않았다. 미국은 인권에 대한 사람들의 관심에 맞춰 말장난을 했을 뿐이었다.

유엔의 다른 개입들도 마찬가지로 효과가 없었다. 키프로스에서 유엔은 터키계와 그리스계 사이의 적의에 찬 분열을 유지하는 국경을 감시하는 일만 했다. 1990년대 내내 유엔은 수십만 명의 목숨을 앗아간 앙골라의 철저한 파괴를 "참관"했다.

1975년에 유엔은 동티모르 점령을 비난했지만, 어떤 조치도 취하지 않았다. 미국이 그것을 원하지 않았기 때문이다. 1975년에 유엔 주재 미국 대사였던 대니얼 모이니언은 이렇게 떠올렸다. "미국은 현상유지를 원했고, 그렇게 되도록 하기 위해 움직였다. 미국 국방부는 유엔이 무슨 조치를 취하든 전혀 효과가 없음이 입증되기를 바랐다. 이런 과제가 나에게 주어졌고, 나는 상당한 성공 속에서 이 과제를 진척시켰다. "누구도 동티모르에서 유엔이 하는 역할이 그 때보다 나으리라고 믿어서는 안 된다.

# 알렉스 캘리니코스 방한 강연 —
# 세계를 휩쓸고 있는 경제적·지정학적 불안정

## 현재 세계경제 위기 상황과 그 파장

저는 오늘날 전 세계를 휩쓸고 있는 경제적·지정학적 불안정에 관해 말하려고 합니다. 경제적 불안정과 지정학적 불안정이 상호작용하면서 지금 신자유주의 제국주의 체제가 심각한 위기에 빠져 있습니다.

먼저 경제적 불안정을 살펴보겠습니다. 선도적 신자유주의 국가인 미국과 영국에서는 지난 8월 이후 금융체제의 위기가 심각해지고 있습니다.

비록 이 위기가 금융체제에서 시작됐지만, 이것의 여파로 미국이

알렉스 캘리니코스. 〈맞불〉 73호, 2008년 1월 24일. https://wspaper.org/article/4955. 이 글은 알렉스 캘리니코스가 강연한 '2008년 세계경제와 정세'를 녹취한 것이다.

심각한 불황에 빠질 확률이 갈수록 높아지고 있습니다. 미국이 불황에 빠지면 전 세계가 영향을 받을 것입니다.

특히 전 세계경제 호황을 이끌어 온 신용시장에 큰 타격을 입힐 것입니다.

현재 위기의 근원은 2001년으로 거슬러 올라갑니다. 당시 미국 자본주의는 동시에 두 방향에서 타격을 입었습니다.

하나는 IT와 전화통신 산업에서 주로 발생한 투기적 붐인 이른바 '닷컴 붐'이 붕괴한 것이었습니다. 다른 하나는 9·11 공격이 초래한 엄청난 충격이었습니다.

이런 충격 뒤에는 미국 자본주의가 1970년대 이후 빠져 나오지 못한 장기적 위기가 배경으로 깔려 있었습니다. 그것은 낮은 이윤율의 문제였습니다.

미국의 중앙은행인 연방준비제도이사회와 다른 주요 국가들의 중앙은행들은 이런 위기에 직면해 이자율을 대폭 삭감하고 세계경제에 값싼 신용을 대량 공급하는 방식으로 대응했습니다.

그들은 대출을 쉽게 하면 사람들이 그만큼 더 많이 대출하고 더 많이 소비할 것이고, 덕분에 경제가 되살아날 거라고 예상했습니다. 이 정책은 단기적으로 효과가 있었습니다. 특히 미국 경제가 되살아나는 데 큰 구실을 했습니다.

그러나 그 결과로 새로운 부문 — 부동산 시장 — 에서 투기 열풍이 발생했습니다. 미국, 영국과 기타 주요 경제들에서 주택 가격이 큰 폭으로 상승했고, 이것이 단기적으로 경제 성장을 도왔습니다. 특히 중간계급 주택 소유주들은 자신이 소유한 주택의 가치가 상승하자 더 많은 돈을 대출해서 소비하는 데 썼습니다.

이런 소비 확대로 중국과 다른 동아시아 국가들의 공업제품에 대한 수요가 늘었습니다. 미국 경제의 부활과 중국 경제 호황 사이의 상호작용 덕분에 세계 자본주의가 지난 몇 년 동안 성장할 수 있었습니다.

그 과정에서 미국 경제는 전 세계를 상대로 엄청난 규모의 무역수지 적자를 기록하게 됐습니다. 특히 동아시아 경제와의 무역에서 큰 적자를 기록했습니다. 미국 경제는 이 적자를 지불하기 위해 중국과 다른 동아시아 경제로부터 갈수록 많은 돈을 빌려야 했습니다.


## 미국 경제와 중국 경제의 상호작용

전체 상황을 정리해 보면, 중국과 동아시아 경제들이 공업제품을 미국에 수출했고, 그들은 수출로 번 돈을 미국에 다시 빌려줘 미국이 중국과 동아시아의 공업제품을 계속 구입할 수 있도록 도왔습니다.

중국의 호황은 나머지 세계경제의 성장률을 향상시켰습니다. 독일, 일본, 한국 같은 공업 국가들은 기계류와 하이테크 제품들을 중국에 수출하는 데 집중했고, 중국은 그 제품들을 사용해 미국에 수출할 상품을 만들었습니다. 동시에 아프리카와 라틴아메리카 같은 '제3세계' 국가 경제들도 중국에 천연자원을 수출하기 시작했습니다.

그러나 이런 경제 성장은 미국 경제에 지속적으로 값싼 신용을 제공하는 것에 의존하고 있습니다. 자본주의 역사를 보면 비슷한 사례들을 발견할 수 있습니다. 그런 사례들은 투기적 대출이 확대되면서 결국 금융체제가 붕괴하고 경제 위기가 발생하는 것으로 끝나곤 했습니다.

똑같은 일이 지금 발생하고 있습니다. 대표적 사례가 미국의 이른바 '서브프라임 모기지' 시장의 성장과 붕괴입니다. 서브프라임 모기지는 신용이 불량한 가난한 사람들이 자기 집을 살 수 있도록 대출해주는 시장을 말합니다.

그런데 1년 전에 이 시장이 붕괴했습니다. 문제는 갈수록 많은 신용이 공급되고 투기가 확산되면서 전 세계 금융기관들이 부채상환이 불확실한 차용자들에게 돈을 대출해 준 것이었습니다.

그래서 미국 주택 시장의 위기가 전 세계 금융시장의 위기로 확산됐습니다. 예컨대, 영국에서는 노던록이라는 은행이 미국 주택 시장 위기 때문에 파산하면서 예금 대량 인출 사태가 발생했습니다. 노던록에 돈을 예금해 둔 사람들이 은행 밖에 길게 줄을 서서 예금 인출 순서를 기다렸습니다. 영국에서 이런 광경은 마르크스가 《자본론》을 집필하던 1860년대 이후 처음이었습니다.

이런 위기의 결과로 세계 금융체제가 혼란에 빠졌습니다. 대형 은행들은 지난 몇 년 동안 자신들이 빌려준 대출금 중 상당한 양의 상환이 불가능함을 잘 알고 있습니다. 이들 대형 은행들이 입을 손실은 4천억~8천억 달러에 이를 것으로 추정됩니다.

# 금융위기와 실물 경제

일부 사람들은 이것이 단지 금융체제의 문제에 불과하다고 주장합니다. 공업제품과 서비스를 생산하는 실물 경제에는 영향을 미치지 않는 다는 것이죠. 그러나 이것은 완전히 잘못된 주장입니다.

마르크스는 《자본론》에서 자본주의에서 신용체제가 매우 중요한 구실을 한다고 말했습니다. 신용은 자본축적이 한계에 도달했을 때, 일시적으로 그 한계를 뛰어넘어 자본축적이 지속될 수 있도록 돕는 구실을 합니다.

그러나 마르크스는 동시에 그 한계가 곧 다시 나타날 수밖에 없음을 지적했습니다. 따라서 금융체제는 예전에 발생할 수 있었던 것보다 훨씬 더 큰 위기를 초래합니다.

이와 비슷한 사례로, 1990년대에 일본에서 은행들의 위기가 발생해서 일본 경제는 그 뒤로 10년 동안 혼란을 겪었습니다.

물론 미국에서 똑같은 일이 발생할지는 알 수 없습니다. 그러나 거의 모든 사람들이 미국 경제의 성장률이 낮아질 거라고 생각합니다. 미국 경제는 세계경제의 25퍼센트를 차지하기 때문에, 미국 경제의 후퇴는 아시아와 유럽에 영향을 미칠 것입니다.

그럼 중앙은행들이 5년 전에 했던 조처를 다시 취해 돈을 경제에 쏟아 부으면 되지 않느냐고 반문할 수도 있습니다. 중앙은행들은 부분적으로 그런 조처를 취했습니다. 미국과 유럽의 중앙은행들은 수백 억 달러를 금융체제에 제공했습니다.

그러나 그들이 2000~2001년에 취한 정책을 똑같이 반복해 이자율을 대폭 삭감하는 것은 쉽지 않습니다. 물가상승률이 그 당시보다 상대적으로 높기 때문입니다. 지난 몇 년 동안의 경제성장의 여파로 석유, 천연가스, 각종 천연자원, 식량 가격이 크게 올라 미국의 물가상승률은 1990년대 이후 가장 높은 수준입니다.

게다가 지난 몇 년 동안 투기 활동이 전반적으로 활발했기 때문에 중앙은행들은 당장 이자율은 크게 낮추는 것을 꺼리고 있습니다. 그들은 낮은 이자율이 경제활동을 너무 활성화해서 물가상승률이 1970년대 수준에 접근할까 봐 두려워하고 있습니다.


## 달러화의 가치 하락

우리가 지금껏 말한 경향들이 결합돼 1970년대 같은 심각한 경제 불황이 발생할지 아니면 단지 1~2년 동안의 경기 후퇴에 그칠지는 알 수 없습니다.

그러나 현재 경제 위기가 전 세계를 좀더 불안정하게 만들 것은 분명합니다. 예컨대, 자본가 계급 사이의 경쟁을 더 치열하게 만들 것입니다. 지난 몇 년 사이 미국 달러화의 가치가 다른 주요 국가들의 통화에 비해 20퍼센트 가량 하락했습니다.

이것은 엄청난 양의 달러화 자산을 보유하고 있는 동아시아 지배계급들에게 큰 문제입니다. 중국은 1조4천억 달러의 외환자산을 보유하고 있습니다. 이제 달러화의 가치가 하락하면서 외환보유고의 가치도 하락하고 있습니다. 중국 지배자들이 그런 상황을 좋아할

리 없습니다.

마찬가지로, 아랍 지배자들은 석유 가격 상승을 기뻐하지만, 석유 가격을 매기는 달러화의 가치가 최근 하락하고 있기 때문에 마음이 편치 않기도 합니다.

달러화의 하락에 따른 매우 중요한 변화로, 유럽연합의 공식 통화인 유로의 가치가 달러에 비해 급격히 상승하면서 유로가 세계 금융 체제의 기축통화로서 달러의 지위를 위협하고 있습니다.

어쩌면 20세기 전반기에 발생했던 전 세계적 통화 불안정이 다시 나타나고 있는지도 모릅니다. 당시에 영국의 파운드화를 대신해 달러가 세계 기축통화로서 자리를 굳혔습니다. 만약 그런 일이 또 발생한다면, 그것은 전 세계적인 경제력의 이동을 보여 주는 사건이 될 것입니다.

전 세계적 경제력의 이동을 보여 주는 또 다른 증거로, 동아시아와 아랍의 기업들이 월스트리트 금융기업들의 주식들을 대거 사들이고 있는 것을 들 수 있습니다. 이것은 단지 경제력의 이동을 보여 줄뿐 아니라, 신자유주의 이데올로기에 대한 도전이기도 합니다. 왜냐하면 지금 월스트리트를 사들이고 있는 동아시아와 중동의 이른바 '국부 펀드들'은 국영기업들이기 때문입니다.

또, 몰락한 영국 은행인 노던록도 국유화될 수 있습니다. 그러나 국유화는 신자유주의 시대에 일어나서는 안 될 일입니다. 모든 것은 사유화돼야 하고, 국가는 경제에 개입해서는 안 됩니다. 그러나 갑자기 정반대의 일이 발생하고 있는 것입니다. 조지 부시조차 미국 경제를 구하기 위해 미국 정부가 1천5백억 달러를 투입할 것이라고 발표했습니다.

# 미국의 헤게모니, 지정학적 전선에서도 도전받다

오늘날 미국의 헤게모니[패권]는 단지 경제 전선에서뿐 아니라, 지정학적 전선에서도 도전받고 있습니다. 이른바 '테러와의 전쟁'은 미국이 군사력을 이용해 미국 자본주의의 세계 지배를 확고히 하려는 시도였습니다.

그러나 '테러와의 전쟁'의 결과로 북동아프리카에서 서아시아의 아프가니스탄과 파키스탄으로 이어지는 거대한 활 모양의 불안정 지역이 형성됐습니다. 이곳에서 미국과 그 동맹들은 풀기 어려운 문제에 직면해 있습니다.

그 중에서 가장 중요한 전선은 물론 이라크입니다. 미국은 이른바 '증파' 정책으로 더 많은 미군을 바그다드 지역을 중심으로 집중시킬 수 있었고, 상황을 잠시 안정시킬 수 있었습니다. 그러나 미국은 여전히 정치적 해결책을 가지고 있지 않습니다. 이라크를 미국식 자본주의적 민주주의 국가로 변화시킨다는 구상은 완전히 파산했습니다.

부시는 이란에 대한 군사 공격을 통해 주도권을 되찾으려 했습니다. 그런데 두 달 전에 미국 정보 기관들이 보고서를 발표했는데 그 내용은 이란이 몇 년 전에 핵무기 개발을 종결했다는 것이었습니다. 이것은 CIA와 미국 국방부가 부시 정부에 공개적으로 반기를 든 것이었습니다. 부시가 이라크 같은 재앙을 또 다시 반복하는 것을 막기 위한 행동이었습니다. 부시 같은 전쟁광이 자기 첩자와 장군 들을 믿을 수 없는 상황이라면, 그는 확실히 심각한 위기에 처해 있는 것입니다.

그러나 부시는 다른 곳에서도 곤경에 처해 있습니다. 활의 양쪽 끝에 해당하는 파키스탄과 케냐의 상황을 보면 그 점을 확실히 알 수 있습니다.

성탄절 직후에 파키스탄인민당(PPP) 당수 베나지르 부토가 암살됐습니다. CIA는 알카에다가 범인이라고 주장했습니다. 그것이 사실인지는 알 수 없지만 어쨌든 부토의 암살은 부시 정부에게 엄청난 타격을 입혔습니다. 무샤라프 군사 독재 정부는 미국이 아프가니스탄에서 벌이고 있는 '테러와의 전쟁'을 돕는 핵심 동맹 중 하나입니다. 그런데 최근에 아프가니스탄의 불안정이 파키스탄으로 확산되면서 무샤라프 정부가 크게 흔들리고 있습니다. 부시 정부는 부토가 총리가 돼서 무샤라프 정부에 정당성을 확보해 주기를 바랐습니다. 그러나 부토의 암살로 그 계획은 물거품이 됐고, 미국 정부는 현재 대안이 될 만한 인물을 가지고 있지 못합니다.

활의 다른 쪽 끝인 북동아프리카를 봅시다. 미국 국방부는 북동아프리카가 '테러와의 전쟁'에서 중요한 전선이라고 지적했습니다. 1년 전에 미국 정부는 '테러와의 전쟁'을 돕는다는 미명 아래 에티오피아가 소말리아를 침략하는 것을 공공연히 지원했습니다. 지금 불안정에 시달리는 케냐는 소말리아와 국경을 맞대고 있습니다. 케냐의 키바키 정부는 아프리카에서 미국과 영국 정부의 핵심 동맹 중 하나입니다. 미국 정부는 케냐에 미군 기지를 건설했고, 미국과 영국 정부와 국제금융기구들은 케냐에 많은 돈을 지원했습니다.

# 활 모양의 불안정 지역

그 과정에서 그들은 키바키 정부의 부패 행위에 눈감았고, 케냐 대중이 겪는 끔찍한 빈곤을 무시했습니다. 1년 전에 저와 제 옆에 있는 한국어 통역자는 케냐 수도 나이로비에서 열린 세계사회포럼에 참석했습니다. 우리는 아프리카에서 가장 큰 슬럼가 중의 하나인 키바나에서 도시 중심가까지 행진했습니다. 당시 우리는 지금 부정 선거에 항의하는 시위대들이 지난 몇 주 동안 매일 통과하려 애쓴 행진로를 따라 걸었던 것입니다. 우리는 운이 좋아 그 길을 따라 행진할 수 있었지만, 지금 케냐 시위대들은 폭동진압 경찰들의 방해 때문에 그렇게 하지 못하고 있습니다. 많은 언론들은 부족들 간 갈등 때문에 정치적 폭력이 발생했다고 주장합니다. 그러나 심지어 CNN조차 케냐에는 '가진 자'와 '못 가진 자'라는 두 부족밖에 없다고 솔직하게 인정했습니다.

케냐의 상황은 신자유주의 하의 세계를 집약적으로 보여 줍니다. 지배자들은 부패하고 대중을 탄압하며, 대중은 빈곤으로 고통받고 있습니다. 지난 몇 주 동안 케냐에서 발생한 사건들은 몇 십 년 동안 축적된 갈등과 증오와 분노가 폭발한 것이었습니다. 케냐에 관한 대부분의 언론 보도들을 보면 매우 흥미로운 사실을 알 수 있습니다. 그들은 "케냐 대통령이 재선되려고 부정 선거를 자행하다니 참으로 끔찍하지 않는가?" 하고 말하지 않습니다. 그들은 "케냐 정부는 아프리카의 안정을 위해 중요한 구실을 해 왔고 서방의 소중한 동맹인데 그런 불안정이 발생하다니 끔찍하지 않는가?" 하고 말합니다.

케냐와 파키스탄의 불안정은 전 세계적 제국주의 전쟁몰이와, 개별 국가의 투쟁과 갈등이 결합된 결과입니다. 마르크스주의자들은 자본주의가 세계체제이며 국제적으로 부자와 노동자·빈민 대중 사이의 양극화를 초래한다고 주장해 왔습니다. 오늘날 그런 경향이 아주 뚜렷하게 나타나고 있고 앞서 말한 위기들에서도 그것을 볼 수 있습니다.

경제적 불안정과 지정학적 불안정이 서로 결합되면서 지금 세계 지배계급은 매우 심각한 위기에 빠져 있습니다. 불과 몇 년 전에 조지 부시는 황제처럼 전 세계를 호령했습니다. 그러나 최근 부시의 중동 순방을 보신 분들은 아시겠지만, 그는 이제 꼴사납고 우스운 인물로 여겨지고 있습니다. 부시는, 빌 클린턴이 말년에 그랬듯이, 느닷없이 팔레스타인 문제가 존재한다는 것을 발견했고, 이 문제를 해결하겠다고 선언했습니다. 그러나 이제는 아무도 그의 말을 진지하게 듣지 않습니다. 부시가 다녀간 직후 이스라엘 총리는 팔레스타인 가자 지구와 전쟁을 벌이고 있다고 선언했습니다. 진정으로 '평화 프로세스'에 참가하고 있는 사람이라면 그런 말을 하지 않을 것입니다.

## 급진 좌파 정당들의 위기, 그러나 좌파 혁신은 여전한 과제

지금까지 지배계급이 직면한 문제들을 언급했습니다. 그러나 이것만으로는 부족합니다. 우리는 신자유주의 제국주의에 반대하는 대안이 과연 존재하는가도 물어야 합니다.

케냐의 사례를 다시 살펴보면, 과연 누가 키바키 정부에 대한 대중적 불만에서 이득을 보고 있습니까? 야당 지도자 오딩가는 지배 계급의 일원으로 키바키처럼 부족 정치를 악용할 만반의 준비가 된 사람입니다. 이것은 오늘날 전 세계적 상황을 상징적으로 보여 주고 있습니다.

오늘날 좌파들은 대중의 상상력을 사로잡고 대중 행동을 주도하면서 대안을 제공할 위치에 있지 못합니다. 좌파가 그런 수준에 가장 근접한 곳은 라틴아메리카, 그 중에서도 특히 볼리비아와 베네수엘라입니다.

제가 사는 유럽에서는 지난 10년 동안 새로운 급진 좌파의 등장을 볼 수 있었습니다. 단지 우익에 맞선 대안만이 아니라, 이른바 '사회자유주의'에 맞선 대안 제시를 목표로 새로운 좌파 정당이 등장하거나 기존 좌파 정당들이 재편됐습니다. 사회자유주의를 추구하는 정당들 중에는 기존 사회민주주의 정당들이 많은데, 그들은 집권 후 신자유주의 정책을 집행했습니다. 그것을 가장 잘 보여 주는 최악의 사례가 바로 토니 블레어의 영국 신노동당 정부였습니다.

사실, 새로운 유럽 좌파들은 새로운 저항 운동에 고무돼 나타난 것이었습니다. 이 운동은 신자유주의에 반대하는 운동으로, 1999년 미국 시애틀 WTO 반대 시위와 2001년 이탈리아 제노바 G8 반대 시위에서 시작됐습니다. 또, 나중에 이라크 전쟁 반대 운동으로 이어져 2003년 초에 엄청난 규모의 시위가 일어났는데, 2003년 2월 15일 시위가 그 정점이었습니다.

이런 운동들은 좌파들에게 새로운 전망을 열어 줬고, 좌파들은

21세기에도 자신들이 여전히 긍정적 구실을 할 수 있다는 것을 보여줄 기회를 잡았습니다. 그러나 슬프게도, 2003년 2월 15일 대규모 반전 시위 이후 거의 5년이 지난 오늘날, 유럽 급진 좌파들은 위기에 빠져 있습니다. 두 가지 사례만 들겠습니다.

## 전략의 중요성

이탈리아 재건공산당은 2001년 제노바 G8 반대 시위와 2002년 이탈리아 피렌체에서 열린 첫 번째 유럽사회포럼을 조직하는 데 매우 깊숙이 개입했습니다. 그러나 최근에 급격히 우경화했습니다. 재건공산당은 프로디의 중도좌파 정부에 입각해서 이탈리아 정부의 아프가니스탄 파병 연장 결정을 지지했습니다.

영국의 리스펙트는 2003년의 대규모 반전 운동으로부터 탄생한 정당입니다. 제가 속한 SWP(영국 사회주의노동자당) 같은 혁명적 사회주의자들과 조지 갤러웨이 같은 노동당 출신 의원, 그리고 무슬림공동체의 사람들 등 매우 다양한 사람들이 리스펙트로 결집했습니다. 불행히도 지난해 말에 리스펙트는 분열했습니다. 가장 중요한 이유는 갤러웨이가 기회주의적 선거 전략을 추구했기 때문이었습니다. 그 밖에 유럽의 다른 급진 좌파 정당들도 현재 위기를 겪고 있습니다.

왜 유럽 급진 좌파 정당들이 지금 위기에 직면했을까요? 시애틀, 제노바와 대규모 반전 시위의 성공에 따른 초기의 도취감이 사라진

후에 이 정당들은 급진화를 더 진행시킬 방법에 관한 어려운 결정을 내려야 하는 순간에 직면했습니다. 이제는 거리에 나서서 "우리는 전쟁과 신자유주의에 반대한다"고 소리치는 것만으로는 부족했습니다. 신자유주의와 전쟁에 반대하는 투쟁을 전진시키려면 그것에 걸맞는 전략들을 개발해야 했습니다. 그리고 어떤 전략을 개발하는지는 급진 좌파 정당들의 정치에 따라 달랐습니다.

특히 급진 좌파 정당들 내에서 개량주의적 정치 배경을 가진 사람들의 경우, 어려운 상황에 직면했을 때 우경화하는 것으로 대응하기 쉬웠습니다. 그래서 저는 현재 급진 좌파 정당들의 위기가 이들이 성숙하는 과정에서 발생한 것이라고 생각합니다.

그러나 급진 좌파 정당들이 위기에 처했다고 해서, 좌파 혁신 계획 자체를 포기해서는 안 될 것입니다. 혁명적 사회주의자들은 혁명적 사회주의 전통에 굳건히 뿌리를 내린 채 급진 좌파 정당들이 우경 기회주의적 정책을 택하지 못하도록 막는 구실을 해야 할 것입니다.

그러나 이것을 종파적이지 않은 방식으로 하는 것이 매우 중요합니다. 시애틀에서 그랬듯이 우리는 신자유주의와 전쟁에 반대하는 모든 사람들과 함께 일할 수 있어야 합니다. 그 사람이 개량주의적 정치 배경을 가졌건 혁명적 사회주의자건 혹은 아무런 정치가 없건 상관없이 말입니다.

제가 앞서 분석했던 경제적·지정학적 불안정의 규모를 생각해 볼 때, 좌파를 혁신하기 위한 투쟁은 여전히 매우 중요합니다. 경제 위기의 대가를 치를 사람들은 위기에 책임이 있는 은행 자본가들이 아니라 평범한 보통 사람들이 될 것입니다. 금융위기의 근원지인 월스트리트 대형 은행들은 2007년에도 어김없이 경영자들에게 엄청난 보너스를 지급했습니다. 그러나 평범한 사람들은 일자리를 잃고, 임금 삭감을 겪을 것입니다. 사회복지도 축소될 것입니다. 물가상승에 고통받을 것입니다.

평범한 노동자들에게는 자본주의 체제가 아닌 다른 대안이 필요합니다. 그들의 이익을 분명히 대변하고 기존 체제에 도전할 수 있는 진정한 정치 세력이 필요합니다. 혁명적 사회주의자들은 그들이 대안을 발전시키는 과정을 도울 의무가 있습니다. 우리는 이 과제를 결코 포기하지 않을 것입니다.


## 정리 발언


1. 진정한 사회주의의 의미가 무엇이며, 왜 사회주의가 여전히 유효한가라는 질문에 대해 플로어에서 훌륭한 답변이 있었습니다. 저는 혁명적 사회주의자가 너무 '약자들'에게만 신경 쓴다는 지적에 이렇게 답하겠습니다. 맞습니다. 우리는 그렇습니다. 혁명적 사회주의자는 부산의 노동자든 케냐 나이로비의 빈민이든 상관없이 억압받는 사람, 착취받는 사람 들과 일체감을 갖습니다. 우리는 억압받는 사람, 착취받는 사람, 가난한 사람 들이 세계를 변화시킬 힘을 가지고 있다고 봅니다.

우리가 말하는 사회주의는 '아래로부터의 사회주의'입니다. 착취받는 사람, 억압받는 사람, 그리고 무엇보다도 노동계급이 자기 해방의 주체가 될 수 있습니다. 따라서 사회주의는 자본주의 체제의 민주주의보다 훨씬 더 민주적일 수밖에 없습니다. 그래서 우리는 옛 소련을 사회주의가 아니라 오히려 그것의 정반대로 봤고, 그것의 몰락을 환영했습니다.

또 다른 분은 신자유주의가 최소한 인권을 유린하지는 않는다고 주장하셨습니다. 이것은 잘못된 생각입니다. 신자유주의의 수도는 미국인데, 미국 정부는 관타나모 수용소와 기타 비밀 감옥을 운영하고 고문 자행을 공식적으로 인정하고 있습니다. 또, 신자유주의 제2 수도인 영국의 정부는 누군가 테러 활동과 연관됐다고 자체적으로 판단하면 그 사람을 재판 없이 가둘 수 있는 권한을 가지고 있습니다. 웹사이트에 접속하거나 시를 창작했다는 이유로 감옥에 갈 수도 있습니다. 그러니 신자유주의가 최소한 인권을 보호한다고 말하지 마십시오.

2. 어떤 분은 동아시아가 전 세계적 불안정의 초점이 되고 있다고 주장하셨습니다. 저는 단기적으로는 그 주장이 잘못됐다고 생각합니다. 미국과 그 동맹들은 중동에서 큰 문제에 직면해 있습니다. 중동은 여전히 가장 많은 석유가 매장돼 있는 지역이고 중동 석유는 시간이 지날수록 더 중요해질 것입니다. 또, 중동은 매우 불안정한 지역으로 미국과 그 동맹들에 맞선 저항이 진행 중입니다. 따라서 미국은 계속 이 지역에 개입해야 할 것입니다.

그러나 미래에 동아시아가 더 불안정한 지역이 될 가능성이 높은 것은 사실입니다. 그 이유는 동아시아가 세계 자본주의에서 가장 역동적인 지역이고, 그 덕분에 새로운 열강들이 나타나고 있기 때문입니다.

동아시아 지역에는 중국과 일본 사이에, 남북한 사이에 갈등이 존재합니다. 여기에 덧붙여 미국의 개입에 따른 긴장이 존재합니다. 미국은 지역 열강들을 서로 반목하게 만들어 이 지역의 패권 세력으로 남고 싶어합니다. 그래서 중국을 견제하기 위해 일본을 이용하고 인도와 동맹 관계를 맺었습니다. 이것은 앞으로 몇 십 년 동안 문제가 될 것입니다. 이런 갈등이 세계 자본주의의 가장 역동적인 지역에서 일어나고 있다는 사실은 자본주의가 안정과 평화를 보장하지 못한다는 것을 잘 보여 줍니다.

3. 케인스주의 경제 정책들이 신자유주의에 대한 대안이 될 수 있는가라는 질문도 있었습니다. 사실, 케인스주의에는 일말의 중요한 진실이 담겨 있습니다. 케인스주의는 국가가 경제 성장을 촉진하고 경제 위기의 충격을 경감하는 조처를 취할 수 있다고 주장합니다. 그것은 사실이고, 국가가 할 수 있는 것은 아무 것도 없으니 시장을 맹신하라는 신자유주의에 대한 반박이기도 합니다.

그러나 케인스주의에는 치명적 한계가 있습니다. 먼저, 케인스주의는 경제에 개입하기 위해 국민국가를 필요로 합니다. 그러나 자본주의는 [국민국가를 넘어선] 세계체제입니다. 둘째, 일자리를 늘리고 보통 사람들의 생활수준을 향상시키는 경제 정책은 기업들의 이해관계를 건드리기 때문에 그들의 도전을 받을 것입니다. [그런데] 국가는 그런 기업들에 맞설 수 없습니다. 기업들을 상대하려면 노동계급의 집단적 힘이 필요합니다.

4. 여기서 자연스럽게 '정규직 대 비정규직'의 문제로 이어집니다.

정규직 노동자가 비정규직의 빈곤과 고통으로부터 이득을 얻는다는 것은 경제적으로 말이 되지 않습니다. 정규직 노동자들이 임금을 더 많이 받는 이유는 그들이 하는 노동의 종류, 높은 생산성, 그리고 그들이 사장들을 위해 창출하는 이윤의 양 때문입니다.

만약 누군가가 정규직과 비정규직 사이에 근본적인 갈등이 존재한다고 믿는다면, 이 생각의 논리적인 결론까지 받아들여야 할 것입니다. 그런 사고에 따르면 비정규직 노동자들의 처지가 더 열악해지고, 그들의 노조 조직률과 임금이 더 하락할수록 정규직의 지위는 그만큼 더 좋아져야 합니다. 다시 말해서, 실업률이 높고 비정규직의 비율이 더 높아질수록, 비정규직 노동조합이 더 약해질수록, 정규직 노동자들의 처지가 더 나아진다는 것입니다.

이것은 전혀 말이 안 됩니다. 실업률이 높아지고 비정규직을 늘리기 더 쉬워지면, 사장들은 정규직 일자리를 저임금 노동자나 비정규직 일자리로 대체하겠다고 협박하면서 좀더 쉽게 정규직의 임금 수준을 공격할 수 있습니다. 한국에서도 비정규직 일자리 확대와 조직 노동자에 대한 공격이 동시에 진행됐습니다. 대처 정부에서 광원 노동자, 부두 노동자, 자동차 노동자 등 가장 잘 조직된 노동자들의 운동이 철저하게 분쇄됐습니다.

그것이 저임금 노동자들의 처지를 개선했을까요? 전혀 아닙니다! 오히려 저임금에 기반한 경제가 형성됐고, 노동조건이 악화됐습니다. 착취받는 사람들이 가진 가장 강력한 무기는 단결과 연대입니다. 우리는 노동자들을 분열시키는 그런 잘못된 주장을 단호히 거부해야 합니다. 이런 분열은 비정규직 노동자들을 돕지 못할 뿐 아니라 오히려 상황을 더 나쁘게 만들 수 있습니다.

5. 이 맥락에서 어떻게 더 단결되고 더 강력한 노동자·억압받는 사람 들의 운동을 건설할 수 있을 것인가라는 문제가 제기됩니다. 여기서 정치가 매우 중요합니다. 어떤 분은 저와 영국의 제 동지들이 1980년대 영국 광원 파업에 책임이 있다는 듯이 말씀하셨습니다. 우리는 광원들의 승리를 위해 최선을 다했지만 영국 노동운동 내에서 혁명적 좌파 정치와 전투적 노동계급 투쟁을 지지하는 정치가 너무 약했습니다. 결국 사장들과 노동자들 사이에서 타협을 추구하는 정치가 노동운동 안에서 영향력이 더 강했기 때문에 광원 노동자들의 투쟁이 고립과 패배를 겪었습니다.

따라서 우리는 노동계급 운동이 장래 투쟁에서 승리할 수 있도록 도울 수 있는 더 강력하고 원칙적인 좌파를 건설해야 합니다. 그렇기 때문에 한국 노동운동의 산물인 민주노동당을 분열시키려는 일부 사람들의 시도는 용서할 수 없는 범죄 행위인 것입니다. 게다가 분당을 바라는 사람들 중 일부는 북한이 전 세계에서 가장 큰 문제라는 우파 이데올로기를 근거로 분당을 주장하고 있습니다.

냉전이 종식된 지 20여 년이 지났고, 게다가 전 세계 사람들 대부분이 세계평화를 가장 위협하는 존재가 평양이 아니라 워싱턴에 있다는 사실을 잘 알고 있는 상황에서 스스로를 좌파로 칭하는 사람들이 그런 주장을 하는 것은 참으로 부끄러운 일입니다.

저는 이런 문제에 대한 해결책이 어떤 분이 주장하신 것처럼 블로그 활동에 몰두하는 것이라고 생각하지 않습니다. 제 개인적 경험을 보더라도, 블로그는 진정한 토론의 기회를 제공하기보다는 토론이 진행 중이라는 환상을 줄 뿐입니다. 심지어 진지한 정치적 주제를 가지고 토론을 진행하더라도 말이죠.

우리는 자신이 속한 대학이나 작업장에서, 혹은 동료 활동가들을 만날 수 있는 곳에서 사회주의 노동계급 정치 원칙에 관해 토론해야 합니다.

6. 마지막으로, 이상과 현실 사이에서 고민하는 청년에 대한 질문에 답하겠습니다. 흔히 사회주의 사상은 대학교에 있고 책임질 일을 할 필요가 없을 때나 사회주의 사상에 몰두하는 것이지, 졸업하고 일자리를 얻으면 사회주의 사상을 버려야 한다고들 얘기합니다. 만약 그렇다면 저 같은 사람은 확실히 정신 나간 사람일 것입니다. 저는 그런 주장이 잘못됐다고 생각합니다.

왜냐하면 당신은 대학교를 졸업하자마자 신자유주의적 자본주의라는 현실에 직면해야 하기 때문입니다. 그것은 경쟁과 개인주의와 착취로 가득한 세계입니다. 이제 당신은 그것에 투항하거나 맞서 싸워야 합니다. 만약 당신이 그것에 맞서 싸우기로 결정한다면 어떤 원칙이 매우 중요해집니다. 그 중에서 가장 중요한 것이 제가 이미 언급한 연대의 원칙입니다. 억압받는 사람과 착취받는 사람 들은 분열을 거부하고 억압자에 맞서 서로 단결해야 합니다.

사실, 사회주의의 기초도 연대에 기반한 세상에 있습니다. 다시 말해서, 우리가 신자유주의 개악에 맞서 무언가를 지키기 위해 싸우는 방식과 사회주의 사회가 조직되는 방식 사이에는 직접적인 유사성이 있는 것입니다. 그렇기 때문에 저는 사회주의가 단지 멋진 이상에 불과하다고 생각하지 않습니다. 오히려 신자유주의 시대에 우리가 진정으로 인간답게 살 수 있는 유일한 방식이라고 생각합니다.

소비주의와 경쟁에 투항하는 것은 진정한 삶이 아닙니다. 진정한 삶이란 저항하는 삶입니다. 더 나은 세상을 위해 투쟁하는 삶입니다. 우리 주위를 둘러 봅시다. 갈수록 더 많은 사람들이 진정한 삶을 살기 위해 일어서고 있습니다. 다시 말해서 저항하고 있습니다. 투쟁에 참가하고 있습니다. 세상을 바꾸기 위해 노력하고 있습니다.

저는 여기 계신 분들 중 아직 이 투쟁의 일부분이 아닌 분이 계시다면 우리와 함께 할 것을 권합니다. 착취와 전쟁과 고통과 불의를 함께 끝장냅시다. 감사합니다.

# 제1장 미국

# 미국의 계급 체제 들여다보기

계급은 미국의 치부다. 계급은 미국이라는 무한한 기회의 땅에 존재할 수 없는 것으로 여겨져 왔다. 체제가 얼마나 성공적으로 계급 현실을 은폐했던지 2000년의 한 여론조사에서 39퍼센트의 미국인이 자신이 가장 부유한 1퍼센트거나 곧 그렇게 될 것이라고 답했다.

주류 언론은 이런 믿음이 완전한 착각이라는 사실을 거의 보도하지 않는다. 따라서 〈뉴욕타임스〉가 '계급이 중요하다'는 시리즈를 연재하기 시작한 것은 놀라운 일이다.

〈뉴욕타임스〉는 보통 미국에서 가장 중요한 신문으로 인정받는다. 물론 내 개인적 견해로 〈뉴욕타임스〉는 조심스럽게 중도의 길을 걷는 신문이다. 따라서 〈뉴욕타임스〉 계급 시리즈의 서두에서 자니 스콧과 데이비드 레온하트가 계급이 미국인의 삶에서 여전히

알렉스 캘리니코스. 격주간 〈다함께〉 58호, 2005년 6월 22일. https://wspaper.org/article/2238.

중요하다고 인정한 것은 더더욱 놀랍다.

　지난 30년 동안, 계급은 많은 점에서 작은 구실이 아니라 점점 더 커다란 구실을 해 왔다. 교육이 그 어느 때보다 중요한 지금, 학업 성취는 계급과 밀접한 관계가 있다.

　미국은 갈수록 인종적으로 통합되고 있지만, 부자들은 자신들을 점점 더 격리시키고 있다. 의료에서 엄청난 진보가 있었지만, 건강과 수명에서 계급 차이는 갈수록 커지고 있다.

　연재 중 가장 탁월했던 기사는 심장마비가 세 사람(부유한 건축가, 화이트칼라 노동자, 이주노동자 파출부)에게 미친 서로 다른 영향에 관한 것이었다. 부유한 건축가는 심장마비 이후 건강이 더 좋아졌다. 호화 의료보험과 가족의 지원 덕분에 그는 건강에 이로운 새로운 생활양식을 택했을 뿐 아니라, 두둑한 돈을 받고 조기 퇴직했다.

　화이트칼라 노동자에게 심장마비는 퇴보였고, 그는 퇴직을 간절히 바라게 됐다. 반면, 파출부의 심장은 심하게 손상됐고, 그녀는 의료비용으로 고통받으면서 더 건강하게 살기 위해 노력하지만 별로 가망이 없어 보인다.

　스콧은 이렇게 말한다. "미국에서 계급은 건강과 수명을 결정하는 중요한 요인이다. 미국의 상층 중간계급은 중간계급보다 더 오래 살고 더 건강하다. 중간계급은 계급의 바닥에 있는 사람들보다 더 오래 살고 더 건강하다. 그리고 건강의 사회적 요인을 연구해온 사람들은 이런 간격이 더 넓어지고 있다고 지적한다."

　물론 크리스 레먼이 지적했듯이, 스콧의 글은 시리즈의 다른 글들처럼 빈자의 고통이 경제적 불이익 때문인지 아니면 빈자 자신의 행동 때문인지에 대해 애매하다.

이것은 계급에 대한 주류적 관점이 가지고 있는 심각한 문제다. 주류적 관점은 계급을 소득, 교육, 부, 문화와 생활양식이 합해진 것으로 본다. 계급을 이런 식으로 이해하면 피상적인 것과 진정으로 중요한 것을 구분하지 못하게 된다.

반면에, 마르크스주의 전통에서 계급은 생산수단과 해당 개인의 관계에 따라 결정된다. 그러나 〈뉴욕타임스〉 시리즈에는 마르크스주의자들이 이용할 만한 정보가 많이 담겨 있다.

예를 들어, 이 시리즈는 최상층 부자들이 어떻게 나머지를 앞서가는지 보여 준다. 일례로, 2002년에 최상위 0.1퍼센트의 연평균 소득은 3백만 달러[약 30억 원]였다. 이것은 같은 집단의 1980년 소득의 2배 반이 넘는 것이다. 이 집단이 국민소득에서 차지하는 비중도 같은 기간에 두 배로 늘어 7.4퍼센트가 됐다. 최상위 1퍼센트 가구의 납세 후 소득은 1979년부터 2001년까지 139퍼센트가 증가했지만, 중간 20퍼센트 가구의 소득은 겨우 17퍼센트, 최하 20퍼센트 가구는 9퍼센트 상승했을 뿐이다.

데이비드 케이 존스턴이 지적했듯이, 최상층 부자들은 지난 30년 동안 일어난 미국 경제의 현저한 변모에서 최대 승자였다.

그들의 우월한 지위 때문에 다른 사람들이 부자의 생활양식을 동경하게 됐다. 시리즈 중의 한 기사는 어떻게 상대적으로 가난한 가구들이 부자들이 당연하게 여기는 사치재를 사기 위해 빚을 지는지를 보여 준다.

그러나 여러 연구들은 지난 한 세대 동안 사회 이동성(출생시 사회적 지위보다 높은 사회적 지위로 이동할 기회)이 실제로 줄어들었다고 지적하고 있다. 미국의 부자들은 단지 부를 더 늘렸을 뿐 아니라, 자기 뒤로 문을 닫았다. 그렇다. 계급은 정말로 중요하다.

# 미 제국주의의 사악한 역사

　19세기 말 한줌의 유럽 열강은 자기들끼리 세계를 분할했다. 미국이 그 과정에 뒤늦게 참가했기 때문에 미국의 지배자들은 잃어버린 시간을 벌충하기 위해 신속하게 행동했다. 미국이 첫 번째 목표로 삼았던 것은 중남미였다. 미국의 주요 평론가들은 이렇게 말하기까지 했다. "아시아와 아프리카가 유럽의 식민지가 됐듯이 남아메리카는 북아메리카의 것이 돼야 한다." 즉 그들의 결론은 그 곳이 자신들의 제3세계라는 것이었다.[*]

　지금으로부터 101년 전인 1889년 미국 지배자들은 가장 힘이 '약한' 유럽 식민 열강이었던 스페인과 전쟁을 벌였다. 당시 스페인의 식민지였던 쿠바에서는 스페인 지배에 저항하는 민중 반란이 여러 차례 일어났던 터였다. 당시 미국 대통령 매킨리는 자신들의 개입이 스

조성민. 〈열린 주장과 대안〉 4호, 2000년 9월 1일. https://wspaper.org/article/40.

[*]　노엄 촘스키, 《507년, 정복은 계속된다》, 이후.

페인에 맞서는 쿠바의 민중 반란을 지지하기 위한 것인 양 말했다.

그러나 미국이 스페인에 승리한 이후에도 쿠바에 자유는 오지 않았다. 미국은 1959년 혁명이 일어나기 전까지 쿠바에 계속해서 독재 정권들을 세웠다. 미국은 거듭 해병대를 파병해 자국 설탕 회사들의 이윤이 위협당하는 일을 막았다.

쿠바 점령 이후 미국은 제국주의를 향한 길을 밟아 왔다. 마침내 미국은 1·2차 세계대전을 거치면서 세계 최고의 초강대국으로 떠올랐다. 최근만 해도 미국은 나토의 세르비아 폭격을 주도했고, 이라크를 공습했으며, 수단에 미사일을 퍼부었다. 한반도 역시 미국에 의해 1990년대에만 두 차례의 전쟁 위기를 겪어야만 했다.

미국은 언제나 이런 공격을 '자유와 민주주의'를 위해서라는 말로 치장한다. 그러나 미국은 자신의 이윤과 패권을 위해 전쟁을 일으켜 왔을 뿐이다. 20세기 초반 미국의 군사 개입을 주도했던 미군 장교 스메들리 버틀러는 그가 실제로 한 일이 무엇이었는지 적나라하게 묘사한 바 있다.

나는 현역 해병대원으로서 34년을 보냈다. 그 시기 동안 나는 대기업과 월 스트리트와 은행가들을 위한 고급 깡패로 내 인생 대부분을 보냈다. 한마디로 나는 자본주의의 해결사였다. 나는 1914년에 미국의 석유 기업을 위해 멕시코가 안전한 곳이 되도록 만드는 데 일조했다.

나는 아이티와 쿠바를 씨티 은행이 수익을 긁어모으기 괜찮은 곳으로 만드는 데 일조했다. 나는 1909~1912년에 브라운 브라더스 국제은행을 위해 니카라과에 평화를 확립하는 데 일조했다.

나는 1916년에 미국 설탕 기업을 위해 도미니카 공화국을 흔들었다. 나는 1903년에 미국 과일 회사들을 위해 온두라스를 '정상화'하는 데 일조했다.

미국이 다른 나라에 개입하는 이유는 크게 세 가지로 볼 수 있다.

첫째, 미국 자본의 이윤을 위해서이다. 한 국가에서라도 자신들의 이윤이 침해 당할 처지에 놓이면 미국은 서슴지 않고 무력을 사용해왔다.

둘째, 미국 자본이 거의 진출해있지 않은 후진 국가라 하더라도 그 국가에서 좌파 정부가 집권하게 된다면 도미노 현상처럼 인근 국가로 파급될 위험이 있다. 바로 그럴 때 미국은 그 정부를 무너뜨리기 위해 온갖 악행을 저질렀다. 그레나다와 같이 인구가 10만 정도밖에 안 되는, 지도상에서도 찾기 힘들 정도로 조그만 나라에까지 미국은 침공했다.

셋째, 다른 제국주의 국가가 미국을 배제하고 독자적인 자신의 세력을 키워나가려 할 때 미국은 특정 나라를 희생양 삼아 군사 행동을 저질러 왔다. 지난해 세르비아에 대한 공습은 유럽 제국주의 국가들에게 힘을 과시하기 위한 목적이었고 북한에 대한 전쟁 위협도 일본과 중국과 러시아를 겨냥한 것이었다.

나는 이 글에서 미 제국주의에 대해서만 언급하겠지만 그렇다고 해서 미국 홀로 제국주의라고 주장하는 것은 아니다. 영국·프랑스·독일·소련·중국·일본 등 여러 제국주의 국가들이 있고 그들 역시 모두 악행을 저질러 왔다. 다만 미 제국주의가 세계에서 가장 많이 잔인한 행동을 일삼아 왔다는 점에서 나는 미국을 제국주의자들의 사악한 범죄를 폭로하는 대표 사례로 들추어 내고자 한다.


## 니카라과

중남미는 미국과 같은 대륙에 속해 있기 때문에 미국의 침략을 가장 많이 당했던 지역이다. 중남미 대부분의 나라들이 미국의 제국주의 정책 때문에 희생됐다.

니카라과에서 미군은 세 차례에 걸쳐 반미 정부를 전복했고 장기간의 가차없는 탄압 통치를 자행했다. 미국이 두 번째로 반미 정부를 정복한 이후 세워진 소모사 정권은 잔혹한 독재로 유명했다. 그는 야당 인사들을 암살하고 자유주의 언론조차 파괴했으며 게릴라 투쟁을 벌이던 산디니스타 전사들을 무참히 학살했다. 1979년 소모사가 타도되기 직전 그는 산디니스타와 전쟁을 하면서 니카라과의 수도 마나구아의 민간 거주지역을 폭격해 수만 명을 참살하는 대규모 잔학 행위를 저질렀다.[*] 그의 일가족은 니카라과 산업 대부분의 실질적 소유자였다.

그러나 그는 미국에 충성하고 있었기 때문에 미국으로부터 아무런 제제도 받지 않았다.

미국 대통령 프랭클린 루스벨트는 소모사를 두고 이렇게 말했다.

―――――

[*]  노엄 촘스키, 《미국이 진정으로 원하는 것》, 한울.

"그는 개새끼이다. 그러나 그는 우리의 개새끼(Our son of bitch)이다."

산디니스타가 혁명을 통해 권력을 잡자 미국은 우익 군사집단인 콘트라 반군을 후원했다. "미국이 콘트라에게 지원한 만큼, 아니 그 반의 반만큼이라도 비슷한 자원을 가졌던 게릴라 부대는 없었다. 그 정도의 자원이라면 미국에서라도 산악 지역에서 게릴라 반란을 시작할 수 있었을 것이다."*

1990년 2월 니카라과에서 자유 선거가 실시되자 우익인 비올레타 차모로는 "산디니스타가 계속 집권하면 전쟁은 계속될 것이다."라는 협박인지 선거 운동인지 모를 말을 해대고 다녔다. 그녀의 배후에 미국이 있었음은 물론이다.

결국 고립된 니카라과에서 미국은 산디니스타 정부를 제거하고 친미 정권을 수립할 수 있었다.


## 과테말라

미국의 군사 개입과 대기업 이윤 사이의 관련은 중미 국가인 과테말라에서 분명하게 볼 수 있다. 1944년 과테말라에서는 혁명이 일어나 민족주의적인 정부가 수립됐다. 혁명이 일어나기 전 미국의 다국적기업인 유나이티드 프루트 사는 200만 제곱 킬로미터가 넘는 과

---

\*  노엄 촘스키, 앞의 책.

테말라 토지를 소유하고 있었다. 이 회사가 토지의 85퍼센트를 놀리는 동안 인구의 절반 이상이 아주 적은 경작지로 생계를 이어가거나 아예 경작지를 갖지 못했다.

과테말라 정부는 토지 국유화 강령을 내세웠다. 그것은 유나이티드 프루트 사의 이윤에 커다란 위협이 됐다. 1952년도 CIA의 비망록은 "외국의 경제 이해, 특히 유나이티드 프루투 사에 대한 박해"를 포함한 민주 자본주의 정부의 "과격한 민족주의적 정책"이 "거의 모든 과테말라 국민들로부터 지지나 묵인을 받고 있다"고 기록하고 있다.<sup>*</sup>

CIA는 정부를 전복시키기로 마음먹었다.

1954년 과테말라에서는 미국의 원조를 받은 군부가 쿠데타를 통해 정권을 잡았다. 그 이후 테러가 저질러졌고 과테말라는 지옥과도 같은 상황이 됐다. 쿠데타 이후 2달만에 8천여 명의 노동자와 농민들이 살해당했다. 학살은 이후에도 끊이지 않았다. 미국의 전폭적 지지를 받은 과테말라 정부는 1980년대 초반에도 수만 명의 과테말라 민중들을 도살했다. 그 밖에도 수많은 사람들이 고문과 강간을 당했다. 1992년 상반기에만 3백99명이 보안군에 의해 암살당했다. 1990년 9월 어린이 시체 3구가 발견됐는데 모두 귀가 잘리거나 눈알이 빠져있는 상태였다.<sup>**</sup>

친미 독재정권의 쿠데타 이후 미국 자본은 과테말라에서 아무런

---

<sup>*</sup>  노엄 촘스키, 위의 책.

<sup>**</sup> 《미국이 진정으로 원하는 것》, 노엄 촘스키

방해도 받지 않고 이윤을 긁어모았다. 미국 의류회사인 필립스-반 호이센 사는 과테말라 노동자들을 선풍기도 없는 폐쇄된 창고에서 하루 16시간씩 일을 시키면서도 고작 2달러밖에 안 되는 임금을 지급했다.


## 파나마

1981년 파나마의 포퓰리즘 지배자였던 토리호스가 비행기 사고로 사망하자 미국은 파나마에 손을 뻗칠 절호의 기회를 잡았다. 그 이후 1983년에 친미 독재 정권인 노리에가가 권력을 잡았다.

미국은 노리에가가 마약 밀매 범죄 조직과 관련이 있다는 것을 1972년부터 알고 있었다. 1983년 미국 상원의 한 위원회는 파나마가 마약 자금의 출처이자 마약 밀매의 본산지라고 결론지었다. 그러나 노리에가는 미국에게 충실한 독재자였다.

노리에가가 미국에 충성하는 한 그는 아직 이용가치가 있었다. 1986년 미국의 한 마약 단속 책임자는 노리에가가 "강력한 반(反)마약 밀매 정책"을 펴고 있다면서 그를 칭찬하기까지 했다. 법무 장관 에드윈 미스는 노리에가의 범죄 행위에 대한 법무성의 조사를 중지시키기도 했다.

그러나 노리에가가 파나마에서 독보적인 지위를 점하기 위해 미국의 지위를 침범할 듯한 모습을 보이자 미국의 태도는 돌변했다. 노리에가가 독자적이 된다는 것은 미국이 파나마 운하를 지배할 수 있는 권한이 축소된다는 것을 뜻했다. 미국은 갑자기 노리에가를 깡패이며 마약 장사꾼이라고 떠들어대기 시작했다.

미국이 폭로한 사실들은 그 동안 미국 자신이 쉬쉬 하면서 감추어오던 것이었다. 그러나 미국은 이제 파나마에 대한 개입을 정당화하기 위해 노리에가에 대한 비난 선전을 퍼붓기 시작했다.

처음에 미국이 시도한 군사 쿠데타는 실패했다. 그러자 1989년에는 미군 자신이 직접 파나마로 침공했다. 2만 6천 명의 미군에 의해약 1만여 명의 파나마인들이 목숨을 잃었다. 1990년 운하 관리권 이양 시기에 맞춰 다시 부유한 백인 특권층에게로 권력을 이양해놓고 미군은 되돌아갔다.


## 칠레

미국은 칠레에서 아옌데의 좌파 정부를 전복시켰던 피노체트의 쿠데타를 지원했다.

칠레 기업 중 미국 기업이 참여하고 있는 기업은 전체의 61%에 달했다. 칠레의 주요 수출품은 구리이다. 1970년에 수출 총액 중 구리가 차지하는 비중은 75.8%나 됐다. 미국의 양대 구리회사인 아나콘다와 케네코트가 칠레 구리 생산에서 주된 결정권을 갖고 있었다. 따라서 아옌데가 구리 광산을 국유화시킨 것은 미국의 분노를 샀다.

또한 1960년대 말 라틴아메리카에서는 반미주의가 급속히 인기를 얻어가고 있었다. 이런 상황에서 아옌데의 당선은 미국에게 큰 위협이 됐다. 미국은 아옌데의 당선으로 잇따라 다른 국가에서도 좌파 정치 세력들이 지지를 얻을까봐 심각하게 걱정했다. 헨리 키신저는 이렇게 말했다. "칠레에서 아옌데의 집권은 우리들과 라틴 아메리카의 동맹국들에게 심각한 문제들을 제기하고 있다." 선거 직후 미 국무부는 코리 미 대사에게 "아옌데가 집권하지 못하도록 하기 위한 모든 가능한 조치를 취할 수 있는 최대한의 권위"를 부여했다.

미국은 아옌데 정부를 전복시키기 위해 갖가지 수단을 동원했다. 미국은 세계은행에 압력을 넣어 칠레에 대한 모든 차관을 중단시켰다. 그러나 경제 원조와는 달리 미국은 칠레에 대한 군사 원조는 더 늘렸다. 이것은 정부를 취약하게 만들고 우파들이 더 참을 수 없도록 만들어 군사 쿠데타를 유도하기 위함이었다.

CIA 국장이었던 콜비에 따르면 1969년부터 1973년 사이에 CIA는 칠레 좌파를 무너뜨리려는 비밀 활동에 무려 8백만 달러나 사용했다.

1973년 피노체트의 쿠데타가 일어나는 동안 미·칠레간에 우니타스 합동 기동 훈련이 실시됐으며, 미 해군함 4척이 칠레 앞바다에 있었다. 만약 군부가 분열돼 내전이 발생하면 바로 개입하는 것이 그 전함들에 부여된 임무였다. 미국은 피노체트의 쿠데타가 성공하도록 도왔을 뿐 아니라 수만 명의 사람들을 마구잡이로 학살한 이 끔찍한 학살자를 계속해서 후원했다.

미국이 라틴 아메리카에서 저질러온 범죄는 너무 많아서 일일이 다 열거할 수 없을 정도이다. 사실상 라틴 아메리카 국가 중 단 하나의 예외도 없이 미 제국주의에 의해 피해를 입었다고 말해도 틀린 말은 아닐 것이다. 중남미는 미국의 뒷마당이었다. 그러나 이와 비슷한 일들은 다른 모든 대륙에서도 일어났다.

## 아프리카 — 앙골라

1974년 포르투갈에서 일어난 혁명으로 파시스트 독재가 타도됐다. 포르투갈 지배자들이 약화된 틈을 타 앙골라에서는 1975년 대중 봉기가 일어났다. 포르투갈 식민 통치자들이 쫓겨났고 민족주의 좌파 정부가 들어섰다. 앙골라의 우익, 특히 요나스 사빔비의 앙골라완전독립민족동맹(UNITA)은 앙골라인민해방군(MPLA) 정부의 전복을 기도했다.

미국은 앙골라에서 좌파가 집권하는 것을 막기 위해 단호하게 행동할 태세가 돼 있었다. 앙골라 내전 초기부터 CIA는 UNITA에 무기를 제공했다. 1981년에 레이건이 집권하면서 미국 정부는 UNITA 같은 조직들에게 공개적으로 무기를 보내는 것을 금지한 의회 결의안을 폐기했다. 그 결과 앙골라는 20년 동안 유혈 참사에 빠져들었다.

앙골라 내전으로 이미 75만 명이 목숨을 잃었다. 학살당한 사람들의 3분의 2가 어린이였다. UNITA는 민간인에 대한 공격을 주된 수단으로 삼았고 마을의 땅에 지뢰를 묻었다. 그 결과 6만 5천 명의 사람들이 다리가 잘렸다.

## 아시아 — 인도네시아와 이라크

미국이 자행했던 공작의 가장 끔찍한 사례는 인도네시아였다.

인도네시아는 네덜란드로부터 독립한 이후 민족주의 성향의 지도자 수카르노에 의해 지배되고 있었다. 수카르노는 좌파라고 볼 수 없었고 오히려 인도네시아 공산당(PKI)의 토지개혁을 제압하는 데 앞장섰던 인물이었다. 그러나 그의 민족주의 성향은 미국에게 근심거리가 됐다. 당시 인도네시아 공산당은 50만의 당원을 거느리고 있는 인도네시아 유일의 대중 정당이었고, 소련과 동유럽 등 스탈린주의 국가를 제외하면 세계 최대 규모의 비(非) 집권 공산당이었다. PKI는 권력을 잡을 가능성이 있었다. 이런 상황에서 수카르노는 미국이 보기에 너무 유약하고 좌파들을 탄압하는 데 소심한 인물이었다.

미국은 수카르노를 제거하기 위해 1950년대 말에 쿠데타를 기도했으나 실패로 끝났다. 그러나 그 이후에도 미국은 군에 대한 지원, 인도네시아에 대한 경제 원조 삭감을 통해 군부의 불만과 자신감을 부추겼다.

1965년 미국의 지지를 등에 업고 수하르토가 군사 쿠데타를 일으켜 권력을 장악했다. 수하르토는 정권을 잡자마자 학살을 자행해 적어도 50만 명의 PKI 당원 및 민간인들을 죽였다. 미 CIA는 수하르토에게 자신들이 파악한 5천여 명의 PKI 당원 명부를 제공했다. 그들이 살해당하리라는 것을 뻔히 알고서도 …

수하르토는 1975년 미국의 지원 하에 동티모르를 점령해 인도네시아의 식민지로 만들어 버렸다. 수하르토에 대한 서방의 지원이 바로 동티모르의 잔혹한 학살을 낳았다.

미국의 이라크 전쟁은, 다른 서방 국가들이 안전하게 석유를 공급받으려면 미국의 힘에 의존해야 함을 보여주기 위한 것이었다.

부시와 클린턴은 사담 후세인을 독재자라고 비난했지만 오랫동안 미국은 바로 그 독재자를 후원해 왔다. 이전에는, 미국은 이라크의 민족주의자인 카심을 제거하기 위해 사담 후세인을 지원했다.

1979년에 이란의 팔레비 왕정이 타도되고 이슬람 근본주의자인 호메이니가 집권하자 미국은 힘의 균형을 회복하기 위해 이란에 대한 장기간의 유혈 낭자한 전쟁을 벌이도록 사담 후세인을 부추겼다. 미국은 사담이 이란 군대와 쿠르드족 민간인들에게 독가스를 사용하는 것을 못 본 척 보아넘겼다.

그러나, 후세인은 미국의 지지에 지나치게 자신만만해지고 거만해져 쿠웨이트를 침공하는 잘못을 범했다. 이것은 국제 원유 가격에 심각한 동요를 일으켰고 이는 서방 지배자들에게는 반갑지 않은 일이었다. 부시는 이라크에 대한 공습을 명령했다. 미국은 과거와는 태도를 바꿔 후세인을 '제2의 히틀러'라고 비난하고 나섰다.

미국의 공습으로 1991년 방공호에 몸을 숨기고 있던 바그다드의 여성들과 어린이들이 크루즈 미사일로 숯덩어리가 됐다. 징집된 십대 이라크 병사들이 사막에서 수천 명씩 학살당했다. 쿠웨이트로부터 바스라 도로를 따라 피난하던 수천 명의 이라크 시민들이 폭격으로 사지가 산산조각났다.

1991년 1차 걸프전과 미국의 경제 제제 결과로 적어도 50만 명의 이라크 어린이가 죽었고 1백만 명이 영양실조에 걸려 있다고 추산된다. 그런데도 UN은 아무런 손도 못 쓰고 있다.


## 패배도 한다 — 베트남

미국은 1880년대부터 프랑스의 식민지였던 베트남에서 민족해방 전쟁이 일어나자 프랑스 군에 재정적 지원을 했다. 그러나 1954년에 결국 프랑스가 패배하고 물러나자 미국은 이번에는 베트남을 자신의 관할권 아래 두려 했다. 그러나 프랑스를 물리친 베트남 인민들은 사기 충만해 있었고 투철한 반제국주의 감정을 가지고 있었다. 평화적으로 선거가 치러진다면 미국의 베트남 지배는 수포로 돌아갈 것이 확실했다.

1965년에 국무부 장관 딘 러스크는 하원 외교위원회에 출석해 동남아시아가 "엄청난 전략적 중요성"을 갖고 있을 뿐 아니라 "풍부한 천연 자원"을 갖고 있다고 말했다. 미국이 진정으로 두려웠던 것은 베트남에서 좌파 민족주의자가 집권함으로 인해 그 운동이 전염병처럼 인도차이나 반도 전역으로 확산되는 것이었다.

남베트남 정권이 대중으로부터 완전히 버림받은 상태에서 미국은 억지로 남베트남 정부를 살려놓은 후 전쟁을 벌였다. 베트남 전쟁은 소위 '비둘기파'라고 인식되고 있는 민주당의 로버트 케네디에 의해 이루어졌다.

베트남 민중들은 소련이나 중국의 도움 없이 미국에 맞서는 인민

전쟁을 벌였다. — 당시 소련은 스탈린이 죽고 난 후 권력 이양 문제를 놓고 국내적 문제에 골몰해 있었고, 중국은 원래 국경문제로 베트남과 사이가 안 좋았기 때문에 베트남 민중들을 지원하지 않았다.

미국은 압도적인 화력의 우세를 이용해 베트남 인민들을 학살했다. 미국은 네이팜 탄을 민가나 도로에 퍼부어댔고 고엽제를 뿌려댔으며 점령한 마을의 주민들을 몰살시켰다. 미국은 2차 세계대전 동안 모든 나라가 사용했던 폭탄보다 훨씬 더 많은 양의 폭탄을 베트남에 퍼부었다. 그러나 결국 미국은 전쟁에서 지고 말았다.

베트남 전에서 미국이 패배한 결정적인 이유는, 베트남 민중들이 결연한 자세로 반제 투쟁을 벌였던데 반해 미군 병사들은 자신감이 없었고 부대의 사기와 기강이 무너진 데 있었다. 미국 내 징집 기피자가 수십만 명에 달했다.

미국의 역사가 마릴린 영은 베트남 장군과의 대화 내용을 이렇게 기록하고 있다.

"만약 미국이 용병술을 다르게 구사했다면 결과는 달라졌겠습니까?"

그는 이렇게 대답했다. "아마도 그러지 않았을 겁니다. 역사는 이미 당신들 편이 아니었습니다. 우리는 우리의 조국을 위해 싸우고 있었습니다. 그런데 당신들은 무엇을 위해 싸운 것이었습니까?"

많은 이들이 미국의 행동들을 보면서 미국은 무적이라고 생각하기 쉬울 것이다. 노엄 촘스키의 책을 읽다보면 이렇게 사악하고 강력한 제국의 행동을 도대체 저지할 수 있을까라는 생각을 자주 하게 된다. 아쉽게도 촘스키는 미국의 실책과 패배에 대해서는 말하고 있지 않다. 그러나 베트남 인민들의 영웅적인 항쟁은 미국을 물리쳤다.

미국의 베트남전 패배는 전 세계 좌파 활동가들에게 많은 영감을 주었다. 사람들은 "모든 것이 가능하다!"라는 생각을 갖게 됐다. 미국은 베트남전의 패배로 인해 국제적인 분쟁에 개입하는 데 주춤했으며 사기저하됐다.

미국은 1980년대 말에서야 비로소 베트남 증후군에서 회복해 파나마 침공이나 걸프전같은 직접적인 군사행동을 저지를 수 있었다.


## 한국

미 제국주의 문제는 한국의 대중들과도 밀접한 관련이 있다.

미국은 한반도를 분할하고 남한에 이승만 정권을 세웠다. 1950년에는 소련과의 제국주의 전쟁을 위해 한반도를 전쟁터로 삼았다. 미국 폭격기들은 한반도 대부분을 파괴했다.

미국의 장군 오도넬은 당시의 상황을 다음과 같이 말했다. "나는 한반도 거의 전체가 끔찍히도 엉망진창이 돼 버렸다고 말하겠다. 모든 것이 파괴됐다. 서 있다고 할 만한 건물이 없었다."

미군은 한국전쟁에서 핵폭탄을 사용하지는 않았다. 그러나 그들은 신무기인 네이팜 탄(소이탄)을 실험했다.

한국 전쟁이 끝난 이후에도 미국은 한국의 모든 독재자들을 후원했으며 전두환의 공수부대가 광주의 시민들을 무력으로 진압하는 것을 묵인했다.

주한미군은 온갖 범죄를 저지르고 사용료도 안 내는 기지를 남한 곳곳에 두고 있다. 되레 주한미군은 전국에 1백여 개의 기지를 두고 한국정부로부터 매년 30억 달러에 이르는 방위분담금을 받는다.

최근 노근리 양민학살, 매향리 사격장 폭탄 투하, 용산 미군기지에서 독극물을 방류한 것, 불평등한 SOFA 문제 등으로 대중들 사이에서 반미 감정이 고조돼 왔다. 그 때문에 현재 미군은 궁지에 몰려 있고 독극물 방류에 대해 형식적인 사과나마 할 수밖에 없었다. 미국은 일본 오키나와에서의 대중적 반미 시위, 푸에르토리코 비에케스 섬의 강력한 사격장 폐쇄 시위 등 국제적 항의 운동에 부딪혀 있다. 강력한 대중 시위만이 미군을 철수시킬 수 있다.

이제 결론을 이야기해 보자

**첫째,** 민주노동당 학생 당원들은 반미, 반제국주의 투쟁에 관심과 열의를 갖고 참여해야 한다. 다른 PD 학생들처럼 그 문제를 'NL 쟁점'으로 치부해 기권해서는 안 된다. 무엇보다도 그 동안 미국이 전 세계에서 저질러 온 무력 행동, 한반도 전쟁 위기의 주범, 독재 정권의 후원자, 불평등한 권리 침해 등에 반대해야 한다는 점에서 그러하다. 또한 최근의 반미 투쟁은 대중적 지지를 받고 있다. 만약 그 쟁점을 'NL 쟁점'이라고 기피하게 된다면 우리는 중요한 정치 쟁점을 민족주의자들이 주도하게 놔두고 대중을 내맡겨두는 꼴이 될 것이다.

**둘째,** 제국주의 국가가 지역의 독재 정권과 싸울 때에 취해야 할 태도의 문제이다. 미국과 같은 제국주의 국가가 약소국에 개입할 때 '인도주의적 개입'을 운운한다면 우리는 제국주의 자신이 전 세계에서 반인권적 독재자들을 후원해왔으며 그들의 개입은 더욱 참혹한 사태를 초래할 것이라는 점을 매우 명료하고 굳건하게 주장해야 한다.

셋째, 우리와 많은 차이점이 있는 정치세력이라 하더라도 그들이 반제 투쟁을 벌인다면 우리는 그들과 함께 싸울 태세가 돼 있어야 한다. 물론 우리는 함께 싸우면서도 노동자 계급이 주도하는 민중적 투쟁이 제국주의에 맞서 싸울 수 있는 진정한 해결책이라는 것을 주장해야 한다.

# 미국 제국주의가 아이티를 망쳤다

아이티 지진은 엄청난 파괴와 죽음을 낳았고, 이 나라의 가난 때문에 사망자는 계속 늘어나고 있다. 여기에는 세 가지 이유가 있다.

첫째, 아이티는 전 세계에서 유일하게 노예들 자신의 힘으로 노예제를 타도한 나라다. 그러나 12년 동안 싸워야 했고, 그 과정에서 인구의 3분의 1이 죽고 거의 모든 도시와 마을이 파괴되고 모든 경작지가 폐허로 됐다.

둘째 이유는 아이티인들이 '[자본의] 본원적 축적'에 저항한 대가를 치러야 했다는 것이다.

영국, 유럽과 전 세계 많은 곳에서 농민들이 자기 땅에서 쫓겨나면서 도시와 농촌에서 프롤레타리아가 형성됐다.

아이티에서는 그 과정이 1970년대에야 시작됐다. 당시 토착 준군

피터 홀워드(미들섹스 대학 유럽철학 교수이자 《홍수를 막기: 아이티, 아리스티드와 봉쇄의 정치학》의 저자). 《레프트21》 23호, 2010년1월 20일. https://wspaper.org/article/7512.

사 조직의 압력 아래 공격적 신자유주의 조처들이 도입되면서 많은 소농이 자기 땅을 떠나야 했다.

아이티 농업이 수입 농산품과 경쟁할 수 있도록 돕던 관세가 사라지고 공공지출이 삭감되고 공공자산이 매각됐다.

아이티인들은 이것을 '미국인의 계획', 또는 '죽음의 계획'이라고 부른다. 이 정책들의 목적은 노동을 생계형 농업에서 좀더 '이윤이 남는' 산업인 경공업이나 의류업으로 이동시키는 것이었다.

자기 땅에서 쫓겨난 농민들은 대규모로 도시 슬럼가 — 예컨대 공장 지대 바로 옆에 위치한 시테 솔레이유 — 로 이주했다.

높은 실업률 때문에 아이티의 임금 수준은 이 지역에서 가장 낮은 하루 2달러 수준(이웃 도미니크공화국의 4분의 1수준)이었다.

아이티군과 준군사 조직 '마쿠테'는 사람들이 노조를 결성하거나 저항하지 못하도록 억압했다. 그러나 1980년대가 되자 군대의 통제력이 약화하기 시작했다.

대중 저항의 힘이 군대가 통제할 수 없을 정도로 강해졌고 1990년 아이티인들은 군부와 미국의 계획에 반대하는 대통령(장 베르트랑 아리스티드)을 선출했다.

그리고 이런 아이티인들의 저항에 대한 반격이 바로 아이티인들을 계속 가난하게 만든 — 정확히 말해 아이티인들은 20년 전보다 더 가난하다 — 셋째 이유다.

1990년 이후 아이티 엘리트들과 국제적 후원자들은 아이티 대중운동을 파괴하고 운동의 지도자들에게 타격을 주는 캠페인을 쉬지 않고 벌여 왔다.

지난 20년 동안 아이티 민중 대 아이티 엘리트와 군대의 대결 구도가 아이티 정치를 결정했고, 이 대결은 여전히 진행중이다.

1990년 이후 아이티의 소수 지배계급은 아이티 민중이 신자유주의 '개발'을 받아들이게 만들 방법을 찾았다. 또, 그들은 기존 질서의 '안정'을 보장할 새로운 군사적 수단을 찾았다.

처음에는 대중 운동이 유리한 고지에 서 있는 듯이 보였다. 특히 대중 운동은 1980년대 말에 급속히 성장했다. 이 운동은 해방신학과 라틴아메리카의 반제국주의 전통에서 영감을 얻었다.

아리스티드와 그 주변 인사들은 사회정의뿐 아니라 계급과 부의 불평등에 대해 공개적으로 말했다. 그들은 또한 군부와 마쿠테에 맞선 대중의 자위권을 옹호했고, 아이티의 엘리트들은 패닉 상태에 빠졌다.

아리스티드가 67퍼센트를 득표해 처음 당선했을 때, 군부는 상투적 수단으로 대응했다. 그들은 쿠데타를 일으켰다. 군부가 통제권을 회복하자 1991~94년에 수천 명이 살해됐다.

아리스티드는 미국으로 망명했고, 그가 아이티에서 자행되는 끝없는 폭력을 보면서 대선 운동당시 반대했던 신자유주의 정책들의 일부를 어쩔 수 없이 받아들이고 나서야 아이티로 복귀할 수 있었다.

미국과 아이티의 미국 동맹들은 아리스티드의 머리에 총을 겨눈 채 '너에게는 선택권이 있다' 하고 말했던 것이다. 그들은 '대중 운동이 파괴되거나 네가 우리가 원하는 정책을 받아들이는 타협을 해야 폭력을 멈출 것이다' 하고 말했던 것이다.

# 위협

아리스티드는 별다른 대안이 없다는 것을 깨닫기 전까지 오랫동안 저항했다. 미국 대통령 빌 클린턴은 아리스티드가 더는 위협이 되지 않는다는 것을 확인한 뒤 1994년 9월 '민주주의 회복'을 명분으로 아이티에 군대를 보냈다.

사실, 미군은 아이티에 6년 동안 주둔했고 아이티를 충실한 친미 국가로 만들려고 노력했다.

그러나 아리스티드는 두 가지 중요한 것을 성취했다. 그는 아이티로 돌아온 뒤 미군의 보호를 이용해 아이티 군대를 해체했다. 전통적으로 지배계급의 보호막 구실을 하던 기구를 약화시킨 것이었다. 이것은 대단한 진전이었다.

동시에, 아리스티드는 정치권력을 장악하고 유지할 수 있는 좀 더 강력한 정치 조직을 건설했다. 이 조직이 라발라스가족당이다.

이 정당은 첫 번째 쿠데타 이후 탄압 받은 대중 운동의 잔해에서 탄생했다. 아이티의 극단적 빈곤 수준을 감안하면, 이 정당에 기회주의자들이 몰려든 것은 당연한 일이었다.

라발라스가족당은 완벽한 조직이 아니었다. 그러나 이 정당이 아이티의 의회민주주의 역사에서 가장 진보적인 시도인 것은 분명했다.

아리스티드는 2000년 대선에서 승리했고 라발라스가족당도 의회 선거에서 큰 표차로 다수당 — 의석의 90퍼센트를 차지했다 — 이 됐다. 이렇게 해서 군부가 제거된 아이티에서 대중적 지도자가 당선했고 진정한 사회 변화의 전망이 보였다.

그러나 바로 이 순간, 아이티의 지배계급은 아리스티드를 약화시키고 그의 정부를 전복하려는 계획을 실행에 옮겼다.

그들은 아이티 역사에서 가장 공정한 선거인 2000년 선거의 공정성에 의문을 제기했다. 그들은 모든 국제 지원을 중단시켜 정부 국고를 파산시키려 했다.

심지어 미국 정부는 미주개발은행이 이미 지원하기로 합의한 대출금의 지급을 중단시켰다.

그 결과 아리스티드 정부의 예산이 절반으로 줄어들고 국내총생산(GDP)도 폭락했다. 아이티 경제는 엄청난 타격을 입었고 아리스티드 정부는 약해졌다.

1990년 이후 정부 기관에 의미있는 투자를 하는 것이 거의 불가능했다. 그래서 정부가 경제를 관리하거나 자연재해에 적절히 대응하는 것이 불가능했다.

아이티에 제공된 지원금은 대부분 NGO를 통해 전달됐다. NGO는 강력한 아이티 국가를 건설하는 데는 관심이 없었다. 많은 NGO는 반동적인 종교적 목적을 가지고 아이티에 진출했다.

그 결과 1970년대에는 존재하지 않았던 복음교회들이 우후죽순으로 나타났다. 이들의 주된 목표는 해방신학의 영향력을 약화시키는 것이었다.

많은 NGO의 자금이 이들을 통해 지원됐다. 물론, 일부는 유용한 일을 했지만, 너무 소규모였고 서로 일을 조율하려는 노력도 하지 않았다.

그래서 많은 아이티인은 NGO들이 기생충 같다고 생각했다.

NGO들은 오랫동안 아이티에 있었지만 빈곤이나 개발 문제에서 별다른 변화를 가져오지 않았다. 그들은 아이티의 문제를 악화시켰다. 지금 아이티는 대규모 국가 투자, 그리고 자국민과 자원의 대규모 동원이 필요하다.

2000년에 시작된 아리스티드에 대한 압력은 국제적 지원을 받는 노골적인 '정부 흔들기' 캠페인으로 발전했다. 준군사 조직도 이 공격에 가담해 반란을 시작했다.

2004년 2월 28일 미국 정부는 한밤중에 아리스티드를 납치해 강제로 망명을 보냈다. 미국 정부는 라틴아메리카에서 가장 인기 있는 정부 중 하나를 제거했지만, 국제적 항의도 별로 없었고 심지어 쿠데타라는 비난도 없었다.

아리스티드의 민주 정부는 미국의 꼭두각시인 제라르 라토르튀로 대체됐다. 대규모 유엔 '안정화'군이 미군을 대신했다. 유엔군의 주된 임무는 아이티 대중을 통제하고 그들이 쿠데타를 받아들이도록 하는 것이었다.

아리스티드 지지자들을 상대로 한 저강도 전쟁이 시작됐다. 빈민 지역이 주된 표적이 됐다.

대중 운동은 범죄자 취급을 받았다. 아리스티드 지지자들은 재산과 법질서를 파괴하는 범죄자이자 갱단으로 취급 받았고, 이들의 정치는 무시됐다.

주류 언론은 아이티가 폭력이 난무하는 장소라고 말한다. 그러나 이것은 사실이 아니다. 아이티의 범죄율은 대단히 낮다.

아이티의 지배자들은 이 나라가 반영구적인 '치안' 위기에 처해 있다고 말한다. 그들은 이 논리로 거듭 선거를 연기해 왔다. 치안 위험이 너무 크다는 것이다.

그들은 '민주주의'를 회복하려면 치안이 먼저 확립돼야 한다고 주장한다. 유엔 점령과 미국의 개입도 동일한 논리로 정당화된다.

물론 포르토프랭스처럼 대단히 가난한 도시에는 갱단들이 있다. 유엔군은 그중 일부를 해체시켰다. 그러나 그들은 갱단이 애초에 등장한 원인을 해결하지 못한다.


## 자기실현적 예언

사실, 성폭행을 포함해 유엔 자신이 범죄 행위를 저질러 왔다. 유엔군은 '안정'을 내세워 대단히 폭력적인 작전을 펴 왔다.

2005년과 2006년에 유엔군은 라발라스가족당 지지자들이 많은 정치적으로 각성한 주거지역인 시테 솔레이유에 침입했다.

유엔군 수백 명은 건물들이 주로 얇은 양철이나 마분지로 지어지고 인구밀도가 높은 이 지역에서 발포했고, 총알들은 벽들을 관통하며 누군가를 맞힐 때까지 날아다녔다. 두 번의 작전으로 각각 20~25명의 사람들이 죽었다.

유엔은 또한 선거 과정을 감독했는데, 원래 다음달로 예정된 의회 선거에서 라발라스가족당이 출마하지 못하도록 가로막았다. 이것은 민주적 선거 절차라는 말을 무색케 하는 행위였다.

지금 유엔은 아이티에 9천 명의 군대와 경찰을 주둔시키고 1천~1

천5백 명의 민간인 자문을 고용하고 있다. 여기에 매년 6억 달러의 예산을 투입하고 있는데, 대부분 유엔군 활동에 쓰인다.

그들은 장갑 차량을 타고 시내를 순찰하는 등 자신들이 마치 '적대국 영토'에 있는 듯이 행동한다.

그들은 수도, 병원, 오물 처리 등 사회기반시설을 확충하는 데는 손가락 하나 까딱하지 않았다.

지진 발생 뒤에도 유엔은 본부 건물을 경비하며 가만히 있었다. 그들이 기본적인 수도 시설을 확충하지 않은 덕분에 지진의 피해가 더 커졌다.

물론, 이런 대형 재난이 발생하면 외부 지원이 필요할 수밖에 없다. 미국 정부는 누구보다 뛰어난 병참 자원을 갖추고 있다. 그러나 이른바 구호 노력은 갈수록 군사 침략과 비슷해지고 있다.

미군은 아이티 공항에 대한 통제권을 확보한 뒤 미군 수송기를 착륙시키려고 인도주의 구호물자를 실은 비행기의 착륙을 불허했다. 또, 미군은 수색구출 작전을 시작하거나 물·식량·의약품을 분배하기 전에 자국 병사들이 먼저 배치돼야 한다고 고집한다.

미군은 수많은 사람들이 건물 더미에 깔려 죽어 가는 동안 자국 병사들을 배치하는 데 더 많은 신경을 기울였다.

미군은 이라크와 아프가니스탄에서 재앙을 겪은 뒤 자신을 나이팅게일로 포장할 수 있는 기회가 온 것을 기뻐하고 있다.

많은 수의 미군 주둔은 아이티의 재건 과정에 큰 영향을 미칠 것이다. 나오미 클라인은 전 세계적으로 재난이 발생한 곳에서 이득을 취해 온 '재난 자본가들'을 조심하라고 경고했다.

나는 앞으로 민영화에 속도가 붙고 토지 소유 문제를 둘러싼 온 갖 추문들이 터져 나올 거라고 생각한다. 이미 다른 무엇보다 '치안' 과 '안정'을 강조하고 있고, 아이티군을 재건하라는 압력이 더 강해 질 것이다.

대다수의 정직한 언론인들은 재난의 와중에서도 아이티인들이 놀 랄 만큼 침착하게 서로 돕고 있다고 보도했다. 그러나 유엔과 미국 정부는 약탈과 폭동을 강조한다. 그들은 '소말리아 사태'가 재연되 는 것을 막아야 한다고 주장한다.

이런 경고는 곧 자기실현적 예언이 될 것이다. 그리고 상황이 악화 될수록 재건 활동은 아이티인들이 아니라 유엔 관료와 미군 사령관 이 통제하는 군사 작전의 성격을 강하게 띠게 될 것이다.

또, 재건이 진행되면서 '국제 사회의 감시'를 촉구하는 목소리가 높 아질 것이고 공업 단지 엘리트들의 권력이 강화될 것이다.

빌 클린턴 전 대통령이 유엔 특사로 임명된 후 가장 공을 들인 것 이 의류 산업에 대한 투자 확대였다. 다시 말해, 초착취 공장을 늘리 는 것이었다.

재건 활동의 진정한 우선순위는 아이티인들이 조속히 자결권을 행 사할 수 있도록 돕는 것이 돼야 한다.

대중 운동이 재개돼야 하며 미국이나 프랑스 같은 열강에 대한 아 이티의 종속을 심화하는 것이 아니라 제한해야 한다.

불행히도, 나는 아이티의 재건 과정이 이라크와 비슷하게 될 거라 생각한다. 아이티의 국가 재정은 너무 적다. 몇 년 전에 아이티 예산 은 3억 달러 정도였다. 지난해에는 해외 지원 덕분에 9억 달러에 달했다. 만약 수십억 달러가 지원된다면 아이티에게는 엄청난 액수가 될 것이다.

그러나 과연 그 돈이 아이티인들의 힘을 강화하는 데 사용될 것인가, 아니면 미국과 다른 나라의 사업 후원자들과 연합한 아이티의 대가문과 기업 들의 배를 불리는 데 사용될 것인가?

나는 후자가 될 거라 생각한다. 그것을 막으려는 대중적 정치 운동이 나타나지 않는다면 말이다.

# 미국 제국주의의 모순

　미국 지배자들은 아프가니스탄에서의 승리를 미국의 권력에는 걸림돌이 없다는 증거로 삼고자 한다. 하지만 미국의 강력한 군사력은 경제적·정치적 약점과 결합돼 있다. 아프가니스탄 전쟁은 조지 W 부시가 벌이는 "테러와의 전쟁"의 첫번째 국면일 뿐이다. 미국은 전 세계에 자신의 헤게모니를 천명하기 위해 가장 손쉬운 상대인 아프가니스탄을 골랐다. 인구, 국가의 부, 산업 발전, 군사력 등 모든 면에서 아프가니스탄은 미국의 상대가 아니었다. 이런 점에서 볼 때 아프가니스탄 전쟁은 힘의 불균형이 극명하게 드러난 전형적인 제국주의 전쟁이었다. 아마 소말리아도 그런 경우에 해당할 것이다. 소말리아는 내전으로 이미 황폐해 있어 공격하기 적합한 대상이다.

　미국은 제국주의 전쟁을 통해 자신의 힘을 전 세계에 확인시키고 싶어한다. 1989년 냉전이 해체되면서 미국은 이전의 경쟁국에 비해

이정구. 월간 《다함께》 10호, 2002년 3월 1일. https://wspaper.org/article/334.

상대적 우위를 차지할 수 있었다. 예컨대 미국의 군사비는 서방 전체 군사비의 36퍼센트를 차지했다. 하지만 냉전 해체 이후 미국의 낙관주의는 몇 가지 약점을 갖고 있었다.

첫째, 1990년대 이후 서방 열강들 내에서 미국이 차지했던 우위는 냉전 시기에 못 미친다. 유럽연합(EU)의 총산출량은 미국과 비슷해졌으며, 일본은 미국의 절반 수준으로 성장했다. 미국은 1990년대 내내 국제수지 적자를 면치 못했다.

둘째는 미국의 성장률 자체도 예전만 못했다. 1990년대에 미국의 제한적 호황은 경기가 하강하고 있다는 사실을 가려 줄 수는 있었다. 하지만 거품이 터지면서 미국 경제의 취약한 측면이 그대로 드러났다. 엔론 사의 파산은 단적인 예다. 셋째, 미국 사회의 양극화가 심화됐고 사회의 불안정이 증대했다. 1990년대에 미국의 빈부 격차는 더욱 커졌다.


## 분열과 갈등


넷째, 제국주의 강대국들 사이의 틈이 갈수록 벌어지고 있다. "테러와의 전쟁" 동맹은 매우 불안정하고 취약했다. 탈레반 붕괴 이후 아프가니스탄 정치 세력들은 불안한 동거를 하고 있다. 전리품을 누가 더 많이 차지할 것인가를 놓고 여러 군벌들은 언제라도 내전에 돌입할 태세다. 중앙 아시아에서 패권을 확보하려는 미국의 움직임 때문에 중국과 러시아의 관계가 최근 가까워지고 있다. 러시아와 중국은 미국의 잠재적인 경쟁자로서 중앙 아시아에서 미국이 독주하는 것을 지켜보지만은 않을 것이다.

부시가 이라크·이란·북한을 "악의 축"이라고 규정하자 이에 대한 반발이 유럽의 동맹국들로부터 나오고 있다. 〈파이낸셜 타임스〉는 부시의 일방적 독주에 대한 동맹국들의 견제와 반발을 다음과 같이 지적했다. "악의 축을 물리치겠다는 부시 대통령의 발언은 공동의 목표를 확인하는 것이 아니라 [테러와의 전쟁의] 동맹국들을 분열시킬 것이다." 미국은 1991년 제2차 걸프전에서 유엔의 외피를 쓰고 전쟁을 치를 수 있었다. 1999년 발칸 전쟁 때는 나토의 깃발 아래 군사 행동을 했다. 하지만 이번에 아프가니스탄을 공격할 때는 동맹국들의 지원과 결속력이 전보다 훨씬 더 약화됐다. 미국은 제3세계와 서방의 우방국들에게 미국의 군사력에 의존할 수밖에 없음을 각인시키려 한다. 그러나 이것은 우방국들로부터 더 많은 견제와 갈등, 반발을 불러올 것이다.

다섯째, 서방 세계에서 미국과 우방국들 사이의 동맹은 매우 불안정하다. 제3세계에서는 미국에 대한 반감이 날로 높아지고 있다. 이 또한 미국 패권주의의 장애물이 되고 있다.

중동에서 급진 이슬람 운동은 제국주의, 특히 미국에 대한 반감과 사회 변화에 대한 열망 때문에 지난 반세기 동안 민중의 지지를 얻을 수 있었다. 이스라엘에 대한 미국의 일방적인 지원 때문에 미국에 대한 중동 민중의 반감은 더욱 증대했다. 제2차 걸프전 이후 중동 주둔 미군 기지와 미 대사관에 대한 테러가 빈번한 이유는 바로 이 때문이다. 중동 국가의 — 특히 아프가니스탄 전쟁에서 미국을 후원했던 이집트나 사우디아라비아의 — 지배자들은 민중의 반미 감정 때문에 초긴장하고 있다.

아프가니스탄 전쟁 이후에도 제3세계에서는 불안정과 갈등, 내전이 끊이지 않고 있다. 아리엘 샤론이 벌이는 "테러와의 전쟁"으로 팔레스타인인들은 전시 상태에 처해 있다. 인도와 파키스탄은 전쟁 직전 상황이다. 미국이 콜롬비아에서 벌이는 "플랜 콜롬비아"는 콜롬비아를 다시 내전으로 몰아넣고 있다.

러시아의 푸틴은 아프가니스탄에 대한 미국의 공격을 눈감아 주는 대가로 체첸 분리주의자들을 상대로 한 '테러와의 전쟁'을 용인받았다. 중국도 중앙 아시아의 신장·위구르 자치주의자들을 테러리스트로 몰아 공격하고 있다.

조지 W 부시는 미국의 힘에 굴종하는 세계를 바란다. 그러나 상황은 결코 녹녹치 않다.

미국의 전쟁광들은 자신들이 무소불위의 힘을 휘두를 수 없다는 점을 제2차세계대전 종전 이후 어느 때보다 절실하게 느끼고 있다. 쉽사리 공격 대상을 정하지 못한 것은 그 때문이다.

조지 W 부시가 소말리아나 이라크를 다음 표적으로 고른다 할지라도 서방 우방국들과의 갈등과 제3세계에서 증대되고 있는 반미 분위기 때문에 사태가 그의 뜻대로 되지만은 않을 수 있다.

만약 대중적 저항이 일어나기라도 한다면 베트남 신드롬은 부활할 수 있다. 베트남 전쟁 때와는 달리 즉각 대중적인 반전 운동이 일어난 것은 이 가능성을 보여 준다. 미국이 주도해 온 세계화와 신자유주의에 저항하는 전 세계 민중의 힘은 세계에서 가장 강력한 나라를 물러서게 만들 수 있다. 미국은 결코 무적의 국가가 아니다.

# 왜 미국에서는 총기 난사가 끊이지 않는가
## 잔혹하고 질환에 걸린 체제가 낳는 참극

전쟁터도 아닌 초등학교에서, 6~7세 아동, 교사, 교직원 등 총 28명이 떼죽음을 당했다. 12월 14일 미국 코네티컷 주 뉴타운에서 벌어진 총기 난사는 단일 사건으로는 사상 둘째로 많은 사망자를 냈고, 대부분이 어린 아이들이었다.

어떤 아이는 무려 11발이 넘는 총탄을 맞았다고 한다. 아이들을 지키려다 희생된 교사, 한 명이라도 더 살리려고 총소리 쪽으로 달려간 상담치료사 등 한 명 한 명의 이야기가 비극이다.

그런 만큼, 많은 사람들은 깊은 슬픔 속에서 의문을 갖게 된다. 대체 왜 이런 일이 끊이지 않는가?

가장 흔한 제기는 범인인 아담 랜자가 정신질환자라는 것이다. 많은 언론은 랜자가 자폐아라거나 정신분열증 환자라는 등 추측을 남발했다. 총기수집광인 랜자의 어머니가 아들을 학대했기 때문에 정

김준효. 〈레프트21〉 95호, 2012년 12월 22일. https://wspaper.org/article/12275.

신에 문제가 생겼다는 것이다.

랜자의 정신은 분명 온전치는 못했을 것이다. 어쨌든 28명을 잔혹하게 학살한 사람이니 말이다. 하지만 정신질환이 총기 난사의 원인이라는 설명은 상황을 제대로 보여 주지 못한다.

사실, 정신질환을 앓고 있는 사람은 범죄의 가해자기보다는 피해자인 경우가 많다. 정신질환자가 저지르는 살인은 전체 살인 사건의 10퍼센트도 되지 않는다. 반대로, 정신질환에 시달리는 미국인의 약 25퍼센트는 한 번 이상 강력 범죄의 피해자가 된다.

컴퓨터 게임을 탓하는 것도 말이 안 된다. 오히려 연구 결과는 그 반대를 보여 준다. 사상 최대 규모의 희생자를 낳은 2007년 버지니아 공대 총기 난사를 비롯해 여러 총기 난사를 연구한 크리스토퍼 퍼거슨 교수는 "언론의 추측성 보도와 미심쩍은 연구 조사 결과와는 달리, 총격 가해자들과 폭력적인 비디오 게임 간의 상관관계를 보여 주는 어떤 증거도 찾지 못했다"고 했다.

한편, 미국에서 민간인이 소유한 총기 수는 공식 통계로도 2억 5천만 정 이상으로, 전 세계 민간인 보유 총기 수의 거의 절반에 이른다. 통계에 잡히지 않는 불법유통 총기까지 생각하면, 모든 미국인이 한 자루 이상의 총을 갖고 있는 꼴이다.

이렇게 총이 많으니 총기에 의한 살해가 일어나기 더 쉬운 것은 사실이다. 실제로 올해에만 9만 명이 넘는 미국인이 총에 맞았다.

그런데도 미국 공화당은 총기 규제에 한사코 반대한다. 미국 민주당이 제안하는 총기 신청 절차 강화, 대용량 탄창 추가 생산 금지 등도 몹시 꾀죄죄한 수준이다.

미국 지배자들은 '총기와의 전쟁'을 꺼린다. 아마도 전미총기협회와 군수회사들의 대대적인 로비의 영향이 클 것이다.

## 공포

총기 사용 지지자들은 공포와 범죄에 노출된 평범한 사람들이 자위권을 발동해야 한다고 주장한다. 이런 주장은 사람들이 타인에 대한 공포와 경계심을 품도록 부추기고, 서로 믿지 못하게 만든다. 불신이 사회에 만연하면, 노동계급이 단결하기 힘들어진다.

그런데, 의료 과실 사망자가 있다고 해서 의학이 죽음의 원인은 아니듯, 총은 살해의 도구일지언정 원인은 아니다. 미국처럼 총기가 합법이고 총이 수백만 정 풀려 있는 캐나다의 총기 살해 희생자 수는 미국의 1.5퍼센트밖에 안 된다.

쥐를 박멸하려면 쥐가 번식하는 하수구도 청소해야 한다. 총기 범죄를 박멸하려면, 왜 사람들이 절망과 고통 끝에 무차별 범죄를 저지르는 지경으로 내몰리는지를 알아야 한다.

미국에서 대부분의 노동자·서민은 열심히 일해도 빈곤에서 벗어나기 힘든데다, 인종·성에 따른 차별에 늘 시달린다. 실업과 빈곤은 범죄를 낳는 가장 중요한 원인이다.

가난 그 자체가 노동자·서민에게 절망이고 공포다. 가난은 인간관계를 파괴하고, 소외감을 깊게 한다. 경제 위기 이후 미국인 네 명 중 한 명은 정신치료가 필요한 상태고, 17명 중 한 명은 '심각한 정신병'

에 시달린다고 한다. 절망을 해결할 방법이 없어 보일 때 사람들은 극단적인 결말로 치닫는다.

가난과 소외가 만연한 나라에서 국가 당국이 앞장서서 군사주의적 문화를 구축해 왔다. '서부 개척 시대' 이래로 수백 년 동안 갈등을 폭력적인 방식으로 해소해 온 '미국적 전통'은 제국주의 역사 속에 더 강화됐다. 빈곤과 소외에 찌든 개인들이 이런 문화에 동조하면서, 무차별 총기 난사와 같은 폭력적인 방식으로 증오를 '해소'하려 들게 되는 것이다.

상황이 이러니 뉴욕 시장 블룸버그 같은 자들이 총기 규제를 떠들면서 복지 예산을 대폭 삭감하는 것은 위선적이기 짝이 없다. 사실, 범죄를 방지한다며 범죄를 부추기는 꼴이다. 블룸버그는 개인 재산이 2백50억 달러(약 27조 원)에 달하는 갑부로, 자신이 삭감한 복지 예산에 처음부터 관심이 없었다.

버락 오바마는 감동적인 연설로 심금을 울렸지만, 무인전투기로만 파키스탄 아이 1백68명을 학살한 '총기 난사 국가'의 수장이 이 비극을 중단시키겠다고 하는 것도 큰 신뢰가 가지 않기는 마찬가지다.

총기 난사 같은 비극을 진정으로 방지하려면, 그 뿌리인 가난과 소외를 쓸어내야 한다. 경제 위기의 고통을 노동자들에게 전가하는 것에 맞설 때, 모두에게 절망만 낳는 비극에 제동을 걸 수 있을 것이다.

# 미국 인종차별의 근원과 진정한 해결

많은 사람들이 허리케인 카트리나가 가져온 재난에 놀랐다. 다른 무엇보다도 희생자의 대다수가 가난한 흑인인 것에 놀랐다. 미국의 연방정부가 흑인을 노골적으로 2등시민 취급하는 것에 다시 놀랐다.

콘돌리자 라이스, 콜린 파월 같은 정부 고위관료가 있지 않은가? 2004년 아카데미 영화상 수상식에서 흑인이 남녀 주연상을 독식하지 않았던가?

대다수 흑인들은 분명 과거 노예일 때와는 처지가 다르지만, 불행히도 제도적으로 여전히 차별받고 있다.

이 점을 이해하는 것이 중요하다. 흔히 자유주의자들이 말하는 것과는 달리, 오늘날 미국 사회에서 인종차별은 단순히 '편견'과 '인식'의 잔존 문제가 아니라 기업과 국가가 조장하는 체계적 차별 문제다.

---

김용욱. 격주간 〈다함께〉 64호, 2005년 9월 28일. https://wspaper.org/article/2489.

2004년 통계를 보면 흑인 가정의 소득은 백인 가정 소득의 63퍼센트다. 소득도 문제지만 자산을 보면 차이는 훨씬 더 뚜렷하다. 백인 가구 평균자산보유액이 4만 2천 달러인 데 반해, 흑인 가구 평균은 1천1백 달러에 불과하다. 같은 대졸자일지라도 흑인의 임금은 백인 임금에 75퍼센트밖에 되지 않는다.

1995~2000년까지 짧은 호황을 제외하고 지난 30년 간 흑인 실업률은 계속 두 자리 수를 유지하고 있다. 뉴욕의 할렘 같은 대도시 흑인 게토에서는 50퍼센트 이상인 경우도 드물지 않다. 기업들의 흑인 노동력인구 차별에 대해 <USA 투데이>는 이렇게 지적했다.

"아프리카계 미국인들은 경제가 호황일 때 가장 늦게 고용되는 경향이 있다. 그리고 당연히 경기 불황이 시작되면 가장 먼저 잘린다."

헐리우드 영화의 단골소재인 '마약과의 전쟁'의 최대 희생자들은 흑인이다. 소위 '불법 약물 사용자'의 대다수는 백인이지만, 기소된 사람의 90퍼센트는 흑인이다. 결국 전체 인구 중 흑인의 비중은 13퍼센트이지만 수감자의 절반 이상이 흑인이다.

미국의 인종차별은 원래 노예제도를 정당화하기 위해 고안된 것이었다. 문제는 남북전쟁 이후 노예가 해방된 지 거의 1백50년이 지났고 공민권 운동이 일어난 지 50년이 지났지만, 차별은 계속되고 있다는 점이다.

'왜?'라는 질문에 대해 많은 흑인들은 백인 노동계급을 포함한 모든 백인이 인종차별로부터 득을 얻고 있기 때문이라고 대답한다. "만약 진짜로 백인 노동자들이 인종차별로 이익을 얻는다면 미국에서는 결코 인구 다수의 지지를 얻는 반인종차별 운동을 건설할 수 없을 것이다." 저명한 흑인 급진주의자 매닝 매러블의 지적이다.

그러나 돌이켜보면 흑백 노동자 분리가 심할수록 백인 노동계급의 상황도 열악했다. 1950~60년대 흑인 공민권 운동이 가장 활발했을 때 흑백 노동자 모두의 임금이 올랐지만, 1970년대 중반 이후 운동의 패배는 전체 노동자의 임금을 하락시켰다.

미국 사회학자인 마이클 라이히는 1990년대 초반 발표한 연구에서 대도시 중 흑백 간 차이가 클수록 최상위 백인 자본가(백인 인구 중 1퍼센트)가 전체 백인 소득 중에서 차지하는 비중이 컸고, 백인 내 부유층과 빈곤층 간 소득격차 — 일명 백인 지니계수 — 가 가장 높았다고 지적했다.

이것은 노예제 해체 이후 인종차별이 백인 노동계급의 제 몫 챙기기 때문이 아니라 주로 자본가들의 흑백 분할지배 전략이었기 때문이다.

그러므로 1930년대 흑인 탄광노동자이자 사회주의자였던 안젤로 헌든의 다음 지적은 오늘날에도 여전히 유효하다.

"흑인 지도자들은 가난한 백인 노동자들이 우리 고통에 책임이 있다고 말한다. 그러나 반흑인 선전을 퍼뜨리는 강력한 수단을 누가 소유하고 있는가? 백인 노동자들은 입에 풀칠하기도 바쁘다. 따라서 억압자는 부유한 백인임에 틀림없다. 교회·학교·신문·라디오를 그들이 지배하기 때문이다. 인간 고통으로부터 이윤을 뽑아내기 위해 그들은 백인 노동자와 흑인 형제를 이간시키는 이런 사악한 '분할지배'를 이용하는 것이다."

이 과정에서 모든 흑인이 똑같은 고통을 받은 것은 아니다. 흑인 사회는 '공동체'가 아니라 이해관계가 다른 계급으로 나뉘어 있다.

일례로 뉴올리언스 시장은 흑인이지만 그는 2004년 허리케인 아이반이 왔을 때 슈퍼돔을 개방하지 않았다. 가난한 흑인들이 슈퍼돔을 망칠까 봐 두려웠기 때문이다.

그는 지역 백인 자본가의 파트너를 자처하며 임기 동안 도심 재개발을 위해 흑인 빈민들을 공공주택에서 몰아내는 정책을 실행해 왔다.

흑인 사회가 계급으로 분화해 중간계급과 지배계급이 등장한 것은 1960년대 공민권 운동 이후였다. 이것은 한편으로는 공민권 운동의 성과였다.

'차별시정조처' 등이 도입되면서 흑인의 소수는 중간계급이나, 심지어 콘돌리자 라이스나 오프라 윈프리처럼 드물게 지배계급으로 계급상승을 이룰 수 있었다.

이것은 미국 지배자들의 지배 전략의 일부이기도 했다. 민주당은 공민권 운동 지도부를 포섭했고, 공화당도 1980년대에 소수의 흑인 신보수주의자들을 키웠다.

이들은 인종차별에 적극적으로 맞서 싸우지 않았고, 때로는 인종차별적 정책에 동조했다. 수많은 흑인 시장들의 공통된 정책은 경찰 수를 늘리고 감옥을 확충하는 것이었다.

이들이 지난 40년 동안 흑인 운동을 통제해 온 결과 흑백 노동계급 간 연대나 아래로부터의 투쟁보다는 보수적 흑인 민족주의나 민주당과의 동맹이 압도적 영향력을 행사해 왔다.

이것은 불가피한 것이 아니었다. 19세기 말과 1930년대 대공황기에 좌파들은 아래로부터의 투쟁을 조직하는 과정에서 흑백 노동계급의 단결을 추구했고, 노동자들의 의식은 급속히 변했다.

19세기 말 대규모 흑백 연대파업에 참가했던 한 백인 탄광노동자는 "[흑인과] 함께 일해야 하는 우리들은 [흑인에 대한] 편견을 버려야 한다. 자본가 계급은 노동계급을 자신에게 예속시키기 위해 이런 수단을 이용하곤 한다" 하고 말했다.

이런 연대의 노력 가운데 가장 인상적인 것은 1930년대 미국 공산당의 사례였다. 당시 흑인 단체인 전미흑인지위향상협회(NAACP)가 가난한 흑인 실업 노동자 문제를 외면하고 백인 여성을 강간했다는 누명을 쓴 무고한 흑인 소년의 변호를 거부했을 때, 공산당은 적극적으로 연대 운동을 건설했다.

이런 노력의 결과 공산당 뉴욕지부의 흑인 당원 수는 1932년 74명에서 1938년 1천 명으로 늘었다.

그러나 이런 노력은 공산당의 정치적 오류 때문에 일관되게 진행되지 못했다. 공산당이 스탈린의 민중전선 노선을 수용해 루스벨트 정부와 동맹을 추구했던 것이다.

제2차세계대전 이후로도 미국 사회주의자들은 흑인 운동과 실질적인 관계를 맺지 못했고, 흑인 중 가장 선진적인 혁명가들도 흑인 민족주의로부터 자유롭지 못했다.

오늘날 흑백 노동자 간 단결의 조건은 40년 전보다 유리하다. 흑인 노동계급 규모가 커지고 공민권 운동의 성과로 오늘날 백인 노동자들의 흑인에 대한 인종적 편견은 예전처럼 지독하지 않다.

1958년에는 백인의 44퍼센트가 흑인이 자기 동네로 이사해 오면

이사가겠다고 답변했지만, 1997년에는 1퍼센트만이 그렇다고 답했다.

사회운동이 활발할 때 인종차별 반대 운동도 강력했고, 흑백 노동자 단결의 움직임도 나타났다. 19세기 말, 1930년대 대공황기, 1960년대가 그랬다.

지금 미국에서는 반전 운동이 부활하고 있다. 이 운동은 카트리나 재난을 통해 노골적으로 드러난 지배자들의 인종차별에 분노하고 있다. 이 운동은 머지않아 인종차별 반대 투쟁을 고무할 것임에 틀림없다.

# 미국 이민자들의 공민권 운동

그토록 위대한 메이데이는 수십 년 만에 처음이었다. 그 날 하루 수십 개 도시에서 2백만 명이 넘는 이민자와 그 지지자들이 일손을 멈추고 거리로 쏟아져나와 자긍심과 저항 의지를 표출하며 시위를 벌였다.

로스앤젤레스 한 도시에서만 1백만 명으로 추산되는 사람들이 "이민자 없는 날"이라는 기치 아래 시위를 벌였다. 지난 3월 말과 4월 초에 벌어진 대규모 시위들도 미국 전역을 놀라게 만들었지만, 올해 메이데이 시위는 미국 역사상 단연 최대 규모의 시위였다.

이 끊이지 않는 시위들은 이민자 권리 옹호자들, 노동조합 활동가들, 고등학생들이 주도한 대중 반란으로 시작됐다. 그들은 악독한 HR 4437 센센브레너 법안에 반대해 싸웠다.

---

알레산드라 목테수마. 격주간 〈다함께〉 80호, 2006년 5월 16일. https://wspaper.org/article/3139. 캘리포니아에서 미술가 겸 교수로 활동하는 알레산드라 목테수마(Alessandra Moctezuma)가 메이데이에 미국 전역에서 벌어진 대규모 시위 소식을 전하며, 새로운 운동의 성장을 추적한다.

그 법안은 미등록 이민노동자들을 범죄자로 몰아 장기간 투옥할 수 있게 만드는 법안으로, 이미 지난해 공화당이 다수파인 하원을 통과했다.

HR 4437은 1억 2천만 명으로 추산되는 미등록 이민노동자들을 범죄자로 만들 뿐 아니라 그들의 가족, 노동조합 활동가, 성직자 등 신분 여하를 불문하고 그들을 도와 주는 사람도 죄다 중범죄자로 처벌할 수 있게 한 법안이다.

스페인어를 사용하는 미디어뿐 아니라 교회들도 지지한 그 시위들의 원래 목표는 단지 HR 4437이 상원에서 통과되는 것을 막기 위해 사람들을 동원하는 것이었다. 그러나 시위가 갈수록 확대되자 시위 참가자들은 점차 자신들의 운동을 1960년대의 공민권 운동과 비교하기 시작했다. 이제 많은 사람들은 단지 하루 시위가 아니라 투쟁의 전면화가 필요하다는 것을 이해하고 있다.

메이데이에 이 새로운 운동은 거대한 일보를 내딛었다. 메이데이 시위의 특징은 열정과 규율이 함께 표출됐다는 것이다. 폭스TV는 메이데이 시위가 마치 멕시코 민족주의의 발로인 양 조야하고 우스꽝스럽게 묘사했지만, 그 날 시위에는 다양한 이민자 단체들, 이민노동자들의 노동조합들, 지역사회 단체들이 폭넓게 참가했다.

흰색 티셔츠 — 평화를 상징할 뿐 아니라 시위 참가자들의 노동계급 기반을 알려 주기도 하는 — 를 입은 남녀노소 수많은 사람들이 다양한 깃발을 들고 행진했다.

미국 국기인 성조기를 든 사람들도 있었고, 캘리포니아 남부의 한국인·아프리카인·중앙아메리카인 등과 시카고와 보스턴의 아일랜드인·브라질인 등 다양한 이민자 단체들이 참가했음을 보여 주는 무지 개색 깃발과 함께 멕시코 국기를 든 사람들도 있었다.

이민노동자들에게 의존하는 기업 수천 개가 휴업을 하거나 영업을 단축해야 했던 캘리포니아 주(州)에서는 메이데이에 마치 주 전역에 서 총파업이 벌어진 듯했다. 비록 이민노동자들의 곤경을 동정하는 기업이나 이민자들이 소유·운영하는 일부 기업들이 그 날 하루 휴업 을 하기로 결정하기는 했지만, 많은 이민노동자들이 일자리 상실의 위험을 무릅쓰고 시위에 참가했다.

마침내, 힘들게 일하는 노동자들이 모두 거리 행진을 벌였다. 묵묵 히 일하며 캘리포니아의 유명한 생활양식을 뒷받침하는 사람들이 그 들 자신의 구호를 외치고 노래를 부르며 노동자 군대가 됐다.

일부는 캘리포니아의 뙤약볕 아래서 농작물을 수확하는 농장 노 동자들이었다. 일부는 로스앤젤레스의 혹사 공장에서 고되게 일하 는 의류 노동자들이었다. 일부는 교외 주택가 잔디밭에서 나뭇가지 를 치고 물을 뿌리는 정원사들이었다. 일부는 침대보를 바꾸고 방을 청소하는 호텔 노동자들이었다.

일부는 수퍼마켓의 상품 진열대에서 고기를 파는 정육업 노동자 들이었다. 일부는 수많은 음식점의 요리사들과 주방 노동자들이었 다. 일부는 갓난아이의 기저귀를 갈아 주는 유모들, 그리고 노인들 을 돌보는 가정 간호사들이었다.

일부는 주택 건설 현장에서 벽을 칠하고 못을 박고 타일을 까는 건설 노동자들이었다. 일부는 미국 이외의 고국을 알지 못하는 어린 이들과 학생들이었다.

노동운동은 메이데이 시위의 성공에서 결정적 구실을 했다. 지난 10년 동안 미국의 대다수 노동조합들은 미등록 이민노동자 조직들을 승인하는 쪽으로 입장을 바꿔 왔고, 2000년에 미국노총(AFL-CIO)은 미등록 이민노동자 사면 프로그램을 지지한다고 선언했다.

이번에 노동조합들은 메이데이 시위 동원을 위한 주요 수단들을 제공했고, 수많은 노동자들이 자신들의 노조 깃발과 플래카드(팻말)를 앞세우고 자랑스럽게 행진하는 모습은 정말로 놀라운 광경이었다.

물론 메이데이의 기원은 1880년대 시카고 이민노동자들의 투쟁에서 유래했다. 그리고 오늘날 이민노동자들이 그 전통을 의식적으로 되찾으려 하는 모습은 고무적이다. 올 봄의 시위들은 단일 쟁점 시위에 그치지 않고, 모든 분야에서 평등을 요구하며 싸우는 투쟁에 엄청난 활력을 주고 있다.

미등록 이민노동자들이 합법화로 나아가는 길을 찾고 있을 뿐 아니라 이 때문에 임금, 복지혜택, 노동조건을 개선하기 위한 강력한 압력이 형성되고 있다는 점이 미국 내 많은 좌파들의 희망이다.

현재의 상황에서 정말로 범죄적인 것은 많은 미등록 이민노동자들이 사회의 언저리에서 불안에 떨며 살고 있다는 것이다. 그들은 의료보험 혜택도 전혀 누리지 못한 채 최저임금을 받고 장시간 중노동에 시달리면서도 서로 도와주고 고국에 있는 가족들을 부양하고 있다.

한편, 보수 언론, 특히 CNN과 폭스 뉴스 등은 이민노동자들에 대한 터무니없고 상투적인 주장들을 늘어놓으며 외국인 혐오를 부추기고 있다. 그들은 미국 정부가 미등록 이민노동자들에게 돈을 퍼붓고 있다고 주장하지만, 그 동안의 연구·조사 결과들을 보면 이민노동자들이 경제에 기여하는 바가 그들이 가져가는 것보다 열 배나 많다는 사실이 거듭거듭 입증됐다.

미등록 이민노동자들은 물론 세금도 내고 중요한 소비자들이기도 하다. 그래서 메이데이 시위의 또 다른 중요한 부분은 모든 제품·가스·서비스에 대한 보이콧이었다.

전문가랍시고 떠드는 우파들과 일부 민주당원들은 일부 시위대가 멕시코 국기를 흔들거나 미국 애국가를 스페인어로 부른 것을 비난하는 한편 미니트맨 같은 반(反)이민자 자경단들의 "애국주의"를 칭찬한다.

언론은 이들을 우호적으로 집중 부각시키며, 수백 또는 수천 명에 불과한 그 단체의 대표와 1백만 명 이상이 참가한 메이데이 시위 조직자들을 똑같이 취급한다.

그러나 격렬한 반이민자 선동은 이라크 전쟁의 패배와 그로 인한 경제적 손실과 인명 피해, 유가 인상으로부터 사람들의 주의를 딴 데로 돌리는 유용한 전략이다.

부시 정부가 추진하는 "초청 노동자" 법안 — 사법적 불평등과 작업장 내의 가혹한 착취를 제도화할 — 의 이런저런 변형들을 나름대로 지지하는 민주당원들이 너무 많다.

그러나 공화당과 마찬가지로 민주당도 빈민가, 혹사 공장, 도심 학교 들이 처한 현실과는 거리가 멀다.

명백한 사실은 등록됐든 안 됐든 이민노동자 계급이 더는 두려움에 떨지 않는다는 것이다. 그들은 지금 동등한 권리를 원하고 있을 뿐 아니라 그들 자신의 놀라운 힘과 정치적 능력을 이미 목격했다.

# 미국의 반전 운동 역사

조지 W 부시는 아프가니스탄을 폭격하면서 "우리 나라는 평화를 사랑합니다" 하고 말했다. 아마도 부시는 역사 공부를 전혀 안 했거나, 그가 살던 시대의 역사조차 기억하지 못하는 것이 틀림없다. 우리 나라는 오랫동안 전쟁과 군사 행동을 자행했다.

19세기로 돌아가 보자. 미국 대륙을 가로질러 가서 수백 년 동안 인디언과 전쟁을 벌였던 우리 나라가 평화를 사랑하는 민족이라고 토착 원주민들에게 말할 수 있을까? 1898년에 미국은 필리핀을 상대로 전쟁을 벌였다.

20세기에 들어와서도 미국은 중미에 군사적 개입을 반복했다. 20

하워드 진. 월간 《다함께》 7호, 2001년 12월 1일. https://wspaper.org/article/268.
하워드 진은 지난 반세기 동안 평화, 정의, 민주주의를 위한 주장을 펼쳐 왔다. 그는 또한 미국에서 노동운동에서부터 남부의 시민권 운동과 베트남 전쟁 반대 운동에 이르기까지 수많은 사회 운동에 참여해 주도적 역할을 했다. 그가 쓴 책으로는 《미국 민중저항사》(일월서각), 《오만한 제국》(당대) 등이 있다.

세기의 첫 20년 동안 미국은 카리브해 지역에 최소한 스무 번의 군사 개입을 했다. 그 다음 1914년에는 제1차세계대전에 뛰어들었고 멕시코를 침략했다.

1927년에 미국은 니카라과에 해병대를 투입했으며, 얼마 뒤에는 제2차세계대전에 참전했다. 종전 후 지금까지 우리 나라는 헤아릴 수 없이 많은 군사 개입과 전쟁을 벌였다.

세계사에서 가장 재앙적인 전쟁이었던 제2차세계대전이 막을 내린 지 5년 만에 우리는 한국에서 1950년부터 1953년까지 전쟁을 치렀다.

한국 전쟁이 끝나기가 무섭게 미국은 인도차이나 반도에서 프랑스를 도와 프랑스 군 장비의 80퍼센트를 지원했다.

1950년대에 미국은 공공연한 군사 작전을 벌이기보다 비밀리에 이란과 과테말라 정부를 무너뜨리는 등의 작전을 수행했다.

베트남 전쟁에 개입했던 바로 그 때 미국은 도미니카공화국에도 군사력을 투입했다. 같은 시기에 캄보디아와 라오스에도 개입했다.

그 비슷한 때에 미국은 막대한 원조를 인도네시아 정부에 제공해 그들이 반대파와 내전을 벌이는 것을 도왔다. 이 과정에서 수십만 명이 학살당했다. 그런 다음 1975년에는 인도네시아가 동티모르인들을 끔찍하게 학살한 전쟁을 지원했다. 이 때에도 수십만 명이 살해당했다.

1978년에 소련이 아직 아프가니스탄을 침공하지도 않았는데 미국은 그 곳의 반군에게 몰래 무기를 대고 있었다. 그 세력들의 씨앗이 훗날 탈레반이 됐다. 카터 대통령의 국가안보보좌관이었던 즈비그

네프 브레진스키는 우리가 소련을 전쟁에 끌어들이는 데 성공했다고 자랑했다. 10년 동안 계속된 그 전쟁으로 아프간 민중의 삶은 완전히 파탄났고 전쟁이 끝날 무렵에는 나라 전체가 폐허로 변했다.

전쟁이 끝나자 미국은 즉시 철수했다. 오사마 빈 라덴이나 장차 탈레반으로 알려지게 될 사람들처럼 그 동안 미국의 후원을 받았던 사람들, 즉 근본주의자들이 아프가니스탄에서 권력을 장악했다.

한편 1980년대에 레이건이 대통령이 된 뒤로 미국은 니카라과에서 반혁명 세력인 콘트라를 양성하는 비밀 전쟁을 수행했는데 레이건은 이들을 "자유의 투사"라고 불렀다.

이러한 사례는 끝이 보이지 않는다. 1983년에 미국은 그레나다라는 작은 섬나라를 침공했다.

그 다음에는 아버지 부시가 대통령이 됐다. 그는 권좌에 오르자마자 파나마를 상대로 전쟁을 일으켜 수천 명의 생명을 앗아갔다.

2년 뒤에 미국은 걸프 전쟁을 일으켰다. 미국은 이라크의 쿠웨이트 침공을 구실로 그 지역에서 미국의 군사력을 과시하고 사우디 아라비아에 미군을 주둔시켰다. 그렇게 해서 미군이 주둔하게 된 군사기지들은 빈 라덴과 사우디아라비아의 민족주의자들을 격분시킨 주요인이었다.

그리고 1998년에 클린턴 정부는 아프리카에서 미국 대사관이 폭탄 테러를 당한 것에 대한 보복 조치로 아프가니스탄과 수단을 폭격했다.

클린턴은 임기가 끝날 무렵 코소보 사람들을 보호한다는 명분으로 유고슬라비아와 전쟁을 벌였는데, 이 때문에 코소보는 완전히 야만 상태에 빠졌고 많은 코소보인들과 유고슬라비아인들이 죽어갔다.

따라서 미국이 평화를 사랑한다는 부시의 말은 역사를 깡그리 무시하는 말이다. 그 역사는 부시가 받아들이기에는 너무 벅찬 것일지도 모르지만 그 중의 단지 일부분이라도 알고 있다면 미국이 전혀 평화를 사랑하지 않는다는 것을 충분히 알 수 있다.

사실 지금껏 세계에서 미국보다 호전적인 나라는 없었다고 말해도 과언이 아닐 것이다.

## 전쟁과 군국주의에 반대한 전통

우리에게는 미국 혁명까지 거슬러 올라가는 반전 운동의 전통이 있다.

미국 군대 내에서는 장교들에 맞서 반란이 여러 차례 일어났다. 병사들은 자신들의 비참한 처우와 장교들이 누리는 사치를 보면서 전쟁의 계급적 성격에 분개했다.

1846년부터 1848년까지 멕시코 전쟁이 터졌을 때 미군 내에서는 항명과 탈영 사태가 발생했다. 멕시코 전쟁에 참전한 병사들 가운데 많은 이들이 전쟁 직전에 미국으로 이민 온 사람들이었다. 연대 규모에 가까운 아일랜드 출신 이주민들도 있었다.

멕시코 수도로 가는 도중에 많은 연대 병력들이 탈영했고 전쟁이 끝나갈 무렵에는 그 전쟁에 대한 환상이 많이 깨졌다. 상당수의 병사들이 멕시코 편에 가담했다. 그들은 여단을 조직해 멕시코와 손잡고 싸웠다. 여단 구성원들은 대부분 아일랜드 출신들이었고 산 파트리시오 대대라고 불렸다. 멕시코 사람들은 해마다 산 파트리시오 대대원들을 영웅들로 추모한다.

남북전쟁은 그보다 훨씬 복잡했다. 그 전쟁은 노예제도에 맞서는 전쟁이기도 했지만 동시에 북부의 산업과 금융 체제의 지배력을 확립하고 미국을 수익성 있는 단일 시장으로 다지기 위한 전쟁이기도 했다.

따라서 노예제 폐지라는 도덕적 요소가 들어간 남북전쟁은 모순을 안고 있었다. 노동 계급 대중은 그 전쟁의 계급적 성격에 불만을 품었으며 부자들이 3백 달러를 내고 군 복무를 면제받을 수 있었다는 사실에 분개했다. 이 때문에 뉴욕을 비롯한 여러 도시에서 징집에 반대하는 폭동이 일어났는데 이것은 미국 역사상 가장 큰 봉기 가운데 하나였다.

필리핀에서 벌어진 미국-스페인 전쟁 초기에는 미국의 군함 메인 호가 쿠바의 아바나 항에서 스페인의 공격을 받아 침몰했다는 거짓말에 많은 미국인들이 속아넘어가 반(反)스페인 히스테리가 들끓었다. 전쟁이 일찍 끝나버렸기에 반전 운동이 성숙하기에는 시간이 충분하지 않았다.

그러나 한편, 스페인과 미국의 전쟁에 뒤이어 필리핀에서 일어난 전쟁은 여러 해 동안 계속됐고 미국에서는 반전 운동이 발전했다. 반제국주의 동맹은 마크 트웨인을 비롯해 미국에서 가장 잘 알려진 인물들이 주도했다.

그리고 필리핀에서는 흑인 병사들의 탈영이 속출했다. 그들 가운데 일부는 필리핀 편으로 넘어가 필리핀 사람들과 함께 싸웠다. 흑인 병사들은 백인 장교들보다는 필리핀 사람들과 더 큰 동질감을 느꼈던 것이다. 물론 그 당시의 반전 운동은 필리핀 전쟁을 끝장낼 수 있을 정도로 강력하지는 못했다.

제1차세계대전 중에는 매우 강력한 반전 운동이 존재했다. 사회당은 당시 미국에서 커다란 사회적 영향력을 지니고 있었고 사회주의 신문을 읽는 사람만 해도 수백만 명이 있었다.

사회주의 신문 가운데 하나였던 〈이성에의 호소〉를 읽는 독자는 70만~80만 명 정도였고 미국 전역에는 다양한 사회주의 신문들이 있었다. 곳곳에서 사회주의자들이 선거를 통해 주 정부와 시청으로 들어갔다. 사회주의자 국회의원과 시장 들도 있었다.

그것은 강력한 운동이었으며 제1차세계대전 개시 후 미국이 참전하기 시작했을 때 사회당은 참전에 맞서 싸우는 데에 큰 힘을 발휘했다.

전쟁에 반대하는 목소리를 냈다는 이유로 2천 명이 기소됐고 그중 사회당 지도자 유진 뎁스를 포함해 1천 명이 감옥에 갔다.

전쟁이 끝나자 처음에는 전쟁에 찬성했던 사람들조차 커다란 환멸감을 느꼈다. 1920년대에 포드 매덕스 포드, 어니스트 헤밍웨이, 존 더스 패서스 등의 작가들은 많은 반전 문학 작품을 썼다.

확실히 제2차세계대전은 가장 평판이 좋은 전쟁이었다. 그러나 남북 전쟁과 마찬가지로 여기서도 전쟁 노력을 주도한 사람들의 가증스러운 동기는 도덕적 명분에 가려졌다.

히틀러와 파시스트 세력이 유대인을 비롯해 수많은 사람들을 학살하고 다른 나라를 침략한 것은 분명한 사실이다. 그러나 전쟁의 동기는 파시즘을 응징한다는 숭고한 대의와는 거리가 멀었다.

히틀러와 대립했던 서구 열강들 또한 히틀러 못지 않게 폭력적이고 제국주의적이었을 뿐 아니라 세계 곳곳에 식민지를 거느리고 있었다. 그들도 패권을 추구했으며 일본과 독일이 자신들의 세력권으로 침투하는 것에 분개했다.

이 모든 것에도 불구하고 미국에서는 반전 운동이 일어났다. 그 중 일부는 우익이거나 고립주의자였으며 심지어 나치에 동조하는 자들도 있었지만 그 밖의 사람들은 평화주의자들이었다. 약 6천 명의 미국 시민들이 제2차세계대전에서 싸우기를 거부한 죄로 감옥에 갔다.

전쟁이 끝나갈 무렵에는 전쟁의 도의성을 의심하는 사람들도 생겨났다. 그러나 미국인의 의식 속에 제2차세계대전은 아직까지 "정당한 전쟁"으로 각인되어 있었기에 그러한 회의는 그다지 광범하지는 않았다.

아마도 그러한 회의는 히로시마와 나가사키에 대한 원폭에서 비롯했던 것 같다. 그 뿐만 아니라 우리 나라가 독일의 드레스덴 시를 폭격하여 10만 명의 사상자를 냈고 그 밖에 수많은 민간인들을 폭격했음을 상기할 수 있을 것이다.

또한 전쟁이 히틀러, 일본 그리고 무솔리니의 패배로 끝났는데도 인종주의와 독재, 침략은 여전히 사라지지 않았음을 기억해야 한다. 제2차세계대전이 끝난 다음에는 두 개의 초강대국이 서로 핵무기를 겨누면서 세계 각지의 통제권을 놓고 다투었다.

반전 운동이 미국의 정책에 실질적인 영향을 끼치는 일은 드물었지만 베트남 전쟁의 경우에는 완전히 달랐다. 오랜 기간 동안 베트남 전쟁을 경험하면서 미국인들은 정부가 유포한 거짓 환상을 떨쳐내고 베트남에서 벌어지고 있던 참상을, 미국이 베트남 민중에게 저지르고 있는 반인륜적인 범죄를 직시하게 됐다.

미국 땅으로 되돌아온 병사들 가운데 다수가 전쟁을 반대하게 되고 '전쟁에 반대하는 참전 용사들' 같은 조직을 건설하면서 우리는 미국 역사상 전례 없는 사건을 경험했다.

그리하여 1966년에는 미국인 세 명 가운데 두 명이 전쟁을 반겼던 반면 1969년에 이르러서는 세 명 가운데 두 명은 전쟁을 반대하기에 이르렀다. 이는 정말로 극적인 반전이었다. 전쟁에 반대하는 운동이 처음으로 정부의 정책을 좌우할 정도의 힘을 발휘한 것이다.

펜타곤 서류 가운데에서 찾아볼 수 있는 정부 내부 문서들을 읽어보면 이러한 성과를 확인할 수 있다. 펜타곤 서류는 일반인들에게 공개가 금지된 서류였지만 1971년의 시민 불복종 운동의 압력으로 공개됐다.

문서들을 보면 정부가 반전 시위를 얼마나 무서워했는지를 알 수 있으며, 탈영, 징집 거부, 학군단 지부 점거 등 일반적인 반전 분위기에서 정부가 전쟁을 계속하기 몹시 힘들었다는 사실이 잘 나타난다.

1967년과 1968년에는 주요 도시들에서 흑인들의 투쟁이 있었다. 흑인들의 투쟁은 직접 전쟁을 겨냥한 것은 아니었지만 전쟁과 연관돼 있었다. 사람들은 전쟁이 계속될 경우 미국 내 흑인 빈민가에 사는 사람들이 처한 환경은 무시될 것임을 알고 있었다.

우리는 베트남 전쟁을 계기로 정부의 정책에 영향을 줄 만큼 광범하고 강력한 반전 운동을 처음으로 경험했다.

하지만 정부도 그 전쟁을 계기로 뭔가를 배운 듯하다. 정부는 기왕 전쟁을 치르려면 반전 운동이 성장할 틈을 주지 않기 위해 신속하게 시작해 순식간에 해치워야 한다는 교훈을 얻었다.

그래서인지 베트남 이후에 그레나다, 파나마, 그리고 걸프에서 일어난 전쟁은 전부 단기전이었다. 기자들은 전장에 들어가지 못했고 정부는 뉴스 보도와 전쟁에 관한 정보의 흐름을 철저하게 통제했다.

우리가 지금 벌이고 있는 전쟁에서도 정부는 또다시 정보를 통제하고 있으며 미국인 사상자에 관한 보도는 제한하면서 적군의 피해 상황을 부풀리려 한다.

미국 정부는 미국의 중동 정책에 대해 사람들이 알지 못하게 하려고 노력하고 있다. 무력 개입을 정당화하기 위한 정부의 거짓말을 사람들이 꿰뚫어 볼까 봐 겁나서 그러는 것이다.

부시는 미국이 9월 11일 테러 공격의 표적이 된 이유는 "극렬분자"들이 미국의 자유와 민주주의를 시기하기 때문이라고 말했다.

"그들은 우리가 누리는 자유와 민주주의를 못마땅해 한다." 이런 류의 단순한 설명은 전쟁에 대한 지지를 이끌어내기 편리한 설명이다. 그렇지만 테러리스트 자신들의 말에서도 분명히 드러나듯이 그들이 싫어하는 것은 미국 정부가 국내에서 하는 일이 아니라 외부에서 하는 일이다.

그들이 분노하는 것은 사우디아라비에 주둔하고 있는 미군, 이스라엘에 대한 지원, UN 추산에 따르면 약 1백만 명의 이라크인들을 죽게 만든 대(對) 이라크 경제 봉쇄 때문이다. 테러리스트들은 자신들이 무엇에 분개하는지를 명확히 밝혔다.

오사마 빈 라덴은 10월 11일 성명을 발표하면서 비록 종교적인 수사를 남발하기는 했지만 그의 말에는 미국이 사우디아라비아의 성지에 군대를 주둔시키고 팔레스타인인을 억압하는 이스라엘 편을 들며 이라크에 경제 재제를 가하는 것에 대한 깊은 분노가 담겨 있었다. 이러한 미국의 만행은 계속해서 언급된다.

런던에서 발행되는 신문 〈인디펜던트〉의 기자인 로버트 피스크는 빈 라덴을 여러 번 인터뷰했는데, 그 모든 인터뷰에서 명백히 나타나는 것은 빈 라덴이 미국의 이스라엘 및 이라크 정책과 사우디아라비아 주둔 미군을 격렬히 증오한다는 것이다.

빈 라덴이 미국의 해외 정책과 국내 정책 가운데서 과연 어느 것을 싫어하는지를 가늠할 수 있는 간단한 방법이 있다. 그것은 1991년 이전에 빈 라덴이 누구 편이었는지를 조사해 보는 것이다. 다시 말해, 미국이 사우디아라비아에 군대를 주둔시키고 이라크와 전쟁을 벌이고 경제를 봉쇄하기 전에는 빈 라덴이 누구 편이었는가? 우리 나라의 "자유"와 "민주주의"는 지금이나 1991년 이전이나 별반 달라진 것이 없다. 그러나 1991년 이전에 빈 라덴은 미국 편이었고 미국 또한 라덴과 손잡고 아프가니스탄의 통제권을 획득하기 위해 당시 정권에 맞서 싸우고 있었다.

라덴이 미국에 등을 돌린 이유는 명백하다. 그것은 미국 내의 민주주의나 자유와는 아무 관련이 없다. 그것은 미국의 대외 정책의 전환점과 일치하며 그 전환점은 1991년이었다.


## 전쟁과 국내 억압

언론의 자유에 대한 억압의 역사는 베스트셀러에서 영웅으로 묘사된 존 아담스가 외국인규제법과 보안법을 제정한 1798년까지 거슬러 올라간다.

아담스가 서명한 '외국인규제법과 보안법'이 적용됨에 따라 정부를 비판한 사람들은 감옥에 갔다. 그 당시 우리는 전쟁 중이지는 않았지만 프랑스와 일종의 냉전에 돌입한 상태였고 미국 사회는 집단적인 전쟁 히스테리에 빠져 있었다.

그런 분위기에서 정부는 정부 비판을 원천봉쇄하기 위해 보안법을 제정했고, 그 다음에는 외국인규제법을 통과시켜 정부가 어느 외국인이든 마음대로 골라서 법적 절차도 없이 추방시킬 수 있는 권한을 확보했다.

지금 미국의 법무부장관 존 애슈크로프트가 하원에 제안한 것이 바로 이런 종류의 권한, 즉 외국인들을 추방할 수 있는 권한이다.

하원은 애슈크로프트가 제안한 것만큼 충격적이지는 않을지라도 모르지만 여전히 미국 시민이 아닌 사람들의 권리를 침해하게 될 절충안을 모색하고 있다. 하지만 외국인이나 비(非)시민권자, 이방인 또는 뭔가 차이점이 있는 사람들에 대한 이와 같은 적개심은 모든 전쟁에서 공통으로 나타나는 현상인 듯하다.

나는 앞에서 제1차세계대전 당시 방첩법과 보안법이 통과된 결과 많은 사람들이 감옥에 갔던 사례를 언급했다. 제2차세계대전에서도 스미스법이 통과되면서 정부는 전쟁을 비판하는 사람들을 잡아 가둘 수 있었다.

그러나 전시에 언론의 자유를 위협하는 더 무서운 힘은 정부의 직접적인 탄압이 아니라 나라 전체를 휩쓰는 거대한 선전 공세다. 나팔 소리가 울려퍼지고 깃발이 흩날리며 노란 리본이 올라갈 때 이런 분위기에 압도된 사람들은 의문을 제기하기 힘들다. 이런 분위기에서는 그들의 애국심이 시험대에 오르기 때문이다.

최근에 부시는 "당신은 우리 편이거나 아니면 우리의 적이다"라고 말함으로써 사람들 사이에 공포를 불러일으켰다. 그 말은 만일 당신이 정부를 지지하지 않는다면 정부의 적이 된다는 것이다.

이 모든 것은 집단 구타에 가담한 군중 심리와 비슷한 집단적 광기를 유발한다. 정부만이 아니라 대중 매체를 통해서도 이런 광기는 확산된다.

〈뉴 리퍼블릭〉의 편집자 앤드루 설리번은 전쟁이 일어나면 좌익은 '제5열'이 될 것이라고 썼다. 제5열이라는 말은 제2차세계대전 때부터 사용된 말로서, 내부에 있는 배신자들을 지칭한다.

이것은 참으로 위험한 말이다. 자신의 견해를 밝히기 불안해 하는 사람들에게 이런 말은 대단히 위협적이다.

내가 보기에 지금 횡행하고 있는 "당신은 정부를 비판해서는 안 되고 대통령의 의지에 따라야 한다"는 식의 분위기는 언론의 자유에 대한 심각한 위협이며, 부시가 전쟁을 무릅쓰고 수호하겠다는 민주주의에 대해서도 치명적인 위협이다.

뉴스 앵커 댄 래더는 "부시는 우리 나라 대통령입니다. 대통령이 자기를 따르라고 하면 나는 기꺼이 그를 따를 것입니다"라고 국영 TV에서 말했다. 전체주의 국가에서나 들을법한 말이 민주주의 국가에서 들리고 있다.

만약 우리가 지도자를 따르기 싫다면 따르지 않아도 되는 것이 미국 전통의 일부가 아닌가? 부시는 마치 전쟁이 이 나라 민중에게 자유와 권리 신장을 가져다 준 것처럼 얘기한다.

한 가지만은 분명하다. 우리의 자유가 확대된 것은 정부 덕분이 아니라 시민들의 행동 덕분이었다. 미국 흑인 운동의 역사가 이것을 가장 잘 보여 준다.

노예제 반대 운동을 시작한 것은 정부가 아니라 폐지론을 주창한 흑인과 백인 들이었다. 1950년대와 1960년대에 인종차별 철폐 운동을 건설한 것은 정부가 아니라 남부의 흑인들이었다.

사람들이 하루 12시간 일하지 않고 8시간 일하게 된 것도 정부 덕이 아니라 노동자들 스스로 노조를 결성하고 파업을 벌이면서 경찰과 맞섰기 때문이다.

정부는 언제나 반대편에 있었고, 언제나 사용자들과 기업들을 지원해 왔다.

노동자들의 자유와 흑인들의 자유는 항상 정부에 맞서 싸운 민중 덕분이었고 민중 자신의 힘으로 쟁취한 것이었다.

역사를 살펴 보면, 정부에 의존해서는 우리의 자유를 절대로 수호할 수 없다는 것을 알 수 있다. 우리는 조직화에 주력해야 한다.

# 1960년대 미국 민중 저항과 반전 운동

　1968년을 전후해 여러 나라에서 커다란 운동이 벌어졌고 그 운동은 프랑스에서 절정에 이르렀다. 그러나 그 운동이 가장 먼저 출발하고 성공을 거둔 곳은 미국이었다.

　첫 출발은 흑인 민권 운동이 끊었다. 미국 남부의 제도화된 인종차별주의에 맞선 투쟁 과정에서 학생비폭력조정위원회(SNCC)가 탄생했다.

　1960년 미국 남부의 '백인 전용' 식당에 흑인 대학생 네 명이 들어와 앉아 커피를 주문했다. 물론 그들은 거부당했다. 그들은 매일 식당을 찾았고, 나중에는 지지자들을 결집해 그 식당에 눌러앉아 버렸다. 결국 식당 주인이 굴복했다.

　그들 스스로 '연좌 농성'이라고 불렀던 이 전술은 유행이 됐다. 그들은 흑인을 차별하는 버스와 터미널과 같은 공공시설에서 연좌 농

───────

조성민. 〈레프트21〉 72호, 2011년 12월 29일. https://wspaper.org/article/10677.

성을 벌였다. 극악 무도한 백인들의 린치가 뒤따랐고, 조직적인 경찰 폭력도 있었지만 그들은 승리를 거뒀다.

흑인 민권 운동은 계속 성장했고 급기야 1960년대 초에는 미국에서 가장 두드러진 사회 운동이 됐다.

마틴 루터 킹의 '나에게는 꿈이 있다'는 유명한 연설로 기억된 1963년의 워싱턴 행진에는 30만 명 이상이 참가했다.

1968년 올림픽 메달리스트들이었던 톰 스미스와 존 카를로스는 미국 국기가 올라갈 때 검은 장갑을 낀 주먹을 치켜올렸다. 그것은 '블랙 파워'식 경례였고, 승리하고 있던 반인종주의 운동의 자신감을 두고두고 상징하게 됐다.

급진화의 물결은 젊은 층의 문화와 대중음악에도 영향을 미쳤고, 역으로 히피 문화와 저항 락 음악의 성장도 저항 확대에 기여했다.

흑인 운동의 성장은 백인들이 주를 이루던 대학에서 촉매 구실을 했다.

초기부터 가장 열렬히 SNCC를 지지했던 민주사회를위한학생들(SDS)이 성장했다.

매카시즘을 겪고 위축돼 있던 미국의 기성 좌파들에 견줘 SDS는 대담함과 행동에 대한 열정이 두드러졌다.

SDS 회원이었던 제레미 브레처는 이렇게 회상한다. "SDS는 히피적이고 대담하게 보였습니다. 그들은 겁에 질린 토끼 같은 심성을 가지지 않았습니다."

버클리대학에서 중요한 전투가 벌어졌다.

정치 그룹의 선전과 가판 테이블을 불허했던 대학 당국에 맞선 투쟁에서 버클리 좌파들은 흑인 민권 운동의 선례를 본따 연좌 농성을 벌였고 작은 승리를 거뒀다.

그 후 자유언론운동(FSM)이라고 불린 운동이 등장했다. 그들은 자신들의 사상·표현의 자유를 가로막는 권위주의와 싸우겠다고 마음먹었다.

그들은 학내 집회를 마친 뒤 점거에 들어갔다. 저항을 노래했던 여성 포크 싱어 송 라이터 존 바에즈가 연대 공연을 왔고, 그녀의 노래에 맞춰 학생들이 대학 본부로 행진했다. 점거운동을 책임진 운영위원회가 대량으로 식사를 준비하고 대안 교육 프로그램을 운영했다.

학생들은 결국 난입한 경찰들에 의해 끌려나갔고 다수가 체포됐다. 대학 당국과 경찰이 승리한 것처럼 보였다. 하지만 곧 역풍이 일어났고 더 많은 학생들이 참여해 수업 거부 운동을 이어 나갔다. 결국 대학 내 정치활동을 금지했던 버클리대학 총장은 해임됐다.

이어서 반전 운동이 바통을 이어받았다.


## 베트남전

민주당의 존슨 정부가 베트남 전쟁을 전면전으로 확대했다. 전투 부대가 베트남에 입성했다. 수십만 명 파병으로도 모자라 미국은 징병을 확대했다.

이제 운동은 인종주의, 언론의 자유라는 쟁점에 제국주의 전쟁이라는 또 하나의 급진적 쟁점을 끌어들였다. 미국 제국주의는 끈질긴 베트남 전사뿐 아니라 각성한 대중과도 마주해야 했다.

급진화한 청년들은 베트남에 네이팜 탄을 퍼붓는 야만적 공격을 보아 넘길 수 없었다. 이제 점거 농성은 대학에서 흔히 보는 풍경이 돼 버렸다.

SDS 회원 수는 1만 명을 넘어섰고, 이제 주요 대학을 넘어서 소규모 공립·사립대로 확대됐다.

동시에 SDS는 좀더 직접행동주의로 나아갔다. 징병의 두려움이 기름 구실을 했다. 베트남 징집 거부 운동에 50만 명이 참가했다.

하지만 운동의 성장과 함께 약점도 드러났다. 노동계급의 참여가 너무 미약했다는 것이다. 미국 자본주의가 여전히 호황인 것도 영향을 미쳤지만, 그보다는 미국 산업별조합회의(AFL-CIO) 지도부가 취한 보수적 태도, 미국 좌파의 공백이 어려움을 가져왔다.

미국 지배계급의 대처도 갈수록 사활적으로 변해 갔다.

인종차별과 대학의 언론 통제는 미국 민주당이 인기를 얻을 기회를 제공했다. 그리고 미국 지배계급도 그 문제에서는 일부 양보할 여지가 있었다.

그러나 미국의 제국주의적 지위는 민주당조차 사활을 걸 만한 쟁점이었다.

모호한 반전 메시지로 인기를 얻으며 선두를 달리던 케네디의 암살은 선거라는 해결책이 확실치 않다고 느낀 미국 우파의 히스테릭한 분위기의 반영이었다. 또한 이것은 위험한 반전 줄타기를 거부했던 미국 민주당 주류에게도 나쁘지 않은 일이었다.

이것은 미국의 저항 운동가들에게 선거적 해결책이 끝났음을 상징했다.

SDS의 의장이었던 칼 오글즈비는 이렇게 말했다. "마틴 루터 킹이 4월에 죽었고, 바로 몇 달 뒤에 케네디가 죽었습니다. 무엇을 해야 합니까?"

경찰의 폭력이 이어졌다. 민주당 소속 주지사와 시장들도 경찰을 부추겼다.

## 올바른 과제와 방향의 필요성

미국의 운동 지도자들은 이제 진정한 시험대에 올랐고 올바른 과제와 방향을 제시해야 했다.

사람들은 급진화 방향으로 나아갔고 SDS의 주요 지도자들은 이제 혁명적 길이 필요하다고 생각했다.

흑인 운동 안에서도 급진파들의 분화가 일어나면서 급진적이고 전투적인 흑표범당(블랙 팬더)이 창당됐다.

그러나 그 급진화는 너무 모호한 강령과 전략만을 갖추고 있었고, 투쟁 그 자체만을 강조하는 약점을 보였다.

운동의 대응 방향을 놓고 무성한 주장들이 난무하는 동안 지도부는 분명한 전략과 전술을 내놓을 수 없었다.

원칙, 전략, 전술이라는 것이 단지 투쟁 속에서 아래로부터 자동적으로 탄생하는 것은 아니라는 것이 드러났다. 이것은 원칙이 확립된, 응집력과 경험을 갖춘 활동가 조직의 필요성을 제기하는 것이었다.

이전의 미국에서는 공산당이 그런 구실을 했다. 하지만 공산당은 자진 해산해 버린 뒤였다.

미국의 새로운 투쟁 조직과 리더들은 그 공백을 메우기에는 너무 빈약했다.

하지만 이 시대 미국의 운동은 현대 사회의 대규모 반 인종차별 운동, 반 권위주의 운동, 반전운동의 교과서로 살아남았다.

그리고 지금 미국의 '점거하라' 운동으로 끈질기게 이어져 다시 저항의 꽃을 피우고 있다.

# 부시의 악몽:
# 미국은 어떻게 베트남 전쟁에서 패배했는가

[편집자] 이라크 민중의 봉기는 미국 지배계급을 겁에 질리게 만들었다. 그들은 베트남 전쟁 때 겪은 굴욕적인 패배의 망령을 떠올리고 있다. 1968년 초의 구정 공세는 미국의 패배 가능성을 처음으로 보여 준 계기였다.

1968년이 시작됐을 때 미군 고위 장성 웨스트멀랜드는 "[전쟁의] 끝이 눈에 보이기 시작한 중요한 순간에 도달했다."며 "터널 끝에서 비치는 빛"에 대해 말했다.

몇 주가 채 안 돼 상황은 반전됐고, 전 세계 사람들은 미국이 베트남에서 결코 이길 수 없는 유혈낭자한 전쟁을 치르고 있음을 깨달았다.

———

격주간 〈다함께〉 29호, 2004년 4월 17일. https://wspaper.org/article/1224.

베트남의 정월 초하루에 멀리서 폭발음을 들은 미국인 호텔 투숙객들은 처음에는 그것이 여느 때나 다름없는 설날 불꽃놀이라고 생각했다. 전쟁은 베트남의 시골에서 벌어지고 있었지, 도시와는 무관하다고 여겼던 것이다.

그리고 대다수 사람들은 미국이 전쟁에서 이길 수밖에 없다고 생각했다. 다른 사람들은 베트남 전쟁이 미국과 미국이 후원하는 정권들이 전 세계에 개입한 것과 전혀 다를 바 없다고 보았다.

전 미국 대통령 존 F 케네디의 동생으로 법무장관이었던 로버트 케네디는 기자들에게 이렇게 말했다. "베트남이요? 우리에게는 베트남이 서른 개나 있습니다!"

그러나 1968년 1월의 폭발음은 사상 최대의 전투가 시작됐음을 알리는 신호였다. 베트남 저항 세력은 미국과 미국이 앞세운 남베트남 꼭두각시 정권에 맞서 36개 도시에서 봉기했다.

놀랍게도, 민족해방전선(NLF) 군대가 남베트남의 수도 사이공의 일부를 며칠 동안 장악했고 잠시나마 미국 대사관 구내를 점령했다. 그들은 또 베트남에서 세번째로 큰 도시이자 옛 수도였던 위에(Hue)도 점령했다.

미군이 구정 공세를 진압하는 데는 몇 주나 걸렸고, 그것도 그들이 방어하고 있다던 바로 그 남베트남의 도시들을 폭격함으로써만 그렇게 할 수 있었다.

한 미군 소령이 남베트남의 메콩강 삼각주에 있는 도시 당트르를 파괴한 뒤에 유명한 말을 남겼다. "그 도시를 구하기 위해서는 먼저 그 도시를 파괴해야 했다."

순전히 군사적 관점에서 보면, 미국은 거의 50만 명의 병력과 엄청난 화력을 이용해 구정 공세를 진압하는 데 성공했다. 미군은 NLF 전사 약 3만 7천 명을 살해했고, 미군 사망자는 2천5백 명이었다.

그러나, 정치적 관점에서 보면, 구정 공세는 미국과 남베트남의 꼭두각시 정권에게는 재앙이었다. 그것은 미국의 주장, 즉 전쟁은 곧 끝날 것이며 미국이 "베트콩"이라고 부른 NLF는 거의 궤멸됐다는 주장을 산산이 깨뜨렸다.

그것은 남베트남 정권이 민중의 지지를 전혀 받고 있지 못하며 미국의 대규모 군사적 후원이 없으면 살아남을 수 없을 것임을 여실히 보여 주었다.

베트남 전쟁을 다룬 어떤 글은 구정 공세의 영향을 이렇게 요약했다.

"과거에 베트콩과 북베트남 군대는 항상 멀리 떨어진 정글이나 논밭에서 싸웠고 신속하게 공격하고 어둠 속으로 사라져 버렸기 때문에, 그들의 강점이 미국 사람들에게는 거의 알려지지 않았다. 이제 처음으로 그들은 도시에서 싸웠고, 그것이 뜻한 바는 미국 신문들과, 더 중요하게는, TV 카메라들이 날마다 그들의 능력을, 무엇보다도 미국의 계획과 달리 그들이 붕괴하지 않았음을 보여 줄 수 있었다는 것이었다."

1968년 3월에 미국 대통령 존슨의 측근들은 그에게 무서운 진실을 털어놓았다. 미국은 민중의 지지를 받는 결연한 적에 맞선 전쟁에서 이길 수 없다는 것이었다.

어떤 역사가가 요약했듯이, "미군 사령부는 완강히 부인할지 모르지만, NLF 군대에 대한 농민의 대중적 지지야말로 미군 병사들이 극복할 수 없는 결정적 약점이었다."

베트남인들의 영웅적 저항은 미국 내 반전 운동의 성장, 전쟁 비용 증가에 대한 미국 기업인들이나 은행가들의 불안과 맞물렸다.

1968년 3월에 "고위 자문단"은 존슨에게 넌지시 이렇게 말했다고 한다. "기성 권력 체제, 즉 월스트리트가 전쟁 반대로 돌아섰습니다. 전쟁 때문에 경제가 망가지고 온 나라가 분열돼 있습니다."

3월 말에 존슨은 TV에 출연해 베트남과 협상할 생각이라고 발표했다. 그것은 베트남 전쟁 종식의 시작이었지만, 그 방식은 미군 장성 웨스트멀랜드가 자랑한 것과는 반대였다.

미국은 공산권에 포함되지 않은 전 세계 3분의 2 지역에 대한 전략적 통제를 확보하기 위해 전쟁을 벌였다.

미국 지배자들은 그들이 내세운 꼭두각시 지배자들이 베트남 같은 곳에서 쫓겨난다면 다른 나라들에서도 민중 반란이 잇따를까 봐 두려워했다.

그러나 베트남 전쟁은 미국의 지배력을 강화하기는커녕 약화시켰다. 구정 공세 뒤에도 전쟁은 7년이나 더 끌었지만, 결국 미국 관리들이 사이공의 미국 대사관을 수치스럽게 도망쳐 나오는 것으로 끝났다. 이 멋진 장면은 도처에서 제국주의에 맞서 싸우는 사람들의 사기를 돋워 주었다.

# 미국 노동계급의 분노를 보여 준 월마트 파업

월마트는 고용 규모가 미국에서 두 번째로 큰 기업이고, 유색인 종을 가장 많이 고용하는 기업이기도 하다. 월마트의 슬로건은 "아껴서 잘 살자"다. 2010년 통계를 보면, 월마트의 창립자 월튼 가문의 자산은 미국인 4천8백8십만 가구의 부를 합한 것과 같다. 이렇게 말해 보자. 한 가문이 미국 가구 하위 41.5퍼센트를 합친 것과 맞먹는다.

한번은, 월마트의 창립자 샘 월튼이 자신의 성공 비결을 이렇게 말했다. "저는 임금을 조금 줘요. 그래서 제가 득을 보죠. 우리는 계속 승승장구할텐데, 그 기반에는 임금을 엄청 조금 주고 복지 혜택도 조금만 주는 고용 모델이 있죠."

미국 월마트 "동업자[직원]"의 평균 임금은 시간당 9달러가 안 된다. 하루 종일 일을 해도 정부의 빈민 구제 대상이 될 정도다. 캘리포니

존 벨. 〈레프트21〉 93호, 2012년 11월 26일. https://wspaper.org/article/12125.

아 버클리 대학의 2004년 연구 결과를 보면, 캘리포니아 납세자들은 1년에 8천6백만 달러(약 9백30억 원)를 월마트에 보조하는 격이다.

노동자들은 작업 시간, 관리자의 일상화된 괴롭힘, 부당한 대우, 편애 등에 대해 전혀 아무런 제기도 할 수 없다. 자기 자신이나 동료를 위해 항의하고 나선 노동자는 근로 시간이 삭감돼 임금이 깎이거나 해고된다. 월마트는 단호한 반反 노조 기업이다. 2000년, 매장 내 육류 가공 코너 노동자들이 성공적으로 조직되자, 회사는 매장에서 코너 자체를 빼 버렸다. 2004년, 퀘벡 종퀴에르 월마트 매장에서 사상 최초로 노조가 섰다. 6개월 후, 월마트는 본보기로 해당 지점 자체를 닫아버렸다.

점점 더 많은 미국 노동자들은 이제 더 참을 수 없게 됐다. 그들은 맞서 싸우려고 조직하고 있다. 더 잃을 것도 없다고 생각했을 수 있다. 회사가 벌어들이는 이익과 그들이 받는 임금 사이의 끔찍한 격차에 자극을 받았을 수도 있다. '우리 월마트'라는 깃발 아래 조직된 노동자들에게는 [월마트의 슬로건을 패러디한] 그들만의 슬로건이 있다. "투쟁해서 잘 살자".

"블랙 프라이데이"에 월마트 노동자들과 그들의 지지자들은 1백 개가 넘는 도시에서 1천 개가 넘는 파업과 시위를 조직했다. 대부분의 투쟁에 많지 않은 수의 비조합원 노동자들이 참여했는데, 노동자들이 보복, 근로 시간 제한을 통한 임금 삭감, 해고 등을 두려워했던 것이다. 그러나 투쟁에 참여한 사람들은 동료 대부분이 그들을 지지하고 있다는 것을 알고 있다.

몇몇 시위에는 1천 명 이상이 참여했다. 많은 월마트 노동자들이

용기를 내어 시위에 함께했다. 밀워키 시위에 참여한 노동자 한 명은 이렇게 말했다. "투쟁을 해서 우린 더는 가난에 휘둘리지 않을 것이라고 저들에게 말해야 합니다"

월마트에서 24년 일한 고참 노동자인 메리 팻 티프트는 위스콘신 케노샤 집회에서 이렇게 연설했다. "월마트는 지난 50년 동안 노동자와 지역사회를 무시하고 자기 식대로만 해 왔습니다. 단 1년만에, '우리 월마트'와 '창고노동자연합'의 지도자들은 세계 최대의 기업에 변화가 오고 있다는 것을 증명해내기 시작했습니다."

이것은 소위 '맥잡'이라 불리는 저임금 고용으로 때워 온 서비스 업계 기업주들에게는 안 좋은 소식이다. 하지만 미국과 전세계의 노동자들에게는 좋은 소식이다. 머릿수와 정의가 (법은 아니라도) 노동자들의 편이다. 월마트 투쟁은 미국의 노동자들이 더 싸우기 위해 조직되고 있음을 보여 줬다.

# 제2장 유럽

# 수렁에 빠진 나토

세계에서 가장 부유한 나라들 대부분과 동맹한 인류 역사상 최대의 군사 열강[미국]이 작고 가난한 발칸 국가를 패배시킨 것은 별로 놀라운 일이 아니었다. 놀라웠던 것은 서방이 전쟁을 벌이면서 빠져든 곤란과 혼란이었다.

게다가 밀로셰비치가 수용한 평화협상안은 나토의 전면적인 승리를 뜻했던 것도 아니다. 〈파이낸셜 타임스〉(6월 5일치)는 이번 평화협상안을 랑부예에서 나토가 유고슬라비아에게 했던 최후통첩과 비교하면서 다음과 같이 말했다. "서방 열강들과 세르비아 야당의 주장과는 반대로 … 코소보를 놓고 밀로셰비치는 그가 석 달 전 프랑스의 평화 협상에서 거부했던 것보다 나은 조건을 확보할지 모른다." 랑부예 협상안과 이번 협상안 사이에는 두 가지 핵심적인 차이가 있었다. 첫째, 나토는 랑부예에서 요구했던, 유고슬라비아 전역을 무제한으로 출입할

---

알렉스 캘리니코스. 이 글은 1999년 8월에 발간된 《비판과 대안》 1호에 실렸다.

수 있는 권리를 얻지 못하게 됐다. 둘째, 미국과 미국의 동맹국들이 애초에는 배제하고자 했던 유엔이 협상과정에 관계했다. 〈가디언〉(6월 5일치)의 마틴 워커 기자는 밀로셰비치와 유럽연합 특사 마르티 아티사리 사이의 매우 중요했던 회담에 관해 다음과 같이 묘사했다.

밀로셰비치는 두 가지를 물었다. 코소보에 대한 통치권을 나토가 아닌 유엔이 가지는가?

아티사리는 대답했다. 그렇다. 하지만 나토는 작전 명령권을 가지게 될 것이다. 두 번째 질문은 랑부예 협상안이 여전히 효력이 있는가 하는 것이었다. 유고슬라비아는 그것을 "일방적 명령"이라고 거부한 바 있었다. 랑부예안은 G8 협상안으로 대체됐다고 아티사리가 말하자 밀로셰비치는 뒤로 물러나 앉으며 반쯤 미소를 지었다.

나토가 2~3월에 이런 조건을 제안했더라면, 십중팔구 전쟁은 일어나지 않았을 것이다. 코소보 알바니아계가 겪은 그 모든 고통과 세르비아에서 벌어진 그 모든 학살과 파괴는 아무런 의미도 없었다.

협상이 이루어진 이면에는 전쟁을 끝내기 위해 독일 지도 하의 유럽연합이 발휘한 주도권이 자리하고 있었다. 매파인 블레어와 달리 슈뢰더와 피셔는 전쟁으로 적녹 연정에 긴장이 조성되고 있었던 탓에 지상전을 불필요하게 만들 분쟁 해결에 필사적이었다. 피셔는 러시아를 나토와 유고슬라비아 사이의 거간꾼으로 되돌려놓은 5월 6일의 G8 협상을 이끌어 내는 데 핵심적인 구실을 했다. 슈뢰더는 마찬가지로 지상전을 필사적으로 피하려 했던 클린턴과 긴밀하게 협력했다. 블레어는 상대적으로 고립당했다.(영국 정부는 평화 협상을 파탄내고 클린턴을 강제하기 위해 밀로셰비치를 전범으로 기소하는 것을 지지했던 듯하다.) 〈가디언〉(6월 5일치)에 따르면,

코소보 분쟁 전반기 동안 유럽에서 클린턴 씨의 으뜸가는 동맹자이자 친구는 토니 블레어였다. 그러나 4월말 나토 정상회담 이후로 … 게르하르트 슈뢰더는 갈수록 영향력이 커졌다. 분쟁 마지막 주에 미국의 정책은 영국의 호전성보다 독일의 신중함 쪽에 더욱 가까워졌다.

협상안 이행을 둘러싼 혼란은 평화협상안의 해석을 두고 나토와 세르비아가 벌이고 있는 싸움을 반영했다. 미국과 미국의 동맹국들은 할 수 있는 한 피 한 방울까지 남김없이 짜내려 했다. 그래서 그들은 코소보를 점령하게 될 세력 속에서 러시아 군대가 하게 될 역할을 최소한으로 줄이려 했다. 구역질나는 나토 대변인 제임스 쉐이는 코소보의 "촌락과 길 모퉁이마다" 나토 군대가 주둔해야 한다고 재빨리 선언했다.

러시아의 허약함은 평화협상안을 제 논에 물대기 식으로 해석하려는 나토의 노력에 도움이 됐다.

전직 총리인 빅토르 체르노미르진은 협상안을 이끌어 내는 데서 중요한 역할을 했다. 그러나 사실상의 파산 상태인 러시아가 자국 경제를 부양하는 데 필요한 외채를 확보하는 것은 서방 열강들의 호의에 달려 있다. 많은 러시아 정치인들과 장성들의 격분에도 불구하고 옐친은 밀로셰비치가 나토의 요구를 수용하도록 압력을 가하라

고 체르노미르진에게 지시했다.

전쟁을 지지했던 좌경 자유주의자 기자인 조너선 스틸은 얼마 전 러시아를 주변화시키고 나토를 확장한 지난 10년 간의 미국의 전략 전체를 공격하는 놀라운 글(6월 7일치 〈가디언〉)을 썼다. "지난 주에 이끌어 낸 협상은 … 십중팔구 12개월 전에 폭격의 참사를 전혀 거치지 않고서도 도달할 수 있었다. 나토가 탈냉전의 멋진 신세계에서 자기 가치를 입증했음을 보여주었기는커녕, 코소보 위기는 1990년대초에 나토 자신이 부여한 일련의 우선권들에 맹점이 있음을 보여 주었다."

이런 인정은 이번 전쟁이 코소보인들을 돕기 위한 것이 아니라 세계의 경찰로서 나토의 새로운 역할을 주장하기 위한 것이라는 우리의 주장이 정당함을 입증한다.

〈파이낸셜 타임스〉(6월 5일치)의 보도처럼, "나토 동맹은 한 나라의 시민을 지키기 위해 주권을 가진 정부를 상대로 군사 작전에 착수하는 중요한 전례를 만들었다. 나토 동맹은 유엔 안전보장이사회의 허가 없이 그렇게 했고, 그럼으로써 군사 행동의 법적 정당성을 심대하게 확장했다." 그러나 장래에 서방 지배계급들이 얼마나 기꺼이 이러한 전례를 이용하려 할 것인가는 두고 보아야 한다. 나토의 작전이 안고 있었던 온갖 문제들을 고려해 볼 때 전쟁의 교훈에 관해 부르주아 분파들 사이에서 상당한 논쟁이 있을 것 같다.

한편, 발칸의 헌병 노릇을 해 온 나토는 오랫동안 그곳에 머무를 것 같다. 코소보 주재 유엔 대표인 칼 빌트는 이렇게 말한다. "이 새로운 전쟁이 끝나고 이 지역에서 군대가 빠져 나가는 전략은 있을 수 없다는 점을 분명히 해야 한다. … 나토에게 발칸은 이제 새로운 중부 전선이 될 것이며, 그곳의 평화를 보장하기 위한 국제군 주둔은 냉전 동안 분단 독일에 나토군이 주둔했던 것만큼이나 자연스러운 것이라는 점을 향후 몇 십 년 동안 입증해야 한다."(6월 7일치 〈파이낸셜 타임스〉)

서방은 전례없이 깊이 발칸의 수렁에 빠져들고 있다. 코소보의 미래는 많은 갈등의 원천이 되기 쉽다 — 난민 복귀, 코소보해방군(KLA) 무장해제, 세르비아계 소수파의 참상, 대알바니아를 향한 민족주의적 열망. 더구나 전쟁의 결과는 주변 국가들을 불안정에 빠뜨리고 있고, 발칸 지역의 경제를 침체에 빠뜨리고 있고, 세르비아 자체의 운명이 문제 되고 있다.

이번 전쟁은 발칸 전쟁이 앞으로도 거듭 재연될 가능성을 넘어 더 넓은 국제 국가체제에도 영향을 미치고 있다. 예를 들어, 한편에 러시아와 중국이, 다른 한편에 미국이 대치하는 적대가 심화되고 있으며, 서방이 누구를 상대로도 언제든지 힘을 자유로이 사용할 가능성이 커졌다는 공포를 유발하고 있다. 체르노미르진은 이렇게 예견했다. "가장 작은 독립국들조차도 스스로를 방어할 핵무기와 발사 수단을 얻으려 할 것이다." 역사학자인 마크 아먼드가 썼듯이, "평화가 가까운 장래에 있다면, 그것은 모든 평화를 끝장내는 평화일 수도 있다."(6월 6일치 〈인디펜던스 온 선데이〉)

국제사회주의자들은 그들이 서로 다른 나라들에서 반전 운동을 조직하면서 한 역할이 자랑스러울 만하다. 이 전쟁이 더 많은 분쟁을 부를 것 같다는 점을 생각할 때 우리는 미래를 위한 교훈을 배울 필요가 있다. 한편, 우리는 전쟁 동안 우리가 접촉한 사람들을 끌어당길 필요가 있다.

# 나토 전쟁 뒤에 세계는 더욱 안전해졌는가?

"가장 작은 독립국들조차도 스스로를 방어할 핵무기와 발사 수단을 얻으려 할 것이다." 불길하게도 러시아의 중재자 빅토르 체르노미르진은 나토의 발칸 전쟁 이후의 정치 상황을 이렇게 규정했다. 이것은 세계가 이제 더욱 안전하고 안정된 곳으로 변모했다는 빌 클린턴과 토니 블레어의 말을 반박한다. 군비 축적은 이미 시작되고 있다. 나토의 새 동맹국들 — 체코·헝가리·폴란드 — 은 국가 경제 생산의 3퍼센트를 군사비로 규정한 나토의 요구를 충족시키기 위해 군사비를 늘리지 않으면 안 된다. 세 나라가 새 비행기와 미사일과 병기에 쓰는 비용은 모두 합쳐 2백억 달러가 넘는다.

에딘버러 대학 교수이자 방위 연구와 군사 전문가인 존 에릭슨은 새로운 분쟁이 핵무기 사용을 초래할 위험이 있다고 말한다. 많은 사람들은 10년 전 냉전 종식과 함께 최후의 핵 전쟁이 일어날 가능

1999년 8월에 발간된 《비판과 대안》 1호에 실린 글이다.

성도 사라졌기를 바랐다. 그러나 에릭슨은 나토의 유고슬라비아 폭격 작전으로부터 "국가들은 방어 능력을 포기하라고 배우는 것이 아니라 얻으라고 배우게 될 것이다." 하고 말한다. "누군가가 군사기술을 혁신하기 위해 군사비를 증대시킨다면 그의 잠재적 적국들은 순전히 방어적이지 않고 오히려 선제적인 대응을 하려 할 것이다. '우리는 방위를 필요로 하며, 그것은 핵무기다'는 판단을 내리게 될 것이다. 그것은 전략 폭격과 첨단 기술 무기로 공격받을 때 이끌어 낼 수 있는 논리적 결론이다."

세계 정치 무대의 약자들은 모종의 핵 능력을 얻지 못하면 미국의 지배를 받게 된다고 결론 내리기가 더욱 쉬워졌다. 이 때문에 최근 인도와 파키스탄이 그랬던 것처럼 강대국이 아닌 나라들조차도 핵무기를 가지게 될 것이다. 이런 일은 미국이 새로운 전략을 추구하고 있는 상황에서 일어날 것이다.

궁극적으로 미국은 자기 영토 밖으로 발을 내딛지 않으면서도 세계의 경찰 노릇을 하고 싶어한다. 미국은 북미 대륙의 방어적 경계 안에 머무르면서도, 즉 사상자가 발생해 병사들이 시체 운반용 부대에 실려 되돌아오는 정치적 폭발성을 지닌 사태가 일어나는 위험을 반드시 피하면서도 세계에 개입할 수 있는 지위를 가지고 싶어한다.

이것이 바로 빌 클린턴이 1천억 달러에 이르는 비용을 들여 탄도 미사일 방위 체제(ABS)를 개발하고 싶어하는 이유다. 에릭슨 교수는 이렇게 주장한다. "탄도 미사일 전역 방위 체제에 담긴 생각은 미 대륙을 난공불락으로 만들고 미국이 자국의 미사일망 뒤에 앉은 채로 세계적 사정권을 확보하겠다는 것이다." 미국은 세계적 사정권의 한 예를 발칸에서 시험하려 했다. 유고슬라비아 공습에 투입된 B2 폭격기는 미국의 미주리 주에서 이륙했다.

북미 대륙에 머무르면서 전쟁을 벌인다는 목표를 달성하기 위한 첫 번째 조치는 세계 곳곳에서 지역 방위 노선을 강화하는 것이다. 동아시아에서 미국과 일본은 구체적으로 밝히지 않은 "군사적 돌발 사태"에 대처하기 위한 방위 협정(가이드라인)에 서명했다. 이것은 미국이 일본·남한·대만에 걸쳐 개발하고 싶어하는 "전역 미사일 방위 체제"의 전주곡이다. "전역 미사일 방위 체제"는 걸프 전쟁 동안 사용된 패트리어트 미사일과 사정권이 3천 제곱킬로미터 지역에 이르는 고고도 지대공 미사일을 포함하게 될 것이다. 미국은 이미 이 계획에 20억 달러를 썼다. 일본측 분담금은 1백63억 달러에 이를 수도 있다. 이것은 중국에 대한 직접적인 도전으로서 이미 유고슬라비아 전쟁 동안 나토의 베오그라드 주재 중국 대사관 폭격으로 고조된 동아시아 지역의 긴장을 더욱 고조시킬 위험이 있다. 지난 달에 〈차이나 데일리〉지는 미국이 "나토와 미일 동맹을 유럽과 아시아를 굽어보는 요새로 만들려 하고 있다."고 비난했다.

이 모든 것은 신세계질서의 실체가 어떠할지를 드러내고 있다. 토니 블레어는 〈뉴스위크〉 최근 호에서 "우리는 지금 가치와 법률에 바탕을 두는 새로운 국제주의를 건설할 기회를 맞고 있다."고 말했다. 지난 18개월 동안에만도 그러한 가치와 법률을 강요하는 과정에서 지난해 8월 아프가니스탄과 수단의 제약 공장에 대한 공습이 있었고, 지난해 2월과 또다시 12월, 그리고 나토가 유고슬라비아를 폭격하는 동안 다시 한 번 이라크 폭격이 있었다. 에릭슨 교수는 말한다. "이것은 신세계질서지만, 낙관적인 의미의 신세계질서는 아니다. 그것은 자신감이 아닌 공포를 뜻한다. 다음에는 누가 될 것인가가 문제이기 때문이다."

# 이슬람에 대한 서방의 편견

서방 지배자들과 언론들은 소련이 붕괴한 1990년대 이후 '공산주의와 자본주의'의 충돌이 '이슬람과 서방'의 충돌로 대체됐다고 주장해 왔다. 1980년대에 미국 대통령 로널드 레이건은 이슬람을 당시 소련과 함께 세계를 위협하는 최대의 '악'으로 규정했다.

서방 지배자들은 자신들의 주장을 정당화하기 위해 이슬람을 본질적으로 편협하고 폭력적인 종교라고 비난한다. 〈뉴스위크〉(2001년 10월 17일치)는 "중동의 테러리스트들이 왜 미국을 증오하는가" 하고 물음을 던진 뒤 이렇게 답변했다. "미국인들은 자유를 지지하고 저들은 자유를 증오한다, 미국인들은 부자이고 저들은 미국의 부를 시기한다, 미국은 강하고 저들은 미국의 힘을 증오한다. … 그러나 빈곤과 질투심보다 더 강한 무엇이 작용하고 있다. 살인과 동시에 자살을 부추기는 것은 … 바로 종교다."

———

김인식. 월간 《다함께》 6호, 2001년 11월 1일. https://wspaper.org/article/247.

## 모순된 이해관계

판에 박힌 반이슬람 선동은 이슬람이 서로 다른 계급들의 서로 다른 이해 관계를 표현할 수 있다는 점을 이해하지 못한다. 다른 주요 종교와 마찬가지로, 이슬람은 매우 다양한 해석의 여지가 있는 모순된 신앙의 구현체다. 예컨대, 기독교는 "해방 신학"의 이름으로 1970년대와 1980년대 라틴 아메리카에서 계급 불평등과 미국이 후원한 독재 정부와 맞서 싸웠다. 그러나, 기독교는 미국 권력과 자본주의와 독재 정부를 지지하기도 한다. 이슬람도 마찬가지다. 사회 억압에 반대하는 꾸란의 모호한 교리는 깊은 좌절감에 대한 출구를 제공하는 것처럼 보인다. 따라서 이슬람 정치 운동의 성장은 세계 질서로부터 배제된 수억 명의 사람들이 느끼는 소외의 산물이다. 예컨대, 이슬람의 기치 아래 일어난 두 번의 위대한 봉기 — 1979년 이란 혁명과 1980년대 옛 소련의 침공에 맞선 아프가니스탄인들의 항쟁 — 는 이집트·알제리·팔레스타인 점령지 등의 반정부 투쟁과 반제국주의 운동에 영감을 줬다.(이 봉기들은 서방 지배자들을 전율에 빠뜨렸고, 이슬람을 마녀사냥하는 계기가 됐다.) 이란 혁명은 독재자 팔레비 국왕과 그를 후원한 미국에 대한 사무친 반감의 폭발이었다. 팔레비의 전제적 통치는 다양한 사회 세력들을 적대자로 만들었다. 이슬람은 팔레비의 전제적 통치를 통렬하게 비난했다. 그 때문에 이슬람은 공동의 적에 맞선 다양한 사회 집단들의 구심 노릇을 할 수 있었다. 아프가니스탄에서 친소 정권이 스탈린주의적 방식의 급속한 '근대화' 계획을 실시하려 하자 매우 다양한 사회 세력들이 저항했다. 친소 통치자가 죽자 또 다른 인물을 권좌에 앉히기 위해 옛 소련 군대가 아프가니스탄을 침공했다. 그 때 이슬람은 다시 한 번 저항의 슬로건으로 등장했다.(아프가니스탄에 대해서는 이 잡지의 관련 기사를 참조하시오.) 그러나, 이슬람주의자들이 권력을 장악하게 되면서 이슬람의 급진적 요소들은 약화됐다. 이슬람 정권들은 기꺼이 이슬람 자본가들과 협력했고 내부의 반대파들을 혹독하게 탄압했다. 1979년 이란의 국왕 팔레비가 대중 파업과 무장 봉기와 군대 반란으로 전복되자, 각자 자기 식대로 이슬람 교리를 이해했던 다양한 집단들은 매우 다른 실천적 결론을 내렸다. 그리하여 이슬람과 세속 집단 사이에, 그리고 상이한 이슬람 교파 사이에 내전이 일어났다. 결국 아야톨라 호메이니의 추종자들이 승리했다.('아야톨라'는 시아파 무슬림의 종교 지도자를 가리키는 호칭이다.) 이들은 패배한 반대파들을 가혹하게 숙청했고, 종교의 이름으로 억압과 테러를 정당화했다. 그러나, 정확히 말해 이것은 반혁명이었다. 서방에 맞서 이슬람이 하나로 단결해 있지도 않다. 대부분의 이슬람 정권들은 미국을 포함한 주요 강대국들과 동맹을 맺었다. 또, 1980년대 가장 거대하고 끔찍한 전쟁은 이라크의 이슬람 정부와 이란의 이슬람 정부 사이에서 벌어졌는데, 미국은 결정적 순간에 이라크를 지지했다.(사우디아라비아와 수단의 핫산 알투라비 이슬람 정권도 이라크를 지지했다.) 이런 모순은 이슬람 자체에 내재된 것이다. 예언자 무함마드는 사람들이 억압으로부터 보호받아야 한다고 설교했다. 그의 설교는 가난한 사람들에게 매력을 주었지만, 부자들을 배제한 것은 아니었다. 무함마드는 자비의 이름으로 부자와 가난한 사람들을 화해시키려 했다.

# 이슬람과 폭력

　무력과 강제에 의한 이슬람 개종을 가리키는 "한 손에는 꾸란, 한 손에는 칼"이라는 말이나, "참수형·투석형·손목 절단형" 등이 명시돼 있는 샤리아(이슬람 율법) 등은 이슬람의 폭력성과 야만성을 증명하는 것처럼 보인다. 그러나, 중세 이슬람의 출현 배경과 과정을 보면 이것이 매우 편협한 시각임을 알 수 있다. 7세기 초 예언자 무함마드의 신도들은 역사적 문명의 땅인 중동에 거대한 제국을 건설했다. 무함마드 사후, 칼리프(무슬림 통치자)였던 아부 바크르와 오마르가 이끈 아랍 군대는 두 제국의 도시들을 차례로 함락시켰다. 무함마드의 제국은 비잔틴 제국과 사산 페르시아 왕조의 위기 덕분에 세력을 확대할 수 있었다. 이슬람 군대는 낡은 제국의 지배자들에 대한 대중의 엄청난 반발 덕분에 승리했다. 도시 주민 가운데 다수였던 유대인들과 '정통' 기독교인들은 아랍 군대를 환영했다. 무슬림 정복자들이 새로운 국가 구조를 만들지도 않았고, 주민들을 이슬람으로 개종시키지도 않았던 초기에는 특히 그랬다. 처음에 무슬림 정복자들은 낡은 행정 기구를 대부분 그대로 두었고, 기독교인·유대인·페르시아 조로아스터교인 들의 신앙을 존중했다. 무슬림 정복자들은 단지 정규적인 세금을 납부하라고 요구하고, 국가와 무슬림의 지배에 계속 저항한 귀족들의 토지를 압류했을 뿐이었다. 주민 대중은 옛 제국들보다 덜한 억압을 받았다. 한 유대인 작가는 "조물주는 인간을 악에서 구하시려고 이스마엘[즉 아랍] 왕국을 주셨다."고 말했고, 시리아의 한 기독교 역사가는 "하느님은 아랍인을 사용해 우리를 로마인들에게서 해방시키셨고 … 로마인들이 우리에게 보인 만행과 격심한 증오에서 구하셨다."고 말했다.

이슬람을 다루는 역사가 버나드 루이스는 역사적으로 기독교 지도자의 통치보다는 이슬람 지도자의 통치 아래서 소수 종교 신자들의 삶이 더 풍요로웠다고 지적했다(≪중동의 역사≫, 까치 출판사).

무함마드의 설교는 아랍의 농민과 도시민이 믿은 기독교·유대교와 많은 공통점을 지니고 있었다. 그러나, 당대의 기독교와는 달리, 이슬람은 단지 신앙과 도덕적 규범만을 설교하지 않았다. 무함마드의 설교는 사회 개혁을 위한 정치 강령이기도 했다. 무함마드는 전쟁의 파괴, 두 제국의 수탈 등으로 말미암은 대중의 가난과 사회 혼란을 해결하려 했다. 무함마드는 단일한 법전에 근거한 공동체(움마: Ummah) 건설이 이런 문제들을 해결할 수 있다고 믿었다. 그 때문에 무함마드는 메카의 지배자 가문들의 미움을 받았고, 신도들을 이끌고 메디나로 망명(헤지라)해야 했다. 한편, 서방 지배자들은 "간음하면 돌로 쳐죽이고 도둑질을 하면 손을 자른다"고 명시돼 있는 샤리아가 이슬람의 야만성을 보여 준다고 말한다. 하디스(무함마디의 언행)와 샤리아는 인도적이고 문명화된 가치와 반대되는 야만주의를 나타낸다는 것이다. 그러나 이것은 일면적인 해석이다. 9세기와 10세기에 이 법전들은 제국의 관료와 지주 귀족들의 지배에서 벗어나고자 했던 상인과 수공 기술자의 가치관을 부분적으로 표현하고 있었다. 이것은 서유럽에서 발전하고 있던 봉건 제도는 말할 것도 없고 기독교 제국인 비잔틴 제국(동로마 제국)의 현실과도 선명하게 대비됐다. 사실, 중세 이슬람은 야만주의를 대변하기는커녕 암흑기 유럽

뿐 아니라 정체한 비잔틴 제국과도 뚜렷하게 대비됐다. 특히 8세기 중엽 압바스 혁명은 1백여 년 동안의 경제 성장으로 가는 길을 열어 젖혔다. 생산·기술 혁신·예술 기법·과학 지식 등이 발달했다. 메소포타미아와 나일 강 유역은 밀, 보리, 쌀, 대추야자, 올리브를 생산하면서 번영을 누렸다. 제국의 무역량은 방대했다. 무역의 범위는 동쪽으로는 인도 동부와 중국까지, 서쪽으로는 러시아와 아프리카와 서유럽에까지 이르렀다. 무역의 확대와 함께 일종의 은행 제도도 출현했다. 수공 기술자에 기반을 두고 공업도 번창했다. 〈아라비안 나이트〉는 상층의 부유한 사업가, 곡물상, 징세 대행인, 수입상 등의 생활을 그리고 있다. 인도의 수학 발전은 아랍 학문의 한 토대가 됐고, 아랍 학문은 수백 년 뒤 유럽에서 르네상스가 일어나게 한 핵심적인 동력이 됐다. 이것은 압바스 혁명이 지주와 장군만큼이나 상인과 장인을 중시하는 정책을 펴며 대서양에서 인더스 강에 이르는 지역을 통일시켰기 때문이다.

## 이슬람과 테러

서방 정부와 언론들은 지난 10년 동안 이슬람을 비이성적 폭력과 동일하게 취급했다. 그러나 이슬람과 테러는 동의어가 아니다. "본래의 이슬람으로 돌아가자"는 이슬람 부흥 운동(소위 이슬람 근본주의)은 이슬람 사회의 세속적 타락을 반대하고 꾸란과 샤리아에 기초한 초기의 이슬람 공동체(움마)를 건설하려 한다. 이 운동은 북부

아프리카, 인도 대륙, 인도네시아, 동아시아의 일부 나라들에 퍼져 있다. 그와 동시에 중동에 집중돼 있다. 그 이유를 찾아 내는 것은 어려운 일이 아니다. 사우디아라비아, 이집트, 알제리, 시리아, 파키스탄 등의 지배자들은 스스로 계급이나 신분 차별이 없는 신앙 공동체를 대표하는 독실한 무슬림이라고 주장한다. 그들 뒤에는 미국의 막강한 경제력과 군사력이 버티고 있다. 수백만 중동인들은 팔레스타인과 이스라엘의 전쟁에서 이스라엘을 무조건 지지하는 미국에 매우 격분한다. 대중의 극심한 고통만이 급진적 이슬람 운동이 지지를 얻을 수 있는 유일한 이유는 아니다. 그것은 또한 집단 행동을 통해 고통을 끝장낼 수 없는 평범한 사람들의 절망감을 반영한다. 한때 중동에도 거대한 대중 운동이 존재했다. 제2차세계대전 이후 국민적 반란의 물결이 제국주의로부터 독립을 끌어 냈다. 그러나, 중동의 지도자들은 재빨리 세계 체제와 평화적 관계를 수립했고, 급진적 사회 변화를 막기 위해 총부리를 대중에게로 돌렸다. 팔레스타인 해방 운동은 1960년대에 요르단과 레바논의 난민촌에서 성장했다. 그 때까지만 해도 대중 투쟁이 벌어졌다. 팔레스타인의 투쟁이 이스라엘뿐 아니라 부패한 아랍 정권들을 위협하기 시작하자 상황이 달라졌다. 전환점은 1970년 9월이었다("검은 9월"). 요르단 군대가 수만 명의 팔레스타인인인들을 학살했다. 조직 노동계급의 주도성 결여는 이런 운동들의 한계를 의미했다. 팔레스타인 전사들은 고립되기 시작했다. 일부는 절망에 빠져 안타깝게도 개인적 테러를 대안으로 여겼다. 민족주의 운동의 실패는 정치적 이슬람 운동의 전열 정비에 문을 열어 줬다. 1970년대에 정치적 이슬람 운동이 성장했다. 이 운동 가운데 일부는 대중적 성격을 띠기도 했다(예컨대 알제리). 그러나 그들이 정권을 마비시킬 수 있는 도시 노동자들을 지지하는 쪽으로 선회하자 무지막지한 국가 탄압이 뒤따랐다. 중동 전역에 걸쳐 미국 제국주의와 부패한 정권들에 분개한 소규모 세력들이 생겨났다. 그러나 이들은 대중으로부터 얼마간의 수동적 지지를 얻기도 했지만 대체로 대중으로부터 고립됐다. 이들은 노동 계급이나 농민이 아닌 사회 계층으로부터 충원됐다. 대체로 대학에 다니기는 했지만 교육이 어떤 전망도 제시해 주지 못했던 사람들이었다. 많은 사람들이 아프가니스탄에서 소련 점령군과, 체첸에서 러시아 점령군과, 보스니아와 코소보에서 세르비아 군대와, 카슈미르에서 인도군과 싸우러 갔다. 서방은 이들이 자신들의 이익을 위협하기 전까지는 완전히 눈감아 버렸다. 테러 행동은 세계 체제가 보통의 중동인들에게 강요한 고통에 대한 분노의 표시였다. 동시에, 자본주의와 제국주의에 맞서 대중 행동이 불가능하다는 생각의 반영이었다. 그러나 그 방법은 지배자들만이 아니라 노동자들에도 고통을 안겨 줬다. 더욱이 지배자들이 권력을 강화할 빌미를 제공했다. 테러리즘은 절망적인 방법이었다.

## 이슬람과 여성 억압

탈레반의 여성 억압 정책이나 아랍 여성들의 히잡(베일) 착용은 이슬람이 여성 억압적인 종교라는 점을 증명하는 결정적 증거인 것처럼 보인다. 그래서 서방의 자유주의자들은 종종 이슬람 근본주의가 여성 해방의 최대 위협 세력이라고 주장한다. 일부 자유주의자들은 심지어 부시의 전쟁이 탈레반의 억압으로부터 여성을 해방시키는 것이라고까지 주장한다. 사실, 탈레반의 여성 정책은 종교의 논리적 결과라기보다는 탈레반이 등장했던 사회의 후진성과 내전의 충격을 반영한다. 여느 게릴라들과 마찬가지로, 탈레반은 전투 부대에서 여러 해를 보낸 남성들로 구성돼 있었다. 탈레반 지도자들은 탈레반 병사들이 전에 무자헤딘이 도시를 장악했을 때처럼 행동할까 봐 두려워했다. 무자헤딘은 여성 학대와 강간으로 악명 높았다. 그래서 탈레반 지도자들은 여성을 보호한다는 명목으로 여성을 공공 생활로부터 완벽하게 격리했다. 물론 이것은 끔찍한 여성 억압이다. 아랍 여성의 히잡 착용도 여성 억압의 상징으로 지적된다. 1994년 프랑스 정부는 히잡을 착용한 이슬람 출신 여학생들의 등교를 허용하지 말아야 한다고 발표했다. 이것은 인종 차별이었다. 프랑스 정부는 파리의 북아프리카계 이주민 거주지에 수천 명의 경찰을 보내 히잡 착용 여학생들의 등교를 막기 위해 바리케이드를 쌓았다. 이슬람은 여느 종교와 마찬가지로 모호하고 모순돼 있다. 이런 모호함과 모순은 여성의 역할에도 반영된다. 이슬람은 여성이 억압당하는 세계에서 등장했고 여성 억압을 철폐하지 않고 완화하려 했다. 무함마드의 설교는 초기 기독교처럼 도시 여성들에게 일정한 호소력을 지니고 있었다.(무함마드의 집단에 속해 있던 여성들의 남편들은 무함마드를 지독히 적대했다.) 무함마드는 여성이 남성보다 열등하다고 전제하고 있었지만, 여성보다 '우월한' 남성이 여성을 학대하지 말고 존중해야 한다고 설교했으며, 여성이 일정한 재산권을 지니는 것도 허용했다. 이 때문에 이슬람 지지자들은 꾸란이 중세 기독교보다 여성에게 더 많은 권리를 보장했다고 주장한다. 사실, 꾸란 자체는 여성의 베일 착용을 언급하지 않는다. 단지 여성은 "정숙해야" 한다고 주장했다. 그런데, "정숙"은 이슬람이 정복한 사회들에서는 베일 착용을 뜻했다. 그래서 많은 이슬람 사회는 공공 장소에서 여성들이 머리카락, 어깨, 상박을 드러내는 것(또는 남성들이 웃통을 벗는 것)을 마치 비이슬람 사회에서 여성이 가슴을 노출하는 것과 다를 바 없이 여겼다. 이슬람 여성의 히잡 착용은 비잔틴 제국의 유행을 받아들인 것이었다. (머리 스카프를 두르고 있는 성모 마리아를 떠올려 보라.)

수많은 사람들이 처해 있는 끔찍한 조건 때문에 현대 세계에서 이슬람은 거대하게 부흥했다. 수백만의 농민들이 농촌을 떠나 중동의 여러 대도시 슬럼가에서 반(半)프롤레타리아로 생계를 연명하고 있다. 수백만의 교육받은 젊은이들은 안정적인 직업을 구할 가망이 없다. 그 때문에 이들은 정치적 이슬람의 모순된 메시지에 쉽게 이끌린다. 정치적 이슬람은 마치 현세에서 혁명적 변화를 보장해 줄 것처럼 보인다. 또, 부패한 관행을 없애고 부자들이 가난한 사람들에게 자비를 베풀도록 강제하자고 주장한다. 그러나, 정치적 이슬람은 과거에 대한 보수적 향수("우리의 전통적인 삶의 방식을 포기했기 때문에 상황이 나빠졌다")를 자극한다. 남성들만이 이런 메시지에 이끌리는 것은 아니다. 현대 도시의 삶이 가난과 성적 학대만을 강요한다고 믿는 수많은 여성들도 정치적 이슬람 운동에 매력을 느낀다. 이 여성들은 이슬람 법전이 육체의 상품화 압력으로부터 자신들을 보호해 준다고 믿는다. 이슬람 법전이 특정 옷차림을 요구하고 아버지와 남편의 권위에 대한 존경을 강요하는데도 말이다. 왜냐하면 중동의 여성들은 이슬람 공동체가 섹스 샵과 은행들의 고리대금업이 성행하는 사회보다는 낫다고 생각하기 때문이다. 또, 부유한 여성이 서구 스타일의 옷을 입고 값비싼 화장을 하고 고급 승용차를 몰고 다니는 다른 한편에서 가난한 여성들이 자신의 아이들이 굶주림과 설사로 죽어 가는 것을 지켜봐야 하는 사회보다는 이슬람 공동체가 낫다고 보기 때문이다. 그러나, 이슬람 부흥 운동은 이런 사람들에게 진정한 미래를 제공해 주지 못한다. 이슬람의 기록은, 역사적으로 보자면, 몇 가지 점에서 기독교보다 더 나을지도 모른다. 그러나 과장할 필요는 없다. 꾸란의 모호한 메시지로 회귀하는 것은 오늘날 인류가 직면한 가능성 — 부자와 가난한 사람들이 없고 여성과 남성이 자유롭고 평등한 관계를 맺을 수 있는 사회를 건설할 가능성 — 을 실현하는 데 부적절하다.


## 맺음말

종교는 가난하고 억압받는 수많은 대중이 겪고 있는 진정한 고통에 위안을 제공해 왔다. 그리고 때때로 그런 고통에 맞서 저항과 반란의 수단이 될 수 있었다. 사회주의자 신부와 혁명가 신자들이 포함된 남미 해방 신학 운동은 이것의 뚜렷한 사례이다. 미국에서 기독교는 인종 차별주의에 대항한 흑인 저항 운동의 수단 노릇을 했다. 기독교와 마찬가지로, 이슬람도 제국주의와 자국 지배자들의 억압에 대항하는 한 수단이다. 마르크스주의자는 모든 종교적 관념을 거부한다. 그러나 종교적 관념과 그 운동을 똑같이 취급해서는 안 된다. 마르크스는 종교를 "진정한 고통의 표현이자 진정한 고통에 맞선 저항의 표현"이라고 지적했다. 우리는 언제나 종교적 외피 속에 가려진 사회적 실재를 볼 줄 알아야 한다. 무엇보다 억압자의 종교와 피억압자의 종교를 구별할 줄 알아야 한다. 피억압자들이 종교의 기치 아래 자신들의 조건을 개선하기 위해 싸울 때 우리는 그 투쟁을 지지해야 한다.

# 유럽은 우경화하고 있는가?

지난 6월 9일 프랑스 총선에서 예상대로 시라크가 이끄는 우파가 승리하자, 유럽이 우경화하고 있다는 주장이 더욱 힘을 얻고 있다. 불과 4년 전만 해도 유럽연합(EU) 15개 국가 중 13개 국가에서 '좌파'인 사회민주주의 정당들이 집권했다. 그러나 지금은 덴마크, 스웨덴, 이탈리아, 포르투갈, 오스트리아, 네덜란드, 프랑스에서 우파 정당들이 집권하고 있다. 또, 각국 선거에서 극우 정당들이 약진했다. 지금 유럽에서 성과를 거둔 우파 정당들은 극우파를 본떠 난민 반대나 범죄 '근절' 캠페인을 강력하게 추진한 정당들이다. 네덜란드 기독민주당은 핌 포르타윤이 한 주장을 그대로 흉내냈다. 독일 기독민주당은 총리 후보로 강경 우파인 에드문트 슈토이버를 선출했다.

반면, 사회민주주의 정당들은 심각한 지지율 하락과 이데올로기 혼란에 시달리고 있다. 당원 수도 줄어드는 추세다. 이들이 위기에

이수현. 월간 《다함께》 14호, 2002년 7월 1일. https://wspaper.org/article/430.

빠진 이유는 자기 지지자들, 특히 노동자들의 기대를 충족시키지 못했기 때문이다. 오히려 사회민주주의자들은 신자유주의 정책을 추구해 노동자들을 배신했다.

이런 배신은 노동당 소속 총리 토니 블레어가 이끄는 영국에서 가장 분명하게 드러났다. 그러나 조스팽도 임시직과 계약직을 늘려 고용 불안을 증대시켰고, 전임 우파 정부들보다 더 많은 기업을 사유화했다. 지난 달 네덜란드 노동당 연립 정부가 선거에서 패배한 주된 이유는 네덜란드에서 병원 치료를 기다리는 사람들이 늘어났고 교통 체계가 혼란에 빠졌기 때문이다. 4~5년 전에 유럽 사회민주주의 정당들을 집권하게 만든 좌경화 물결이 지금은 그들을 권좌에서 끌어내리고 있다.

사실, 몰락한 사회민주주의 정부와 새로 집권한 보수 우파 정부 사이에는 실질적인 차이가 거의 없다. 스페인의 아스나르나 이탈리아의 실비오 베를루스코니 같은 우파 총리들과 영국의 총리 토니 블레어가 추구하는 정책 사이에는 거의 차이가 없다. 이들 모두가 난민과 이민자들을 희생양 삼고 있다. 또, 노동자의 권리를 제한하고 복지 혜택을 공격한다.

사람들 대부분은 사회민주주의 정당들이 추진한 조치들 때문에 노동 조건이 나빠지고 살기가 더 힘들다고 느낀다. 사람들이 그런 '좌파' 정당들을 외면한 것은 당연하다. 이것은 최근 눈에 띄게 높아진 선거 기권율로도 나타났다. 작년 영국 총선과 6월 9일 프랑스 총선에서 기권율은 각각 41퍼센트와 36퍼센트나 됐다.

# 양극화

지난 5년 동안 유럽의 다양한 좌파 조직들이 선거에서 표를 더 많이 얻었다. 작년 영국 총선 직후 〈파이낸셜 타임스〉는 다음과 같이 썼다. "[노동당은] 전례 없이 많은 표를 극좌파에게 빼앗긴 듯하다. 유권자들이 이렇게 파편화하는 현상은 전후 영국 정치에서 결코 찾아볼 수 없는 일이다." 그리고 5월 지방 선거에서 사회주의자동맹(SA)이 얻은 표는 지난해 6월 총선 결과보다 진일보한 것이다.

동독 공산당의 후신인 민주사회당(PDS)은 옛 동독 지역에서 상당한 표를 얻고 있고 옛 서독 지역에서도 지지를 얻고 있다. 이탈리아의 리폰다치오네(재건공산당)는 반자본주의 운동에 참여함으로써 인지도와 지지율을 높이고 있다. 프랑스의 트로츠키주의 정당들인 노동자투쟁(LO)이나 혁명적공산주의자동맹(LCR), 스코틀랜드 사회당, 영국의 SA가 모두 상당한 성공을 거두고 있다. 다른 나라에서도 극좌파의 선거 도전이 늘고 있다.

그러나 정치를 단순히 부르주아 민주주의 선거 제도나 구조로 환원할 수 없다. 선거에서 극좌파가 거둔 성공은 더 심오한 차원의 급진화를 반영한다. 노동계급의 저항이 성장하고 있다. 1995년 프랑스 공공부문 노동자들이 대규모 파업을 벌였다. 최근 이탈리아에서는 3백만 명이 시위를 벌였고 하루였지만 1천3백만 명이 총파업을 감행했다. 독일 금속 노동자들은 중요한 임금 인상 투쟁에서 승리했다. 더디긴 하지만 영국 노동자들도 전투성을 회복하고 있다. 따라서 현재 유럽의 변화는 정치 일반의 우경화가 아니라 정치 양극화다. 그러나 사회민주주의가 위기에 빠졌다고 해서 극좌파가 저절로 성장하는 것은 아니다. 조스팽이 선거에서 패배한 다음 주에 사회당은 입당 신청을 1만 5천 건이나 받았다고 밝혔다. 르펜이 성장할 수 있는 여건을 조성한 사회당이 반파시즘 분위기에 편승한 것이다. 정치 양극화 때문에 사회민주주의 지도자들과 그들을 지지하는 대중 사이에 긴장이 흐르고 있다. 이것은 갑작스런 정치 폭발로 이어질 수 있다. 그러나 극좌파가 진정한 대안을 제시해 사회민주주의를 대체할 수 있을 때만 사회민주주의의 영향력은 사라질 것이다.

이런 상황에서 두 가지 위험이 있다. 하나는 사회민주주의가 노동 계급 운동에 계속 영향을 미친다는 사실을 무시하는 것이다. 다른 하나는 그런 영향력에 굴복해, 자신의 지론과 다르게 실천상으로 추수(뒷꽁무니 좇기)하는 것이다. 독일 PDS는 베를린 시를 장악하고 있는 사회민주당과 손을 잡았다. 그러나 베를린 시의회는 긴축 재정을 밀어붙이고 있다. 조스팽의 '복수 좌파' 연정에 참여한 녹색당 지도자들은 지금 새로운 '복수 좌파'에 합류하라고 극좌파에 요구하고 있다. 조스팽의 잘못을 고스란히 반복하라는 것이다. 지금 체제에 대한 반감과 불만은 널리 퍼져 있다. 무엇보다도 반자본주의 운동이 계속 성장하고 있다. 젊은이들 수십만 명이 점점 더 커다란 반체제 세력으로 발전하고 있다. 지난 3월, 50만 명이 참가한 스페인 바르셀로나 시위는 작년에 30만 명이 참가한 제노바 시위 규모를 뛰어넘었다. 올해 영국 런던의 메이 데이 시위는 노동조합원들과 반자본주의 활동가들이 단결한, 몇 십 년 만에 벌어진 최대 시위였다. 지난 달 독일 베를린에서는 부시의 방문을 반대하는 두 차례 시위에 각각 10만

명과 5만 명이 참가했다. 반자본주의 운동은 9·11 사건으로 약해지기는커녕 부시가 벌이는 전쟁에 반대하고 팔레스타인인들을 지지하는 투쟁으로 더욱 달아올랐다.

6월 20일 스페인에서는 노동 기본권과 실업자들을 공격하는 정부 정책에 반대하는 총파업이 벌어졌다. 또한 "다른 세계는 가능하다"는 깃발 아래 수많은 사람들이 행진했다. 런던에서는 난민 방어 시위와 행진이 있었다. 이런 시위들은 지금 전 세계에서 벌어지는 운동의 일부다. 그 운동은 희생양 만들기, 전쟁, 공공 복지와 연금 공격, 그리고 이 모든 공격의 배후에 있는 자본주의 체제에 도전한다. 바로 이런 아래로부터의 운동이야말로 신자유주의가 강요하는 음울한 미래와는 사뭇 다른 미래를 바라는 사람들의 희망이다.

# 유럽연합은 대안 모델이 아니다

　지난호 〈다함께〉 신문이 지적했듯이, 프랑스(와 네덜란드)의 유럽헌법 부결은 20년 넘게 유럽 사회를 지배한 신자유주의 정책 때문에 여러 해 동안 고통을 겪은 사람들의 승리였다. 그것은 또한 신자유주의적인 사회를 꿈꾸는 자들의 패배였다.

　그러나 윤효원 〈매일노동뉴스〉 국제담당 객원기자(이하 윤효원)는 그렇게 생각하지 않는다.(〈매일노동뉴스〉 6월 12일치.)

　그는 사람들이 유럽헌법을 제대로 알고나 반대했을까 하고 말한다. 극우파와 극좌파의 선동에 대중이 부화뇌동했다는 투다.(그는 1987년 한국의 개헌 국민투표에 대해서도 사람들이 잘 모르고 찬성했다는 듯이 말했다. 그러나 당시 국민투표는 6월항쟁의 핵심 요구인 대통령 직선제 개헌을 위한 것이었기 때문에 찬성이 압도적이었던 것은 너무 당연했다.)

———

김인식. 〈다함께〉 58호, 2005년 6월 22일.

유럽헌법은 프랑스 전역에서 뜨거운 논쟁을 불러일으켰다. 이 때문에 "무료로 배포된 [유럽헌법] 안내서 이외에 프랑스인들은 직접 서점을 찾아 수십 종에 이르는 관련 서적까지 구입"했다.(〈오마이뉴스〉 6월 18일치.)

수많은 토론과 수백 개의 모임이 열렸다. 1천 개의 지역사회 단체들이 신자유주의적이고 반민주적인 유럽헌법 비준에 반대해 뭉쳤다.

이 과정에서 극우파의 구실은 매우 미미했다. 혁명적공산주의자동맹(LCR)의 지도자 올리비에 브장스노는 "반대 운동은 인종차별적이지도, 국수주의적이지도, 반(反)터키적이지도 않았다. 헌법 반대는 사회적이고 유럽적이며 반신자유주의적이다." 하고 주장했다.


## 비민주적인

윤효원은 유럽헌법의 "기본권 헌장"을 찬양한다. 그러나, 헌법 전체는 노동계급과 피억압 민중에게 해로운 조항으로 가득하다.

헌법은 여성의 자유롭고 합법적인 낙태 선택권을 부정한다. 포르투갈·아일랜드·폴란드에 만연해 있는 야만적인 여성 억압 상태를 용인하는 것이다.

또, 회원국 거주자 중 3분의 1이 시민권(투표권을 포함해)을 인정받지 못한다. 이것은 난민들에게 굳게 닫혀 있는 "요새화한 유럽"을 건설하겠다는 뜻이다.

헌법은 회원국들의 다국적인 성격을 부인하고, 영토보전 원칙의 이름으로 피억압 국민의 자결권과 "국가 없는 국민"을 거부한다.

또, 준독재적이고 비민주적인 유럽 공동체를 만들려 한다. 진정한 정치 권력은 정부들과 선출되지 않는 위원회 같은 기구들의 수중에 집중돼 있다.

유럽중앙은행은 "독립성" — 그 권한은 시민이나 민중에게서 나오지 않는다 — 을 유지할 것이고, 기업과 주주를 제외한 나머지에게는 아무 책임도 지지 않을 것이다.

이 모든 것이 4억 5천만 유럽인들에게 굳게 닫힌 문 뒤에서 유럽 정부들이 고안한 것이다. 대다수 유럽인들은 사후적으로도 직접 비준할 수 없(었)다. 대다수 회원국들은 간접적으로 비준 절차를 거쳤거나 거칠 것이다.


## 대안 모델

그럼에도 윤효원이 헌법 부결을 환영하지 않는 진정한 까닭은 유럽연합이 미국 권력에 맞서는 대항 세력이 될 수 있다고 보기 때문이다. "단일 패권국인 미국 일방주의의 폐해가 심각해질 대로 심각해진 상황"에서 "통합된 유럽의 등장은 바람직하다." 그래서 유럽헌법 비준과 제정은 고무적이라는 것이다.

그러나 미국에 맞서 경쟁 열강의 성장을 지지하는 것은, 냉전이 그랬듯이 자원 낭비, 인류의 생존 위협과 함께 새로운 무기 경쟁을 부추길 것이다. 실제로, 헌법(I-41-3)은 "회원국들이 점차 군사력을 증강"하도록 규정해 놓았다.

또, "연대 조항"(I-43)은 "테러리스트의 위협에 맞서 선제 행동을 하고" "민주적인 제도들과 시민을 보호하기" 위해 "군사적 조처를 포함한 모든 수단을 재량껏" 동원할 수 있는 권한을 유럽연합에 부여한다. "테러리스트"의 개념은 구체적으로 명시돼 있지 않다.

이것은 미국 제국주의가 아닌 대안이기는커녕, 유럽의 군국주의화를 뜻하며 제국주의 질서를 강화할 뿐이다.

유럽헌법이 "'경제적 가치'보다 '사회적 가치'를 우위에 놓는"(윤효원) 것도 아니다.

유럽헌법은 자유시장을 신성불가침의 영역으로 만들어 놓았다. 사유재산과 시장 질서 침해를 법으로 금한다. 이것은 한 세기 반 동안 노동자 투쟁을 통해 국민국가 수준에서 획득한 사회적 성과물을 법적으로 인정하지 않는 것이다.

또, 이미 마스트리히트 조약을 통해 제도화한 긴축 재정을 고수한다. 사회복지를 철저하게 삭감하고 공공 경제정책을 좌절시키겠다는 뜻이다.

이에 항의해 프랑스전력청(EDF) 노동자들은 유럽헌법의 상징적인 인물 프리츠 폴케슈타인[유럽연합 역내시장 담당 집행위원]의 전기를 끊어버리기도 했다.

유럽헌법은 결코 미국 주도의 세계화를 저지할 수 있는 방벽이 아니다. 유럽은 자본주의 질서를 지닌 미국의 경쟁자고, 세계화 속에서 미국의 주도권에 도전하고 싶어할 따름이다.

따라서 유럽 지배자들이 건설하려는 유럽은 결코 미국에 대한 대항 모델이거나 대안 모델이 될 수 없다.

프랑스 노동자들은 유럽 지배자들의 프로젝트와는 완전히 다른, 한 나라 법 중에서 최상의 것을 택해 모든 사람들이 그 혜택을 누릴 수 있는 '사회적 유럽'을 원했다. 그들이 가난과 전쟁을 공유할 까닭은 없기 때문이다.

# 유럽은 우경화하는가?

유럽 지배계급 내의 분위기는 호전됐다. 그들은 프랑스 대선에서 니콜라 사르코지가 거둔 승리가 유럽연합(EU) 전역의 더 일반적인 우경화 추세를 알리는 전조가 되길 바란다.

머지않아 앙겔라 메르켈의 독일, 사르코지의 프랑스, 고든 브라운의 영국이 EU의 유력한 정치적 축이 될 것이다. 그들은 모두 미국과의 동맹을 확고히 지지할 뿐 아니라 신자유주의 경제 정책을 열렬하게 옹호한다.

메르켈과 사르코지는 2년 전 프랑스와 네덜란드 국민투표에서 부결된 유럽헌법을 부활시킬 궁리를 하고 있다. 그들은 약간 바뀐 유럽헌법을 국민투표를 거치지 않고 은근슬쩍 통과시킬 수 있길 바란다.

―――

알렉스 캘리니코스. 《맞불》 44호, 2007년 5월 16일. https://wspaper.org/article/4161.

프랑스와 네덜란드 국민투표가 만들어 낸 악몽, 즉 유럽이 신자유주의 정책들을 추진하는 소수 특권층과 그들에 맞서 저항하는 국민 대중으로 분열했다는 전망은 사라지는 것처럼 그들에게 보인다.

그러나 그러한 희망은 섣부른 것이다. 주류 정치 수준에서 자유시장 우파가 강력한 진지를 구축한 것은 사실이다. 그러나 그들은 유럽 대륙에서 사회의 신자유주의적 구조조정 — 영국에서 마거릿 대처가 시작하고 토니 블레어가 지속한 — 을 여전히 추진해야 한다.

2005년 독일 총선은 신자유주의를 충실히 따르는 양대 정당, 즉 사회민주당과 기독교민주당이 모두 대중적 지지를 얻지 못하고 있음을 드러냈다. 두 정당은 대연정을 구성해야 했다. 그러나 이 연립정부는 이렇다 할 자유시장 "개혁"을 실행하기는커녕 그런 "개혁"에 합의하기도 매우 어렵다는 것이 드러났다.


## 저울추

이탈리아에서 대기업들은 1년 전쯤 선출된 로마노 프로디의 중도좌파 연정이 실비오 베를루스코니의 변덕스런 우파 정부보다 더 확실하게 경제 구조조정을 추진해 주기를 바랐다. 그러나 프로디 정부는 절반을 갓 넘는 국회 의석 수와 내분 때문에 계속 곤란을 겪고 있다.

프랑스에서 벌어진 일은 이러한 대륙 전역의 교착상태 해소에 결정적 영향을 미칠 듯하다. 1995년 11~12월 프랑스 공공부문 파업은 신자유주의 조처 강행이 불러일으킨 일련의 사회적 폭발들 — 특히 2003년 5~6월 연금 개악에 맞선 교사 파업과 2006년 3~4월 청년 노동자들의 권리를 침해하는 최초고용계약법(CPE)에 맞선 학생 반란 — 중 첫번째 사례였다.

만약 사르코지가 이런 저항을 극복하고 자유시장 개혁 프로그램을 강요하는 데 성공한다면, 이 승리의 반향은 프랑스를 훨씬 뛰어넘을 것이다. 그러나 사르코지는 그만큼 강력한 대중적 기반 위에서 출발하고 있지 않다.

2주 전 대선 결선투표에서 그는 53.06퍼센트를 얻어 46.94퍼센트를 얻은 사회당 후보 세골렌 루아얄을 이겼다. 이러한 패턴은 1974년 이후 프랑스 대선 때마다 반복돼 온 패턴 — 온 나라가 좌파와 우파로 양분되고, 비교적 사소한 여론 변화가 균형을 허물고 어느 한 쪽에 승리를 안겨주는 — 이다.

이번에 루아얄의 무기력한 선거운동과 프랑스의 강력한 급진 좌파의 혼란은 저울추가 사르코지 쪽으로 기울게 하기에 충분했다. 사르코지는 효과적이고 초점이 분명한 선거운동을 펼쳤다. 자신을 주류 정치권 '외부의 인사'로 포장한 중도우파 후보 프랑수아 베이루가 1차 투표에서 18퍼센트 이상 득표했다는 사실은 많은 유권자들이 두 유력 후보 모두에게 불만이 많았다는 징후다.

그러나 우파 일간지 〈르 피가로〉가 지적했듯, "유권자 다수의 지지를 얻으려는 노력 — 사르코지는 대통령 선거 기간에 대중의 비위를 맞추려 각별히 애썼다 — 에도 불구하고, 사르코지는 우파의 전통적 지지층을 넘어서는 데 거의 성공하지 못했다. 사르코지를 지지한 유권자들의 사회적 구성은 1995년(자크 시라크가 처음 대통령으로 당선된 해)에 시라크를 지지한 유권자들의 사회적 구성보다 훨씬 더 협소했다. …

"18~24세 유권자 가운데 사르코지에게 투표한 사람은 40퍼센트밖에 안 됐다. 이는 같은 연령대 유권자들이 시라크에게 투표한 비율보다 15퍼센트 포인트 낮은 수치다. … 반면에 … [사르코지는] 최고령 유권자들 사이에서 지지율 우위를 더욱 굳혀, 65세 이상 유권자 가운데 64퍼센트가 사르코지에게 투표했다. 50세 이상 유권자 가운데 사르코지에게 투표한 사람이 52퍼센트인 반면, 루아얄에게 투표한 사람은 37퍼센트밖에 안 됐다.

"사르코지는 또 시라크가 화이트칼라와 블루칼라 노동자 사이에서 득표한 것보다 표를 더 적게 얻었다. 반면에, 화이트칼라와 블루칼라 노동자 사이에서 좌파의 득표율은 각각 57퍼센트와 59퍼센트였다. 루아얄은 2004년 지방선거와 유럽의회 선거에서 좌파가 대량 득표한 계층의 지지를 얻는 데 성공했다."

따라서, 일부 좌파 사이에서 유행하는 생각, 즉 과거의 대처와 마찬가지로 사르코지도 "권위주의적 포퓰리즘" 강령으로 노동계급의 지지를 얻는 데 성공했다는 생각은 현실과 맞지 않는다. 이민 규제를 선동하는 사르코지의 데마고기에도 불구하고, "프랑스에 이민자들이 너무 많다"는 데 동의한 프랑스인이 1993년에는 53퍼센트, 1997년에 31퍼센트였던 반면 이번에는 28퍼센트에 불과했다.

# 적대감

사르코지는 좌파의 뿌리가 매우 깊고 신자유주의에 대한 적대감이 널리 퍼져 있는 사회를 운영하게 될 것이다. 사실, 사르코지 자신도 이런 정서에 영합하는 선거운동을 펼쳤다. 그는 유럽중앙은행이 금리를 너무 높게 유지한다며 비난하고 유럽산 제품의 '보호'와 '유럽 농산물 우선' 정책을 요구했다. 시라크 정부의 재무장관 재직 당시 사르코지는 32억 유로의 구제기금을 조성해 프랑스의 중공업 회사 알스톰이 파산하는 것을 막았다.

실제로, 〈파이낸셜 타임스〉칼럼니스트 마틴 울프는 다음과 같이 예상한다. "사르코지의 승리는 유럽에서 벌어질 투쟁을 예고한다." 울프가 우려하는 것은 사르코지가 "경제적 자유주의자"라기보다는 "포퓰리스트 개입주의자"라는 것이다. 사르코지가 이끄는 프랑스는 "내부적으로 분열되고 외부적으로 비타협적인" 사회가 돼, EU 통합을 가로막을 가능성이 크다는 것이다.

유럽 지배계급의 대변자 가운데 울프 혼자서만 사르코지가 골칫덩이가 될지 모른다고 우려하는 것은 아니다. 사르코지가 선거에서 승리한지 이틀 뒤에 〈파이낸셜 타임스〉는 다음과 같이 보도했다. "유럽 재무장관들은 … 유럽중앙은행의 독립성을 단호하게 옹호하면서, 사르코지에게 프랑스의 경제 문제를 유럽중앙은행 탓으로 돌리지 말라고 한 목소리로 경고했다."

사르코지의 승리에 한계가 있고 그의 정치가 모호하다고 해서 우리가 그의 대선 승리의 중요성을 과소평가해도 좋다는 말은 아니다.

시라크가 대통령 재임 기간 12년 동안 오락가락하며 기회주의적 태도를 보인 반면, 사르코지는 강력하고 단호한 지도력 아래 프랑스 우파를 결집시켰다.

특히, 파시스트 지도자 장-마리 르펜의 인종차별주의적이고 권위주의적인 언사를 일부 차용하며 사르코지는 국민전선(FN)이 주류 우파에 도전하지 못하게 봉쇄할 수 있었다. 사회당은 특히 프랑수아 미테랑의 대통령 재임기(1981~95년)에 교활하게 르펜을 이용해서 우파를 분열시키고 약화시켰다.


## 시험

그러나 사르코지의 우파적 발언은 단순히 미사여구에 그치지 않는다. 우리는 사르코지가 법과 질서를 훨씬 더 강조하고 더 거리낌없이 사회운동들을 탄압할 것이라고 예상할 수 있다.

이쯤에서 사르코지와 대처를 비교하는 것도 적절할 듯하다. 대처는 보수당에 강력하고 자신감 있는 지도력을 제공했고, 국가 기구를 이용해서 주요 노동자 집단들 — 철강노동자·광부·인쇄공·항만노동자 — 을 가차없이 공격하고 짓밟았고, 그럼으로써 신자유주의가 승리할 수 있는 정치적 토대를 놓았다.

사르코지도 프랑스에서 그와 비슷한 성과를 거둘 수 있다. 그리되면 유럽에서 [정치적] 교착상태가 깨지고 우파에게 유리한 상황이 조성될 것이다.

그러나 계급 세력 저울의 그런 변화를 성취하는 데는 선거 승리만으로는 부족하다. 대처도 영국에서 그런 변화를 성취하기까지 첫번째 임기(1979~87년)를 고스란히 바쳐야 했다. 가장 중요한 것은 대처의 승리가 결코 불가피하지 않았다는 사실이다.

사르코지의 경우도 마찬가지다. 그는 유럽에서 가장 전투적인 사회운동, 좌파 정부와 우파 정부를 모두 날려버린 경험이 있는 사회운동과 대면하고 있다.

이 운동이 사르코지를 물리치는 데 필요한 저항 권력과 강력하고 응집력 있는 정치적 지도력을 찾을 수 있는가 아닌가 하는 것이 향후의 진정한 시험이 될 것이다. 그 결과는 단지 프랑스뿐 아니라 유럽 전역에도 엄청난 영향을 미칠 것이다.

# 유럽을 뒤흔든 공동총파업
# "우리는 다른 유럽을 만들 것이다"

11월 14일 사상 초유의 유럽 공동총파업과 연대 행동이 벌어졌다. 이날 유럽 23개 나라에서 긴축에 반대하는 행동이 벌어졌다.

유럽 반긴축 투쟁의 선두에 있던 그리스 노동자들이 특히 공동총파업 소식을 반겼다. 그리스 노동자들은 11월 7~8일에 벌어진 48시간 총파업 시위에서 그리스, 포르투갈, 스페인, 이탈리아 국기를 나란히 들고 행진했다.

공동총파업을 처음 호소한 포르투갈 노동자들은 14일 0시부터 파업에 나서며 그리스 노동자들에게 화답하듯 그리스 국기를 흔들며 행진했다.

한 우체국 노동자는, "모든 곳에서 같은 날 함께 파업한다니 정말 꿈만 같다. [1974년 포르투갈] 혁명 당시 나는 세 살이었는데, 수십 년만에 그런 저항이 돌아온 것 같다"고 했다. "긴축에 반대하고 일자리

---

김종환. 〈레프트21〉 93호, 2012년 11월 17일. https://wspaper.org/article/12053.

와 유럽의 단결을 위한"(유럽노총) 공동총파업은 그렇게 시작됐다.

스페인에서 가장 큰 노총인 노동자위원회(CCOO)도 파업 전날 밤 8시 반부터 집회를 개최했다. 사람들은 "총파업으로 영업 안함. 다른 미래는 없다"는 스티커를 거리와 상점에 부착하며 다녔다.

이런 분위기 때문에 노동조합의 보호를 받기 힘든 맥도널드 노동자들도 작업장을 박차고 나왔다. 스페인 전체 노동자의 80퍼센트가 파업에 참가한 것으로 집계됐다.

이탈리아 노동자들도 4시간 총파업을 벌였다. 시위대는 중앙역 철로에 드러누웠고, 노동자들은 지하철도 멈춰 세웠다.

학생들은 경찰서를 습격하고 지방청사를 점거하며 노동자들과 함께했다. 노동부 장관이 졸업생들에게 "눈높이를 낮춰라"고 말한 것을 콕 집어서 "눈높이를 낮추지 않고 싸우겠다"는 플래카드를 들었다.

유럽 노동자들이 이처럼 국경을 뛰어넘어 총파업을 벌인 것은 모든 유럽 지배자들이 경제 위기의 고통을 노동자들에게 떠넘겨 왔기 때문이다.

포르투갈에서는 청년 실업률이 27퍼센트다. 그런데도 독일 총리 메르켈은 공동총파업 이틀 전 포르투갈을 방문해서 "용감한 길을 걷고 있다"며 포르투갈 정부를 치하했다.

이웃나라 스페인에서는 청년 실업률이 2배 더 높다. 정부와 트로이카(유럽연합, IMF, 유럽중앙은행)의 지원을 받은 은행들은 뻔뻔하게도 빚을 갚지 못했다는 이유로 40만 명의 집을 빼앗고 강제 퇴거시켰다.

## 강제퇴거

그리스 노동자들의 연간 노동시간은 경제 위기 전에도 독일보다 1.5배나 많았고 OECD에서 한국, 칠레 다음으로 높았다. 그런데 트로이카는 토요일에도 일해야 한다고 강요해 왔다.

그러면서 지배자들은 남유럽 노동자들을 "돼지들"(PIGS-포르투갈·이탈리아·그리스·스페인 첫 알파벳 모음)이라고 부르며 나머지 유럽과 이간질 해 왔다. 그러나 이날 파업은 이런 논리를 산산조각냈다.

"무엇보다도 남유럽 동지들이 외롭게 싸우도록 하고 싶지 않았습니다. 지금 같은 재앙이 아니라 다른 종류의 유럽을 만들기 위한 진짜 싸움이 필요합니다."

공동총파업과 때를 같이해 전국 파업을 벌인 벨기에 철도노조 조합원의 말이다. 이들은 철도 민영화에 맞서 투쟁을 준비하고 있다.

영국 공무원노조는 3시간 파업을 벌이며 공동총파업에 힘을 보탰고, 터키와 리투아니아에서도 노동자들이 연대 파업을 벌였다.

프랑스 노총들은 "우리 모두는 그리스인, 포르투갈인, 스페인인, 이탈리아인 들이다"라며 시위를 벌였다. 유럽에서 실업률이 가장 낮은 오스트리아에서도 "우리 모두는 그리스인이다" 시위가 열렸다.

이번 공동총파업과 연대행동은 유럽 노동자 투쟁이 크게 전진할 디딤돌이 될 것이다.

그리스에서는 이미 하루 파업을 넘어서 무기한 총파업이 필요하다는 주장이 주요 작업장에서 터져 나오고 있었다. 이번 공동총파업은 이런 목소리에 큰 자신감과 대의명분을 제공할 것이다.

스페인 노동자들은 2년 전 노조 지도부가 총파업 직후 연금 개악에 합의해서 큰 환멸에 빠졌다가 다시 투지를 회복하는 중이었다. 공동총파업은 이 속도를 더욱 빨라지게 할 것이다.

이런 급진화에 역행하며 긴축을 추진한 주류 사민주의 정당들이 대거 몰락하면서 정치적으로 커다란 공백이 생겼다. 그리스 시리자, 프랑스 좌파전선, 스페인 좌파연합당과 같은 좌파 개혁주의 정당들이 이 공백을 메우고 있다.

동시에 뾰족한 정치적 대안이 없다고 느끼는 대중들 사이로 파시즘과 인종주의도 침투하고 있다.

유럽의 혁명적 좌파는 아래로부터 투쟁을 조직할 뿐 아니라 이런 정치적 지형에 개입하며 진정한 대안도 발전시켜야 한다.

유럽 공동총파업은 그런 과제를 수행하기에 매우 좋은 조건에 있다는 것을 보여 줬다. 무엇보다 유럽 공동총파업은 전 세계와 이 나라의 노동자들에게도, 경제 위기 고통전가에 맞서 싸울 수 있다는 엄청난 투지와 자신감을 선물하고 있다.

# 저항으로 들끓는 유럽

지난 몇 년 동안 지배자들은 경제 위기 속에서 허리띠 졸라매기를 거부한다면 국제적 경쟁 속에서 살아남을 수 없다고 으름장을 놔 왔다. 그러나 9월 마지막 주에 유럽을 휩쓴 긴축 반대 파업과 시위는 이런 주장에 정면 도전하며 국경을 뛰어넘는 노동자 연대의 가능성을 보여 준다.

긴축에 맞서 그리스에서는 지난 26일 노동자들이 총파업을 벌였다. 그리스에서는 경제 위기가 시작된 이후 이미 20여 차례 총파업이 있었다. 우파는 지난 6월 근소한 차이로 총선에서 승리했지만 총파업을 막을 수 없었다.

포르투갈에서는 9월에만 1백만 명이 참가한 두 차례의 시위를 포함해서 크고 작은 시위가 계속 열렸다. 이는 집권 세력을 분열시켰고 결국 정부는 긴축 조처를 부분적으로 철회할 수밖에 없었다.

---

김종환. 〈레프트21〉 90호, 2012년 10월 6일. https://wspaper.org/article/11811.

스페인에서는 9월 25일 4만여 명이 의회를 포위했다. 7월 광원들의 영웅적인 파업 행진 이후 스페인에서는 수만 명이 참가하는 긴축 반대 시위와 파업이 이어지고 있다. 마드리드 도심에서는 경찰과 시위대 간에 시가전에 가까운 충돌이 벌어졌다. 긴축이 낳은 긴장은 바스크와 카탈루냐에서 분리 운동으로도 표현되고 있다.

프랑스에서는 긴축에 반대하는 정서에 힘입어 사회당 올랑드가 대통령에 당선했지만 그는 노동자들의 뒤통수를 치려고 한다. 재정지출을 법으로 제한하는 유럽재정 협약의 의회 승인을 요구한 것이 대표적이다. 이 때문에 지난 30일 파리에서도 10만 명이 긴축에 반대해서 행진을 벌였다.

이탈리아에서도 양대 노총의 호소로 공공부문 노동자 3만 명이 정부 긴축에 반대하는 파업 행진을 벌였다. 앞장서서 다른 나라들에게 긴축을 강요한 독일에서도 40개 도시에서 수만 명이 부자 증세를 요구하며 행진했다.

영국에서는 지난해 6월 30일에 75만 명, 11월 30일에는 무려 2백50만 명이 긴축에 반대해서 역사적 총파업을 벌인 바 있다. 영국 노동자들은 다가오는 10월 20일에도 총파업을 준비하고 있다.

노동자들이 투쟁에 나서고 있는 것은 이 체제와 지배계급의 거짓말이 파산하고 있기 때문이다. 그동안 지배자들은 일시적으로 긴축을 받아들이면 경제가 살아날 것이라고 주장해 왔다.

지난해 그들은 그리스가 유로존을 탈퇴하면 스페인과 포르투갈, 프랑스로 위기가 확산될 것이라고 떠들면서 긴축을 강요했다. 그러나 그리스가 여전히 유로존에 남아 있는데도 스페인과 포르투갈은 위기에 빠졌다.

동시에 긴축이라는 고통은 그리스 국경 밖으로 계속 확대됐다. 지난 4월 그리스에서는 한 노인이 "쓰레기 속에서 먹을 것을 뒤지기 시작하기 전에 품위 있게" 죽겠다며 공개적으로 자살해서 충격을 준 바 있다. 그런데 최근 스페인에서는 실업자들이 식량을 찾아 쓰레기통을 뒤지는 것을 막으려고 정부가 자물쇠를 설치하는 일까지 벌어졌다.

경제가 회복되리라는 기대가 꺾인 노동자와 청년층이 투쟁을 주도하고 있다. 최근 유럽중앙은행이 스페인과 이탈리아의 국채를 무제한으로 매입할 수 있다고 나섰지만 이들의 불신을 되돌리지도 못했고 위기를 해결하지도 못할 것이다.

이처럼 출구가 보이지 않는 경제 위기가 정치 위기로 전환하는 것은 11년 전 아르헨티나를 떠올리게 한다.


## 아르헨티나

2001년 아르헨티나 정부는 IMF한테 구제금융을 받는 대가로 혹독한 긴축을 추진했다. 이런 고통전가를 순순히 받아들이길 거부한 노동자 파업과 시위의 결과로 한 달 동안 대통령이 세 번이나 바뀌었고 IMF한테 빌린 돈은 사실상 탕감됐다. 주류 언론들은 "혁명 직전"이라고 공공연하게 말했다.

그러나 아르헨티나 노조 지도부는 '금융자본'을 비난하며 '산업자본'과 노동계급 사이에 협력을 강조하는 페론주의를 채택했고 결국 구체제는 유지됐다. 이후 아르헨티나 경제는 연평균 8퍼센트나 성장했지만 노동자 임금은 2007년까지도 2001년의 70퍼센트 수준을 유지했다.

따라서 좌파는 경제 살리기가 아니라 자본주의에서 대안적인 체제로 이행을 촉진할 수 있는 요구, 즉 이행기적 요구를 제기해야 한다.

대안 논쟁이 가장 첨예한 곳은 그리스다. 그리스의 혁명적 반자본주의 연합체인 안타르시아는 유로존을 탈퇴해 은행 빚 갚기를 거부하고 노동자와 서민의 복지와 생계를 위해 돈을 써야 한다고 주장하고 있다.

만일 그리스에서 이런 요구가 실현된다면 다른 유럽 은행과 나라가 연쇄적으로 파산하는 일이 벌어질 수도 있다. 이 때문에 지배계급은 그리스가 유로존을 탈퇴하면 물가가 치솟아 경제는 끝장나고 각국은 그리스를 '왕따'시킬 것이라고 떠든다. 영국 총리는 유로존 붕괴 시 "어떤 대가를 치르더라도" 그리스로부터 '경제적 난민'의 이주를 막겠다고 선언하기도 했다.

그러나 그것은 저들이 바라는 미래일 뿐이다. 그리스 운동이 고립되기는커녕 비슷한 문제를 겪고 있는 다른 나라 노동자들과 연대할 수 있다.

유럽 전체로 확산 중인 노동자 투쟁은 그런 얘기가 결코 낭만적 공상이 아니라는 것을 보여 준다. 노동자를 살린다는 측면에서는 오히려 가장 현실적이기도 하다.

오늘날 자본주의의 위기는 야만을 불러올 수 있다. 그리스 황금새벽당과 프랑스 국민전선과 같은 인종차별적 파시스트가 이슬람 혐오증을 부추기며 성장하는 것은 이것이 결코 기우가 아님을 보여 준다.

파시스트들은 개혁주의 정부의 한계와 그것이 낳는 환멸을 이용해서 성장하려 든다. 프랑스가 대표적이다. 올랑드는 긴축을 추진할 뿐만 아니라, 비위생적이라며 집시촌을 강제로 해산했고, 이슬람 선지자 무함마드를 모욕한 잡지에 대한 항의 시위를 금지했다.

그 결과 올랑드의 지지율은 취임 1백 일 만에 44퍼센트로 곤두박질쳤다. 르펜의 국민전선은 이런 분위기 속에서 노골적으로 인종차별을 부추기며 어부지리를 노리고 있다.

유럽 사회주의자들은 독자적 주장과 대안을 내놓으며 개혁주의 대중 속에서 투쟁을 건설하는 데 핵심적 구실을 하고 있다.

대선 이후 본격화할 고통전가에 맞선 투쟁을 준비해야 하는 우리에게 유럽의 노동자들과 좌파는 큰 영감을 주고 있다.

# 유럽 전역으로 확산되는 부채 위기

프랑스, 그리스, 이탈리아, 포르투갈, 스페인까지 긴축 반대 시위 열풍이 유럽을 휩쓸고 있다.

이는 정치적 분위기가 매우 급격하게 변하고 있음을 보여 준다. 지난 몇 주 동안 [경제 상황에 대한] 논평의 일반적인 논조는 이제야 유로존이 공동 대응에 나섰다는 것이었다. 이와 더불어 금융시장도 상승했다.

유럽중앙은행 총재 마리오 드라기가 8월 말 스페인과 이탈리아의 국채를 매입하겠다고 한 발표가 이 낙관의 기원이었다.

이 발표는 이탈리아와 스페인 정부가 대출에 가혹하게 높은 이자를 지불해야 했기 때문에 중요했다. 드라기의 발표 이후, 이탈리아와 스페인 국채와 독일 국채 이자율의 차이(스프레드)가 상당히 줄었다.

---

알렉스 캘리니코스(런던대학교 킹스칼리지 유럽학 교수, 영국 사회주의노동자당 중앙위원장). 〈레프트21〉 90호, 2012년 10월 6일. https://wspaper.org/article/11818.

물론, 세부 단서들이 많았다. 스페인과 이탈리아 정부는 트로이카 (유럽중앙은행, 유럽연합, IMF)가 제시하는 더 많은 신자유주의적 "개혁" 조처들에 동의해야만 한다.

드라기의 계획은 앙겔라 메르켈 독일 총리의 지지를 받고 있다. 그러나 옌스 바이트만 독일 중앙은행 총재가 반대하고 있다. 바이트만은 부채가 많은 국가들에 돈을 퍼 주는 것은 짐바브웨 식의 하이퍼인플레이션[1년에 수백 퍼센트 이상 물가상승이 일어나는 경위을 유발할 수 있다고 경고했다.


## 스페인

그러나 아직은 드라기의 계획이 없어진 것은 아니다. 진정 중요한 상황은 유로존에서 넷째로 큰 경제인 스페인이 그리스와 비슷한 상황으로 나가고 있다는 것이다. 그리스에서는 긴축이 경제 침체와 정치 혼란, 사회 저항을 낳았다.

인기가 바닥인 스페인의 우익 총리 마리아노 라호이는 유럽중앙은행에 지원을 요청하는 것을 두려워하고 있다. 블랙록 펀드 매니저 이완 카메론 와트가 말했듯이 "그는 [트로이카] 기관원들을 설득할 수 없다." 트로이카 감독관들은 최근 그리스에 더 많은 삭감을 강요하고 있다.

그러나 라호이가 기동할 수 있는 여지는 제한적이다. 스페인 은행들은 2000년대 중반 부동산 거품 시기에 생긴 악성 채무로 인해 허리가 휘고 있다. 가장 최근 추정치로는 4백80억 파운드(86조 3천억 원)에 가까운 추가 자본이 필요한데, 일부 분석가들은 이것마저도 지나치게 낙관적인 수치라고 생각한다.

그런데 스페인 경제는 수축하고 있다. 그래서 라호이는 유럽연합의 돈이 필요하다. 그러나 긴축은 스페인 국가 내 분열을 확대하고 있다.

여당인 국민당은 프랑코 독재의 정치적 후손인데, 이들은 바스크와 카탈루냐 민족의 권리를 체계적으로 억눌러 온 자들이다.

카탈루냐 지방정부는 분리 독립 국민투표의 사전 투표 성격을 띠는 총선을 막 공표했다. 카탈루냐 민족주의자들은 지방정부의 권한을 축소하고자 하는 라호이와 이미 대립하고 있다. 그리고 이제는 그들에게 부과된 삭감에도 분노하고 있다.

〈파이낸셜 타임스〉는 다음과 같이 논평했다. "유럽의 주변부 정부들을 무너뜨렸던 유로존 위기가 이제 국민국가의 생존을 위협하고 있다. 유럽연합 내 남북 간의 균열이 이제는 회원국들 내부에서도 발생하기 시작했다.

"냉전 말 구소련과 그 완충국가들이 쪼개질 때, 유럽연합의 지도자들 모두는 자기결정권이라는 민주적 권리를 행사하는 것이라며 반겼다. … 그러나 그들은 분리주의가 서유럽의 안정적 구조에 침투할 수 있다는 생각은 전혀 하지 못했다."

그리스발 질병이 퍼지고 있다. 그러나 정치적·사회적 균열은 유럽 전역에서 각기 다른 형태로 나타나고 있다. 그리스에는 특히 강력한 노동자 운동과 급진 좌파가 존재한다. 그래서 지난주 총파업과 같은 규모의 사회적 저항이 있었다.

스페인에도 강력한 사회운동이 있다. 하지만 정치 좌파가 미약하다는 것과 프랑코의 유산에 시달리고 있다. 그래서 스페인에서 상황은 달리 발전하고 있다.

그리스 황금새벽당의 급성장에서부터 스페인 군대가 분리주의자들에게 가하는 위협까지 어디에서나 반동의 흉측한 징후가 보인다. 다행히 저항 또한 어디서나 성장하고 있다.

# 유럽 지배계급들의 심각한 위기

프랑스 국민투표에서 유럽헌법이 부결된 지 1년이 다 됐다. 그것은 유럽에서 신자유주의 의제들이 줄줄이 패배를 당하는 것의 시작이었고, 세계의 부르주아 언론은 분노로 길길이 날뛰었다.

4월 14일치 〈뉴욕 타임스〉는 "경제 변화를 거부한 유럽"이라는 기사에서 이렇게 말했다. "이탈리아에서 박빙의 선거가 있은 뒤에, 정부의 약화와 여론의 분열 때문에 유럽 주요 3개국에서 성장률 회복에 필요하다고 대다수 정치 지도자들이 인정하는 경제적 변화를 추진하기가 불가능해진 것이 아닌가 하는 정서가 유럽 전역에 퍼지고 있다. … 많은 유럽 전문가들은 유럽의 높은 노동비용과 낮은 인구증가율이 유럽의 경제력뿐 아니라 정치적 영향력의 장기적 쇠퇴를 가져올 수 있다고 생각하며, 독일·프랑스·이탈리아 등 [유럽의] '빅 쓰리'가

알렉스 캘리니코스. 격주간 〈다함께〉 78호, 2006년 4월 18일. https://wspaper.org/article/3056.

세계화된 세계에 적응할 수 있는 능력을 잃을 위험에 처해 있다고 지적했다."

분명 문제는 심각하다. 영국과 달리 유럽 대륙의 주요 경제들은 여전히 대규모 제조업 부문을 보유하고 있다. 이것은 그들이 저가제품 생산업자들, 특히 중국 제조업체들과의 경쟁에 취약하다는 것을 뜻한다.

그래서 유럽 전역의 주류 정치인·기업·언론 들은 유럽연합이 2000년에 채택한 소위 '리스본 어젠다'를 중요하게 여긴다. 이것은 자유시장 '개혁' 정책들인데, 유럽 노동자들이 20세기 동안 성취한 복지 조항과 각종 사회보장 조처들을 없애는 것이 주된 내용이다.

문제는 주류 정치와 대다수 국민 사이에 엄청난 격차가 존재한다는 것이다. 이탈리아 총선 직전 뱅크오브아메리카[미국 최대 은행]의 한 경제학자는 〈파이낸셜 타임스〉에 이렇게 말했다.

"이탈리아는 상품시장과 노동시장에서 성장 지향적 급진 개혁, 규제 완화, 자유화와 아직 거대한 국영부문을 줄이기 위한 사유화와 행정개혁이 필요하다. … 유권자들은 감세와 공급 중시 경제학적 개혁[레이건과 대처가 추구한 신자유주의적 경제개혁]보다는 사회보장과 사회지출 증대를 선호한다."

이탈리아 대기업들은 총리 실비오 베를루스코니의 부패하고 제멋대로인 정부 아래서 '개혁'을 진행하는 것은 절망적이라고 느꼈다. 그들은 전 총리로서 1996~98년에 이탈리아의 유로 통화권 가입 조건인 지출 삭감을 단행했던 프로디가 더 안정적 선택이지 않을까 기대했다. 그러나 프로디가 간신히 과반수 득표를 확보하면서, 그의 새 정부는 재건공산당의 표에 의존하게 됐다.

복지국가[사회보장제도]에 대한 대중의 압도적 지지라는 벽 앞에서 유럽 각국의 신자유주의 의제들이 약화됐다.

독일에서 게르하르트 슈뢰더의 적록연정은 실업수당을 깎는 '개혁'을 도입했다. 지난 9월 연방선거에서 수많은 유권자들이 두 주요 정당을 버렸고, 많은 이들이 신생 좌파당에 표를 던졌다. 주류 정당들은 기민련 지도자인 앙겔라 메르켈을 총리로 내세워 '대연정'을 할 수밖에 없었고, 기업들은 새 정부가 복지국가를 더 해체하기에는 힘이 너무 약하지 않을까 우려하고 있다.

그러나 신자유주의에 대한 저항이 가장 강력했던 곳은 프랑스였다. 청년 노동자 해고를 쉽게 하는 도미니크 드 빌팽의 최초고용법(CPE)에 맞선 저항은 프랑스에서 10년 이상 진행된 반란의 물결 중 최근의 것이었다.

프랑스 반란의 물결은 1995년 11~12월 공공부문 파업에서 시작됐고, 자크 시라크의 첫번째 총리[알랭 쥐페]가 물러나야 했다. 그 뒤 2003년 5~6월에 대규모 교사 파업이 일어났고, 작년에는 유럽헌법이 부결됐다.

〈파이낸셜 타임스〉 칼럼니스트 마틴 울프는 CPE 철회 이후 분노를 터뜨렸다. "놀랍게도, 프랑스인들은 모든 사람들이 공무원 대접을 받을 수 있고, 받아야 한다고 믿는 듯하다. 그들은 일자리가 완벽하게 보장받는 동시에 부가 늘어나는 기적을 바라고 있다. 급변하는 세상에서 이것은 집단적 인지장애라 부를 만하다."

좌경 자유주의 일간지 〈르 몽드〉의 전 편집장 에드위 플레넬은 유럽헌법 국민투표에서 유럽헌법 반대 진영의 승리를 친나치 비시 정권 [제2차세계대전 당시 독일 점령 치하 프랑스의 꼭두각시 정부]의 등장에 비유하며 '국민혁명'의 재등장이라고 비꼬았다.

그럼에도 신자유주의 '개혁'을 철저하게 신봉하는 주류 정당과 대중 매체 들이 그것의 필요성과 정당성을 대중에게 전혀 설득하지 못했다는 사실을 감출 수는 없었다.

블레어 지지 단체인 '유럽 개혁 센터'의 찰스 그랜트는 이렇게 말했다. "유럽 대다수 국가에서 반자유주의 성직자들[즉, 지식인들]이 지적 논쟁에서 승리했다. … 그들은 우리가 사는 세계가 자유주의 경제 때문에 아동 노동과 거리에서 울고 있는 늙은 여성 등 찰스 디킨스 소설에나 나올 법한 모습으로 바뀔 것이라는 관점을 전파했다."

이러한 주장에는 일말의 진실이 있다. 1990년대 말 이후, 유럽 대륙에서는 대안세계화 운동이 강력한 정치세력으로 등장했다. 월간 《르 몽드 디플로마티크》나 피에르 부르디외, 노엄 촘스키와 수전 조지 등의 필자들이 신자유주의에 대한 체계적 비판을 보급했다.

국제 금융 투기에 반대하기 위해 탄생한 아탁(ATTAC)은 프랑스의 유럽헌법 반대 운동에서 중요한 구실을 했다. 독일 아탁은 노동조합과 함께 슈뢰더의 '개혁'과 서비스 부문 노동자들의 임금과 노동조건을 위협하는 볼케슈타인 강령에 반대했다.

이탈리아에서는 재건공산당을 중심으로 신자유주의 세계화 반대자들이 2001년 7월 제노바 G8 정상회담 반대 시위와 반전 운동 덕분에 중요한 정치세력으로 성장했다.

그러나 유럽 지배계급은 훨씬 더 근본적인 문제를 가지고 있다. 유럽 노동자들은 국가의 힘을 이용해 자본주의의 해악으로부터 노동자들을 보호한다는 전통적 사회민주주의 프로젝트를 지지한다.

노동운동 내부의 주요 정당들은 그러한 프로젝트를 포기하고 신자유주의를 받아들였다. 이것은 그들 왼쪽에 공백을 만들었다. 독일 선거가 보여 줬듯이 자신이 지지하던 정당에게 배신당한 사회민주주의 지지자들은 정치적 대안을 찾고 있다.

유럽의 급진 좌파와 혁명적 좌파 들은 영국의 리스펙트처럼 스스로가 이 대안이 될 수 있음을 증명해야 하는 도전에 직면해 있다. 만약 그들이 성공한다면, 유럽 지배계급의 위기는 그들 자신이 현재 느끼고 있는 것보다 훨씬 더 심각했음이 드러날 것이다.

# 서구의 개혁주의와 양극화

    1999년 겨울의 유럽은 상이한 얼굴을 세계에 보여 주고 있다. 사회의 꼭대기에 있는 공식 유럽, 즉 각국 정부들과 유럽연합은 유럽의 건설이라는 그 잘난 수식어 뒤에서 흔하고 일상적인 언쟁과 추문 — 프랑스와 영국간의 '맥주 전쟁'에서부터 프랑스 재무부 장관인 도미니크 스트로스칸의 부패혐의 논란 — 에 휩싸여 있다.

    그 밑에 있는 그림은 그와는 매우 다르다. 엘리트들의 공식 유럽에 대한 엄청난 불만이 증대하고 있다. 그러나 그 불만은 모순적인 외관을 띠고 있다. 한편으로, 10월 16일 파리와 로마에서는 각기 프랑스 공산당과 이탈리아 재건공산당이 주도한 대규모 노동계급 시위가 벌어졌다. 유럽의 다른 곳을 보면, 남아일랜드에서는 경제 호황을 배경으로 전국적인 간호사 파업이 일어났다. 이것은 1920년대 이래 아일랜드에서 일어난 최대의 노동 쟁의였다. 이런 사건들은 유럽 노동

---

알렉스 캘리니코스. 이 글은 《비교국제정치논총》 (2000년 1월 발간)에 실린 것이다.

자 운동이 1980년대에 겪은 심각한 패배에서 회복되고 있음을 보여 준다.

다른 한편, 같은 10월에 극도로 민족주의적인 두 극우 정당이 총선에서 크게 약진했다. 외르크 하이더가 이끄는 오스트리아 자유당은 22.6퍼센트의 표를 얻으면서 사회민주당 다음가는 제2당이 됐다. 스위스 국민당도 27.2퍼센트의 득표로 제2당이 됐다. 미국의 정보 컨설턴트 회사인 스트랫퍼는 이런 성공이 경제의 세계화와 유럽연합·유엔 같은 초국가적 기구들에 대한 민족주의적 반감이 커지고 있음을 보여 준다고 주장하면서, "오스트리아와 스위스는 재계의 정치 세력 변화를 알리는 중요한 신호인 듯하다."고 논평했다.*

우리는 이런 모순적인 상황을 어떻게 이해할 것인가? 오늘날 유럽에서 작용하고 있는 다양한 세력들 — 공식 전략들, 노동자들의 저항, 극우 반동 — 가운데 만약 가장 유력한 경향이 있다면, 그것은 어느 것인가? 사회주의자들은 어떻게 대응해야 하는가? 이 글에서는 특히 프랑스와 유럽에 초점을 맞춰 이런 문제들에 대답하고자 한다.


## 슬로 모션으로 돌아가는 1930년대

이 과정의 다소 초기 단계였던 몇 년 전, 토니 클리프는 1990년

---

\* alert@stratfor.com, 'Austria, Switzerland and the Politics of Nationalism', Global Intelligence Update: Weekly Analysis , 1 Nov. 1999, p5.

대 유럽을 보노라면 1930년대를 슬로 모션 영화로 보고 있는 것 같다고 말했다. 오늘날 우리는 1930년대를 주되게 세 가지 사건으로 기억하고 있다. 1929~31년 대공황, 1933년 1월 히틀러의 집권, 1930년대 말 제2차세계대전의 발발이 그것이다. 물론 이 사건들은 서로 밀접하게 연관돼 있었지만, 경제 공황이 불가피하게 파시즘과 제국주의 전쟁을 낳는 모종의 철의 법칙이 있어서 그랬던 것은 아니다.

참말이지, 1929년 10월 월 스트리트의 붕괴는 자본주의 체제의 역사상 가장 심각한 위기가 도래했음을 알리는 것이었다. 세계적으로 국내총생산은 15퍼센트 감소했다. 최대의 경제대국이었던 미국과 독일의 국내총생산은 각각 29.6퍼센트와 16.9퍼센트 감소했다.* 경제 공황과 대량 실업은 제1차세계대전과 그 직후의 혁명으로 약화될 대로 약화돼 있던 부르주아 정치구조에 엄청난 압력으로 작용했다. 그 결과 중간계급과 노동계급의 대다수가 그 전보다 훨씬 더 극단적인 정치적 해결책 — 좌익적 해결책과 우익적 해결책 모두 — 을 모색할 태세를 지니게 되면서 사회적·정치적 양극화가 일어났다.

공교롭게도 이 투쟁에서 승리한 것은 우익이었다. 그들은 파시스트들과 그보다 더 전통적인 권위주의 보수 세력의 모양을 하고 있었다. 특히 중유럽과 동유럽에서 부르주아 민주주의 정권들은 볼링의

---

* A Maddison, *Dynamic Forces in Capitalist Development* (Oxford, 1991), Table 4.1, p 87.

핀처럼 쓰러져 갔다.*

그러나 이것은 유럽 전역에서 우익 세력과 좌익 세력 간에 벌어진 지독히도 격렬하고 장기적이었던 투쟁의 결과였다. 가장 중요한 경우를 살펴보면, 1933년 국가사회당(나치)의 집권은 예정된 결과가 전혀 아니었다. 그것은 지배계급 내부의 지도적 분자들이 벌인 도박의 결과였다. 그 도박은 독일 노동자 계급을 분쇄하는 데 나치의 대중 운동을 이용할 수 있다는 것이었다. 당시에 트로츠키가 지적했듯이, 주요 노동자 조직들 — 사회민주당과 공산당 — 이 파시스트에 대항해 단결할 태세가 돼 있었다면 나치를 무찌를 수도 있었다.**

독일 노동운동이 당한 끔찍한 패배 뒤에조차 노동자들은 잇따른 투쟁들을 통해 반격했다. 노동자들은 이 투쟁들 덕분에 파시스트들과 사장들에게서 주도권을 빼앗아올 수 있었다. 1934년 2월 프랑스 우익의 집권 시도는 노동자들의 단결된 대중적 대응을 불러일으켰다. 이것은 1936년 5월 민중전선 정부의 선출을 낳은 동력이 됐다. 민중전선 정부의 선출은 즉각 그 다음 달에 거대한 대중파업과 공장점거 물결로 이어졌다. 같은 달에 스페인 노동자들은 혁명적 반란에 힘입어 선출된 민중전선 정부를 전복하려는 프랑코 장군의 시도와 만났다.

이런 거대한 노동자 운동으로 세력균형이 급격하게 왼쪽으로 이동하는 것을 방해한 것은 특히 공산당들이 설교한 민중전선 정치였

---

\* 1918년 이후 자유민주주의의 취약성은 마크 매조워의 20세기 유럽사를 다룬 Dark Continent (London, 1998)가 잘 다루고 있다. 이 책은 이 점을 빼면 실망스러운 책이다.

\*\* L D Trotsky, *The Struggle against Fascism in Europe* (New York, 1971).

다. 공산당들은 '진보적'·'민주적' 부르주아 분파가 겁을 먹을 것을 우려해 계급투쟁 자제를 요구했다. 그 결과 1936년 6월 공장 점거의 성과는 금방 사라져 버렸고, 스페인 혁명이 분쇄당하면서 프랑코와 그의 파시스트 동맹자들이 몇 세대 동안 스페인을 통치하게 됐다. 1940년 6월 나치가 프랑스를 점령하고 난 뒤에, 민중전선이 다수파를 차지한 적이 있었던 바로 그 의회는 페탱 원수의 비시 부역 정권에게 전권을 부여하기로 의결했다.

1990년대의 유럽이 슬로 모션으로 돌린 1930년대와 흡사하다는 말은 역사가 되풀이된다는 말이 아니다. 무엇보다도 분명한 것은 유럽 대륙이 지난 10년 동안 겪어 온 경제 침체가 대공황보다 훨씬 덜 심각하다는 것이다. 또한 그것이 현재의 위기가 똑같은 결과를 부르리라고 예고하는 것도 아니다.

그러기는커녕 내가 1994년에 썼듯이,

오늘날 [1930년대에 작용했던 것과] 똑같은 요소들이 존재한다. 호황기에 세워진 사회구조에 갈수록 더 큰 압력을 가하고 있는 고질적인 경제 위기, 동시에 정치위기, 파시스트 우익의 성장과 노동계급의 전투성 증대 모두를 수반하는 계급 양극화가 그 요소들이다. 그러나 위기가 이런 상이한 차원을 따라서 발전하는 속도는 — 아직까지는 — 1930년대보다 느리다.[*]

---

[*]  A Callinicos, 'Crisis and Class Struggle in Europe Today', *International Socialism*, 2.63(1994), p 39.

# 독일과 위기의 시작

1990년대 초에 이런 분석이 처음으로 정식화됐을 때, 분석을 뒷받침하는 가장 중요한 사태 전개는 독일과 이탈리아에서 일어났다. 1990년 독일의 통일은 역설이게도 독일이 세계적 열강으로 다시 떠오른 순간이자 독일에서 1930년대 이래 가장 심각한 위기가 시작된 순간이었다. 이 위기는 통일보다 훨씬 깊은 근원을 갖고 있다. 1980년대 내내 독일과 그 밖의 주요 유럽 경제들은 저성장과 고실업으로 반영된 고질적인 수익성과 경쟁력 위기를 겪었다. 통일은 잠시 이런 근본 문제들을 덮어둘 수 있게 했다. 동독을 연방공화국 안에 통합하기 위한 목적의 막대한 정부 지출이 잠간의 호황을 불러들였기 때문이다. 그러나 지출 증대를 뒷받침하기 위해 필요했던 막대한 정부 부채 증가를 걱정한 나머지 1991년 말에 독일 연방은행이 금리를 급격하게 올림으로써 호황이 끝났다.[*]

1940년대 말 이후로 서유럽에서 독일 자본주의가 차지해 온 중심적인 경제적 지위를 고려할 때, 그것은 안정의 지주였던 독일을 EU 내부의 파괴적 요소로 변모시키는 결과를 낳았다. 그런 불안정화 효과는 먼저 1992~93년에 유럽환율체제 내에서 통화 가치가 폭락하는 것을 통해서, 그 다음에는 독일 마르크 화를 유로 화로 대체하는

---

[*] C Harman, 'Where is Capitalism Going?', *International Socialism*, 2.58(1993), pp 30-33[국역: '자본주의는 지금 어디로 가고 있는가', 《오늘의 세계경제: 위기와 전망》, 갈무리, 150~154쪽]과 Callinicos, 'Crisis and Class Struggle in Europe Today', pp 14-21을 보라.

대가로 독일 연방은행이 엄격한 통화주의적 통합 기준을 관철시킨 데서 감지됐다. 1990년대 내내 독일과 유럽 대륙의 나머지 나라들은 직접적인 경기후퇴를 겪지는 않았지만 성장이 둔화됐다. 이것은 "유럽 경화증"에 대한 인식을 확산시키는 데 기여했다. "유럽 경화증"은 구조조정을 거쳐 다시 활력을 얻고 있는 것처럼 보이는 미국 자본주의에 대해 유럽연합(EU)이 경쟁력 있는 지위를 유지하지 못하고 있다는 많은 논자들과 재계 지도자들의 생각을 반영하는 말이었다.

이런 전 대륙적인 경제 위기의 결과는 국내의 계급 양극화였다. 독일 총리 헬무트 콜은 1993년 4월 연방의회에서 북미와 동아시아의 경쟁자들로부터 압력이 증대되고 있다고 느끼고 있었던 기업인 계급의 우려를 이렇게 표현했다. "노동시간 단축, 임금비용 증대, 휴일 증가 때문에 우리의 경쟁력은 위험에 처해 있다. 자명한 사실은 집단적인 레저 공원처럼 조직돼서는 성공적인 산업국이 될 수 없다는 것이다."* 달리 말해, 독일 자본주의의 경쟁력을 회복하기 위해서는 1950년대와 1960년대 장기 호황 동안 독일 노동자들이 획득한 성과를 희생시켜야 한다는 것이었다.

이런 공격은 제2차세계대전 이래로 "라인란트 자본주의"의 독특한 특징이었던 노·사·정 간의 제도화된 사회적 교섭 구조를 심각하게 파괴했다. 콜은 임금 억제를 통해 막대한 통일 비용을 노동자들이 내도록 몰아감으로써 1992년 4~5월에 전국적인 공공부문 노동자 파업과 1992~94년 핵심적인 금속 산업에서 돌발적으로 일어난 수많은

---

\* *Financial Times*, Survey on Germany, 1993년 10월 25일치.

소규모 쟁의들을 불러일으켰다.* 그러나 이런 계급 양극화 과정에서 노동계급의 전투성만 증대했던 것은 아니다. 집권 연립정부가 난민 신청자들을 상대로 조장한 인종 차별 분위기에 고무받은 다양한 파시스트 조직들은 서독과 동독 모두에서 대량 실업을 이용하려 했다. 그 결과 1992~93년 로스토크, 묄른, 졸링겐에서 외국인들을 상대로 한 나치의 잔혹 행위가 잇달아 일어났다.

1990년대 초에 파시즘이라는 유령이 달라붙은 곳은 독일만이 아니었다. 부패하고 불신당한 프랑스의 미테랑 정권 말기에 장-마리 르펜의 국민전선은 더한층 손쉽게 성장했다. 설상가상으로 1994년 5월 탄젠토폴리 추문으로 전후 이탈리아 의회 체제가 붕괴하면서 우파 언론재벌인 실비오 베를루스코니가 이끌고 다섯 명의 국민동맹 소속 장관이 포함된 연립정부가 들어섰다. 국민동맹은 파시스트 정당인 MSI의 바뀐 이름이었다. 경제·정치 위기는 정치를 좌우 모두로 양극화시키고 있었다.

## 1995년 프랑스: 전환점

지난 5년간의 상황 전개는 이런 분석을 확증해 왔다. 1990년대 후반기는 두 가지 핵심적인 점에서 계급 양극화가 심화·발전한 시기였다. 첫째, 노동자들은 여러 차례 의미심장한 승리를 거뒀다. 둘째,

---

*    Callinicos, 'Crisis and Class Struggle in Europe Today', pp 24-9.

부분적으로는 그 결과로, 유럽의 정치가 좌경화하면서 EU 전역에서 사회민주주의 정당들이 집권하게 됐다.

이 과정에서 결정적인 사건은 의심할 바 없이 1995년 11~12월의 프랑스 공공부문 파업이었다. 대통령 자크 시라크와 총리 알랭 쥐페의 신우파 정권이 유로 체제에 대비하기 위해 신자유주의적 '개혁' 정책을 추진하려 하면서 프랑스 노동계급 역사상 1968년 5월 이래 최대의 투쟁이 돌발적으로 일어났다. 짐 울프리스가 지적하고 있듯이, 파업과 쥐페 계획의 패배는 프랑스 사회를 현저하게 좌경화시켰다.*

세 명의 좌파 사회학자의 다음과 같은 논평은 노동계급이 1995년 파업을 통해 미테랑 시절의 원자화와 절망에서 벗어나 자신들의 집단 행동 능력에 대한 믿음을 회복할 수 있었다는 점을 밝히 보여 주고 있다.

투쟁의 첫째 성과는 성과를 보존했다는 것이 아니라 20년 동안 추구돼 온 정책은 숙명적인 게 아니라는 것, 즉 그 정책에 성공적으로 맞서 싸울 수 있다는 확신이었다. 달리 말해, 파업 운동의 첫째 노획물은 파업 자체다. … 동원된 장본인들이 그들 자신의 힘을 경험한 파업의 발전 과정에서 그들은 '다른 무엇'도 할 수 있다는 것을 깨달았다. 그들은 '복잡'해서 보통은 전문가들이나 다룰 수 있다고들 하는 사회보장제도 같은 문제들을

---

* J Wolfreys, 'Class Struggle in France', *International Socialism*, 2.84(1999). 또한 C Harman, 'France's Hot December', *International Socialism*, 2.70(1996)과 S Beroud et al., Le Mouvement social en France(Paris, 1998)을 보라.

서구의 개혁주의와 양극화 315

토론했다. 이것은 신자유주의를 규정하는 암묵적 가정에 대한 대규모 정면 대결의 노력이었다. 신자유주의는 개개인을 압도하고 있었을 뿐 아니라 민중이 숙고하면서 민중 속에서 아름답게 치장되고 있었다. 파업 노동자들의 총회에서 발언은 자유롭게 행해졌다. 아니 더 좋게 말해 말 자체가 해방됐다. "파업은 샴페인 같다. 그것은 금기를 파괴한다."[*]

1995년 가을 이후로 파업 물결과 다른 사회적 투쟁들 — 예컨대, 상 파피에(sans papiers: 체류증 없는 이민자들)의 투쟁 — 이 뒤따랐다. 1997년 4월 파리의 일간지 〈리베라시옹〉은 "파업은 … 위기의 뇌우 속에서 버섯처럼 번지고 있다."고 선언했다.[**] 같은 달에 시라크는 다시 필사적인 도박을 감행했다. 국회를 해산했던 것이다. 이 책략은 심각한 역효과를 냈다. 사회당·공산당·녹색당의 "복수 좌파" 연정이 총선에서 승리했다. 겨우 4년 전에 미테랑 하의 사회당에 대한 대중적 혐오감 덕분에 우파 정당들이 압도적인 승리를 거뒀던 것에 비춰 볼 때, 이것은 깜짝 놀랄 만한 반전이었다. 당시 선거에서 패배한 뒤에 전직 사회당 총리였던 피에르 베레고부아는 절망한 나머지 권총 자살했다. 이제 리오넬 조스팽은 1995년 파업이 밀어 보낸 물결을 타고 재집권했다.

이런 좌경화에 직면한 국민전선은 위기에 빠져 심각한 분열을 겪었다. 한편, 지적·문화적 차원에서는 1970년대 말에 "신철학자들"의 등

---

[*]   Beroud et al, *Le Mouvement social*, pp 119-120.

[**]  *Liberation*, 1997년 4월 4일치.

장과 더불어 형성됐던 반동적 풍토가 해체되기 시작했다. 특히 저명한 사회학자인 피에르 부르디외는 한 걸음 앞으로 나아가 신자유주의를 공격하고 1995년과 그 이후의 "사회 운동"을 옹호했다. 그 전 20년 동안 푸코와 보드리야르 같은 일류 지식인들이 좌파와 단절하고 집단 행동을 경멸하는 데 몰두했던 점에 비춰 볼 때, 이것은 중요한 변화였다. 트로츠키주의 철학자인 다니엘 벤사이드가 부르디외에 대해 썼듯이, "그는 자신의 상징적이고 문화적인 자산을 전문성과 기술에 관한 지배적인 담론에 대항하는 데 사용함으로써 … 저항의 언어를 다시 합법화시켰다."* 부르디외의 개입은 주로 좌파 개량주의의 용어로 표현되긴 했지만 "독특한 사고" ― 1980년대와 1990년대의 신자유주의적 컨센서스 ― 와의 날카로운 단절을 뜻하는 더 광범한 세계화 비판에 기여했다.

1995년 11~12월 프랑스 파업은 유럽 차원에서도 전환점이었다. 그것은 그 나름으로 1984~85년 영국 광부 파업의 패배만큼이나 중요했다. 광부 파업이 가장 공격적이고 자신감 넘치는 대리인 마거릿 대처 영국 총리를 통해 떠오르고 있던 신자유주의가 가장 잘 조직돼 있고 가장 전투적인 노동자들조차 분쇄할 수 있는 능력을 가졌음을 상징했다면, 프랑스 파업은 서유럽 노동운동의 역사에 새로운 장이 열리고 있음을 알리는 것이었다. 신자유주의적 공격은 대규모

---

\*    D Bensaid, 'Desacraliser Bourdieu', *Le Magazine Litteraire* , 1998년 10월호. 더 일반적인 글로는 A Callinicos, 'Social Theory Put to the Test of Politics: Pierre Bourdieu and Anthony Giddens', *New Left Review*, 236(1999)를 보라.

사회적 투쟁을 낳을 수 있는 대중적 반발을 불러일으키고 있었다. 노동계급 투사들은 이런 사회적 투쟁 속에서 1980년대의 패배로부터 조직적·정치적으로 회복되기 시작할 수 있었다.

## 유럽의 좌경화

프랑스가 정점이었다면, 다른 곳에서도 중요한 투쟁들이 일어났다. 예컨대, 베를루스코니 연정은 이탈리아 노동계급의 엄청난 반발을 불러일으켰다. 1994년 12월 총파업은 이탈리아 전체를 멈추게 했고, 노동조합의 대규모 시위가 로마를 휩쓸었다. 이런 저항에 직면한 정부는 급속하게 해체됐다.

독일의 콜 정부는 도가 지나친 공격을 자행하고 있었다. 1996년 9월 집권 보수-자유 연정은 연방의회를 통해 병가수당을 80퍼센트로 삭감하는 것을 비롯한 임금삭감 정책을 추진했다. 이것은 조직 노동계급에게 던져진 도전장이었다. 서독 노동자들은 1956~57년 1백14일간의 철강 노동자 파업을 통해 90퍼센트 — 나중에는 1백 퍼센트 — 의 병가수당을 받을 권리를 쟁취한 바 있었다.

정부의 선제 행동은 다임러-벤츠의 사장인 위르겐 슈렘프가 주도하는 공격적인 사용자 집단에게 청신호로 작용했다. 슈렘프는 규제 완화된 자유시장 자본주의라는 영미식 모델에 훨씬 더 가까운 경영 방식을 추구하고 있었다. 다임러에 대한 그의 전략에는 투자의 세계화(뒤에 일어난 크라이슬러와의 합병을 통해 반영됐다)와 "주주 가치" — 단기 이익을 뜻하는 증시 용어 — 극대화가 포함돼 있었다. 그는 곧바로 병가수당 삭감을 밀어붙였다.(콜은 신규 계약에만 바뀐 정책을 적용하겠다고 약속한 바 있었다.) 그러나 슈렘프는 계산을 잘못했다. 현장 노동자들의 분노 때문에 금속 노동조합인 IG메탈은 격렬한 대응을 하지 않을 수 없었다. 다임러의 브레멘 공장에 집중된 파업 물결에 직면한 사장들은 뒤로 물러섰다.

이 패배는 콜 정부에 대한 훨씬 더 광범한 저항 물결에서 가장 결정적인 계기였을 뿐이다. 예컨대, 1996년 6월 DGB(독일 노총)는 독일 연방의 수도인 본에서 콜의 임금삭감에 대항하는 대규모 시위를 조직했다. 핵 물질을 옮기려는 시도는 시위 진압 경찰과 수천 명의 항의시위대 간의 대규모 충돌을 불러일으켰다. 1997년 말에는 학생들이 전국적인 점거와 시위 물결을 일으켰다.

영국의 〈이코노미스트〉에 해당하는 독일의 주간 경제지인 〈비어샤프츠보헤〉에 실린 한 기사는 콜 정부 말기의 분위기를 생생하게 묘사하고 있다.

도로에 계란이 던져지고 불꽃이 폭발하고 있다. 수천 명의 광부들이 광산업에 대한 국가 보조금을 지키기 위해 본의 정부 청사를 포위하고 있다. … 포위된 FDP[콜 정부의 하위 연정 파트너인 자유주의 정당]에서는 이상한 광경이 연출됐다. 유리창에 모습을 드러낸 한 정치인은 샴페인 잔을 손에 들고 광부들을 향해 두 손가락을 들어 보였다. 1997년 독일에는 계급투쟁의 새로운 바람이 불고 있다.

이 졸리운 공화국이 이토록 활기를 띠어 본 적은 없었다. 어디에선가 누군가가 어떤 것을 지지하거나 반대해 거리로 나오는 일이 벌어지지 않는 날은 단 하루도 없다! 처음에는 반핵 시위가 벌어지더니 그 다음에는 광부들, 또 다음에는 건설 노동자들이다. 이번 주는 철강 노동자들 차례다. … 이 나라의 사정이 변하기 시작하고 있다는 것은 의심할 여지가 없다. 커지고 있는 항의의 목소리는 이 점을 분명하게 보여 주고 있다. 친애하는 독자들이여, 안전 벨트를 꽉 매시라. 사태는 극도로 혼란해질 것이다! … 최근의 정치적 논자들 가운데 동유럽의 현존 사회주의가 붕괴한 뒤에 자본주의가 마침내 결정적으로 모든 "경쟁 이데올로기들"을 무찔렀다며 "역사의 종말"을 선언했던 프랜시스 후쿠야마만큼 틀린 논자도 없다. 사회주의가 경제적으로는 실패했을지 모르지만, 정치적 이상으로서 사회주의는 죽이기가 너무나도 어렵다는 것이 입증되고 있다.[*]

이런 계급 양극화 과정은 서유럽에만 국한된 것이 아니었다. 강력한 노동조합과 상대적으로 발전한 복지국가가 존재하는 캐나다는 많은 점에서 미국보다는 서유럽의 사회구조에 더 가깝다. 1994년 온타리오 주에 들어선 마이크 해리스가 이끄는 보수 우파 정부는 복지국가에 대한 단호한 공격을 시작했다. 이로 인해 캐나다에서 가장 공업화된 이 지역 전역에서 도시 전체를 포괄하는 하루 총파업이 잇달아 벌어졌다. 파업이 절정에 이른 1996년 10월에는 북미의 주요 도시들 가운데 하나인 토론토에서 1백만 노동자가 파업에 참여하고 30만 명이 도심에서 행진을 벌였다.

———

[*]  *Wirtschaftswoche*, 1997년 3월 30일치.

이 운동은 결국 온타리오 노동조합총연맹 지도자들에 의해 막을 내렸고, 이것은 1999년 해리스의 재집권을 낳았다. 캐나다의 파업은 유럽의 주요 투쟁들처럼 노조 지도자들이 호소하고 통제한 관료적 대중 파업이었다. 물론 이 투쟁들에서는 몇몇 경우(두드러지게는 프랑스 파업) 현장 노동자들도 상당한 정도의 이니셔티브를 발휘했다. 이 투쟁들이 관료적 대중 파업이었다는 사실이 일어나고 있었던 일의 중요성을 훼손시키지는 못했다. 노동자들은 비록 보통은 여전히 노조 관료들로부터 독립적으로 행동하기를 꺼렸을지라도 자신감을 회복하기 시작하고 있었다.

이런 양상에서 주된 예외는 물론 영국이었다. 영국 노동자들이 1980년대 동안 당한 패배는 다른 주요 유럽 나라들에서보다 훨씬 더 심각했다. 그러나 현장 노동자들은 쓰라린 심정이었을지라도 독립적으로 행동할 자신감은 없었다. 한편 심각하게 사기저하한 노조 지도부는 노동당 정부가 선출되면 양보를 얻을 수 있을 거라는 가망 없는 희망 속에서 파업 행동이 일어나는 것을 막기 위해 할 수 있는 모든 일을 다했다. 노조 지도부는 양보를 얻기 위해 싸움을 할 용의는 없었다.

1992년 가을 유럽환율체제에서 파운드 화가 배제당하면서 보수당의 경제 정책이 붕괴하자 정부가 남아 있던 광산을 대부분 폐쇄할 계획을 발표한 뒤에 영국을 휩쓴 거대한 분노의 물결은 노동자 투쟁을 소생시킬 수도 있었다. 광부 지도자인 아서 스카길이 직접 행동 시도를 원천 봉쇄하기 위해 TUC(영국 노총) 총평의회와 한편에 서면서 이런 가능성은 사라져 버렸다.

그럼에도 1992년은 전환점이었다. 대처류의 "국민적 자본주의"의 실패에 대한 환멸은 수많은 노동계급 사람들을 개량주의 진영으로 내몰았다. 토니 블레어의 개인적인 매력이나 신노동당의 정책이 아닌 바로 이것이 1997년 5월 1일 노동당의 압도적인 선거 승리의 토대가 됐다.*

노동당의 승리는 1990년대 후반부에 일어난 가장 극적인 정치적 반전 사례에 지나지 않는다. 신자유주의에 대한 대중적 거부는 정치적으로 사회민주주의 정당들의 선거 승리 물결로 나타났다. 1980년대 중반 이래 강도 높은 사회적 갈등이 벌어져 온 그리스가 제일 먼저 선도했다. 1990년대 초에 미초타키스 우파 정권 아래서 격렬한 계급 전투가 벌어지면서 1993년 안드레아 파판드레우의 범그리스사회당(PASOK)이 재집권했다. 이탈리아의 베를루스코니 연정의 해체는 1996년 4월 총선에서 민주좌파당(공산당의 후신인 PDS)이 주도한 올리브 나무 동맹의 승리로 가는 길을 닦았다.

1997~98년에 속도가 빨라졌다. 먼저 영국에서 18년 만에 처음으로 노동당 정부가 선출됐다. 그 다음에는 1997년 6~7월 프랑스 총선에서 "복수 좌파"가 예기치 않은 승리를 거뒀다. 마지막으로 1998년 9월 말 독일 연방 선거에서 17년 만에 처음으로 사회민주당(SPD)이 재집권하게 됐다. 비스마르크 다음으로 가장 오랫동안 독일 총리를 지낸 헬무트 콜이 패배한 덕분에 게르하르트 슈뢰더는 적녹 연정을 구성할 수 있었다. 그 여파로 〈파이낸셜 타임스〉는 소위

---

\* L German, 'Before the Flood?', *International Socialism*, 2.61(1993)을 보라.

"유럽의 붉은 10월"이 낳은 결과를 반추해 보면서 이제 "유럽 연합의 15개 나라 가운데 13개 나라에서 중도좌파가 권력에 복귀했다"고 애처롭게 말했다.[*]

프랑스와 독일의 선거 승리는 영국과는 상당히 다른 맥락에서 이루어졌다. 1980년대에 영국 노동계급이 당한 충격적인 패배의 기억 때문에 블레어가 집권에 이른 길은 평탄했다. 사기저하한 활동가들은 신노동당의 정책을 다소 내키진 않았지만 승리의 대가로 받아들일 용의가 있었다. 그러나 우리가 살펴보았듯이 독일 노동계급은 여전히 강력하며 패배를 당한 일이 없다.

콜이 대기업이 요구한 신자유주의적 '개혁'을 수행하는 데 실패하자 선거가 실시되기 전 독일의 기성 권력권은 무승부를 내는 데 희망을 걸었다. 당시 이것은 그런 '개혁'을 관철시키기 위해 사회민주당(SPD)과 기독교민주연합(CDU: 주요 보수 정당)의 "대연정"이 형성되는 것을 허용하는 것이었다.

결국 이렇게 하기에는 너무 멀리까지 좌경화가 진행됐다. SPD는 블레어와 아주 많이 닮은 슈뢰더를 총리 후보로 선택했다. 그는 남부 작센의 주지사를 지내면서 폴크스바겐의 감독이사회에서 일했던 친기업 전력을 강조했고, 1950년대 '경제 기적'을 개척한 CDU의 루트비히 에어하르트의 이미지를 생각나게 하기 위해 시거를 뽐내듯이 입에 문 사진을 찍었다. 슈뢰더의 대변인은 전통적인 사회민주당 정책과 단절했음을 보여 주기 위해 "신중도"라는 구호를 만들어 냈다.

---

[*] *Financial Times*, 1998년 10월 24일치.

그러나 SPD는 독일 사회의 분위기 때문에 선거 운동 과정에서 영국 옛 노동당의 사회개혁 강령에 해당하는 것을 주되게 강조하지 않을 수 없었다.

이것은 세계에서 가장 크고 성공적인 공업 경제 가운데 하나에 기반한 강력한 조직 노동계급 속에 깊은 뿌리를 두고 있는 전통적인 사회민주당으로서 SPD 자체의 성격을 반영하는 것이었다. 페리 앤더슨은 이렇게 언급했다.

> SPD는 총리에게 얽매여 있지 않다. SPD는 [영국의] 신노동당과는 매우 다른 당이다. 70만 명의 개별 당원을 가진 SPD는 규모가 두 배이고, 여전히 매우 노동계급적인 문화를 지니고 있다. 대공업 도시에서 열리는 SPD 집회의 분위기는 오늘날 영국보다는 1960년대나 1970년대의 노동당 집회와 더 흡사하다.[*]

이 점은 SPD의 당수가 슈뢰더가 아니라 좌파 개량주의자로서 자를란트의 주지사이자 평당원들이 신뢰하는 강력한 웅변가인 오스카 라퐁텐이었다는 사실에서 반영됐다. 1993년 SPD의 선거 패배 이후에 당의 지도권을 획득한 라퐁텐은 1998년 선거에서 확실한 승리를 거두기 위해 언론 친화적인 슈뢰더에게 총리 후보를 양보했다. 그러나 그는 여전히 자유시장 경제를 소리 높여 반대했다. 그는 그의 아

---

[*]  P Anderson, 'The German Question', *London Review of Books* , 1999년 1월 7일치.

내와 함께 《세계화를 두려워하지 말라》는 책을 썼다. 적녹 연정이 형성된 직후에 앤더슨은 이렇게 낙관적으로 예언했다. "재무부 장관이자 SPD 당수로서 그가 새 정권에서 차지하는 지위는 유난히 강력하다. 라퐁텐은 25년 만에 처음으로 등장한, 강력하게 케인스주의적인 전망을 가진 서유럽 정치인이다."[*]

겉으로 볼 때 새 정부에서 라퐁텐이 차지한 강력한 지위는 슈뢰더가 경제부 장관으로 성공한 컴퓨터 기업인인 요스트 슈톨만을 임명하기로 결정했다가 예비 연정 협상 과정에서 철회한 일에서 드러났다. 슈뢰더는 자신이 예상했던 것보다 더 좌파적인 정부가 수립될 것 같다고 불평했다. 더욱이 녹색당이 연정에 참여함으로써 1960년대와 1970년대 초 프랑크푸르트 극좌파의 고참인 요슈카 피셔가 외무부 장관이 됐다. 언론은 1960년대 세대가 집권했다고 선언했다.

따라서 새 정부는 여러 의미에서 연정이었다. 연정에는 적색과 녹색만이 아니라 SPD 자체 내의 슈뢰더와 라퐁텐이라는 이중 지도부도 포함됐다. 명백히 의미 있는 선거상의 변화도 정부의 좌파적 성격을 뒷받침했다. 1994년 연방 선거에서 콜은 옛 동독 지역 "새 국민"의 CDU(기민련) 지지 덕분에 정치 생명을 구했다. 그러나 경제 붕괴로 인해 1998년 동독은 콜에 대한 반대로 돌아섰다.

이것은 SPD뿐 아니라 민주사회당(PDS)에게도 이득이 됐다. 동독의 옛 스탈린주의 집권 정당에서 좌파 개량주의 조직으로 변신하는 데 성공한 PDS는 1998년 동독에서 20퍼센트가 넘는 표를 얻었다.

---

[*] 같은 글.

서독에서 SPD, 녹색당, PDS가 얻은 표는 합쳐서 50.6퍼센트였던 반면, 동독에서는 60.3퍼센트였다. 앤더슨은 이렇게 말했다. "그렇다면 우리가 보고 있는 것은 독일 좌파가 장기적인 사회학적 다수파로 등장할 가능성이다."[*]

프랑스에서도 마찬가지로 조스팽은 블레어가 대응해야 했던 것보다도 상당히 더 큰 노동계급 전투성을 반영하는 정치적 풍토에 대응해야 했다.

따라서 그는 자신을 블레어 류의 '제3의 길'과 조심스럽게 차별화했다. 조스팽은 "시장 경제"는 찬성하지만 "시장 사회"는 찬성하지 않는다고 선언했다. 집권한 직후에 그는 이렇게 말했다. "시장력이 준동하도록 놔둔다면 서유럽 문명의 종말을 초래하게 될 것이다."[**] 조스팽의 좌파 연정에는 녹색당뿐 아니라 적어도 말에서는 훨씬 더 좌파적인 공산당이 포함돼 있었다.

예컨대 공산당은 유로 화에 반대했다. 따라서 프랑스와 독일 새 정부의 무게 중심은 영국 신노동당보다 상당히 왼쪽에 있었다.


## 라퐁텐의 퇴진과 슈뢰더의 위기

그러나 지난해에는 유럽 사회민주주의 부활의 근본적 모순이 폭로

---

[*] 같은 글.

[**] *Financial Times*, 1997년 6월 7일치.

됐다.

개량주의 정부들은 신자유주의 정책에 대한 대중적인 거부 덕분에 집권하게 됐는데도 신자유주의 정책을 지속했다. 이런 모순은 집권한 지 며칠 만에 블레어와 재무부 장관 고든 브라운이 금리에 대한 통제권을 중앙은행인 잉글랜드 은행에 줌으로써 통화주의의 근본 요구에 굴복한 영국에서 가장 분명했다.

그러나 그 현상은 훨씬 더 일반적이다. 사회민주당이 기존 체제를 운영하는 데 헌신하고 있음은 발칸 전쟁 중에 분명하게 드러났다. 독일과 프랑스 정부는 빌 클린턴이나 토니 블레어만큼이나 나토의 폭격을 단호하게 지지했다. 블레어는 이 전쟁이 "진보 정계 출신의 … 미국과 유럽의 새 세대 지도자들"이 벌이는 전쟁이라고 자랑했다.* 블레어의 이런 태도에도 불구하고 실제로는 프랑스의 비행기가 영국 공군보다 폭격에 더 많이 참여했다.

심지어 요슈카 피셔는 발칸 전쟁이 스페인 전쟁처럼 반파시스트 투쟁이라고 선언했다.

더욱이 발칸 전쟁이 일어나기 직전인 1999년 3월 11일 라퐁텐은 갑자기 재무부 장관과 SPD 당수 자리를 사임했다. 그가 이탈하면서 적녹 연정이 신노동당식 정책으로 전환할 수 있는 문이 열렸다. 매우 상징적이게도 슈뢰더는 앤서니 기든스의 블레어주의 소책자인 《제3의 길》 독일어판 출판 기념 기자회견 도중에 라퐁텐의 사임 소

---

* T Blair, 'We Are Fighting for a New Internationalism', *Newsweek*, 1999년 4월 19일치.

식을 접했다. 전쟁이 끝나자마자 블레어와 슈뢰더는 '제3의 길/신중
도'라는 제목의 정책 문서를 발간했다. 영국의 피터 맨들슨과 독일의
보도 홈바하가 초안한 이 문서는 복지 '개혁', '유연' 노동시장 등등을
요구했다.

슈뢰더는 더 나아가 콜에게서 물려받은 1조 5천억 독일 마르크에
가까운 막대한 정부 부채를 감축할 작정임을 대기업에게 보여 주기
위해 노력했다.

1999년 6월 라퐁텐의 후임 재무부 장관인 한스 아이헬은 3백억
독일 마르크[약 20조 원]에 이르는 순도 1백 퍼센트 시장주의 지출 삭
감 정책을 발표했다. 물가상승률에 맞춰 연금이 인상됐고 전과 달리
소득 증대에 맞춰서는 인상되지 않았다. 공무원 임금에는 마찬가지
로 상한선이 부과됐지만, 법인세는 25~35퍼센트 내렸다.

이런 반전은 지배계급의 단호한 압력을 반영하는 것이었다. 처음
부터 기업 경영자들과 우파 정당들은 핵심적인 개혁들에 일제히 반
대했다. 새 정부가 국적과 독일 혈통을 연계시키는 빌헬름 시대 때부
터 내려온 인종차별적인 공민권법을 개혁하려 했을 때 처음으로 그
런 일이 벌어졌다. 정부의 제안은 이중 국적을 허용함으로써 외국인
들에게까지 공민권을 확대하는 것이었다. 특히 바이에른 주지사이자
기독교사회연합(CSU) — CDU의 바이에른 연정 파트너 — 의 지도
자인 에드문트 스토이버가 정부의 제안에 도전했다.

CSU는 1998년 바이에른 주 선거에서 "독일은 이민자들을 위한
나라가 아니다"는 구호를 이용해 국민적 추세를 거슬러 절대 다수의
표를 얻었다.

스토이버는 이중국적 법안에 대항하는 사악한 캠페인을 시작했다. 그는 "베를린까지 행진"하겠다고 위협했고, 약삭빠르게도 실업 같은 경제 문제들에 대한 대중적 불만에 호소했다. 그는, 새 법을 지지하지만 보통 사람들과 그들의 문제는 무시하는 "캐비어 파"라고 자신이 이름 붙인 집단을 그런 식으로 공격했다.

1999년 2월 적녹 연정은 헤센(핵심 금융 중심지인 프랑크푸르트가 속해 있는) 주 선거에서 패배했다. 이것은 선거 결과의 반전이라는 재앙적인 순환의 시작이었다. 그 직후 정부는 라퐁텐이 주도한 이중국적 문제에서 후퇴했다. 슈뢰더는 정부가 "소수파 문제"를 피해야 한다고 선언했다. 곧이어 슈뢰더는 녹색당 소속 환경부 장관인 위르겐 트리틴을 공공연하게 무시해가면서 핵발전소를 단계적으로 폐기하겠다는 약속도 저버렸다.

그러나 훨씬 더 극적이고 명백히 결정적이었던 것은 라퐁텐의 퇴임이었다. 〈파이낸셜 타임스〉는 그가 재무부 장관에 임명됐을 때 "신 케인스주의 경제로의 복귀"를 알리는 것이라며 우려를 나타냈다.[*] 라퐁텐은 취임하자마자 독일 연방은행과 유럽 중앙은행(ECB)을 상대로 유럽의 금리 인하를 설득하는 공공연한 캠페인을 시작했다. 적녹 연정은 중대한 국면 — 1998년 가을의 금융 공황과 1999년 1월의 유로 화 출범 — 에서 집권했다. 1991년 이래로 독일 연방은행의 설득에 의해 시작됐고 유로의 통합 조건 때문에 유럽 전역으로 확산된 통화 긴축 정책 때문에 독일은 — 그에 따라 유럽도 — 1990년대

---

[*] W Munchau, 'Return to Keynes', *Financial Times*, 1999년 10월 26일치.

대부분 동안 경기 후퇴 속에 있었다. 유럽 중앙은행 총재인 빔 두이젠부르크는 이 정책을 지속하겠다고 장담했다. 1998년 가을 공황에 대해 그는 위기가 찾아왔다는 사실을 부인하는 것으로 대응했다. "그런 사건이 벌어진다면 위기에 관해 생각해 보겠다."[*]

라퐁텐은 자신의 케인스주의적 견해에 따라 유럽 경제를 소생시키기 위해 금리 인하를 맹렬하게 추진했다. 또한 그는 주요 통화들 — 달러·엔·유로 — 과 연계되는 타깃 존[국제 통화 안정을 위한 목표로 설정하는 외환시세 변동폭]이 세계 금융을 훨씬 안정시킬 거라고 주장했다. 다른 나라의 중앙은행들이 미국 연방준비제도이사회의 선제 행동을 좇아 금리를 내리고 있었는데도 두이젠부르크와 독일 연방은행은 라퐁텐의 요구에 맹렬하게 저항했다. 소위 '중립적'이고 '독립적'이라는 ECB는 라퐁텐이 사임하고 난 뒤인 1999년 4월까지 기다렸다가 금리를 0.5퍼센트 내림으로써 정치적 목적을 달성했다.

라퐁텐은 또한 EU의 세율 조정을 요구함으로써 영국 보수당의 유럽 통합 회의론자들을 격분시켰다. 〈선〉은 다음과 같은 유명한 1면 표제를 내보냈다. "이 사람이 유럽에서 가장 위험한 사람인가?" 독일의 기업 경영자들은 틀림없이 '그렇다'고 대답했을 것이다. 경제 회복을 돕기 위해 임금 생활자 대중에 대한 조세 부담을 완화해 소비를 진작한다는 라퐁텐의 계획은 기업 경영자들의 분노를 자아냈다. 그는 이 정책의 일환으로 법인세 감면폐지를 제안했다.

이 제안은 독일의 대기업을 완전히 격분시켰다. 주요 기업들은 사

---

[*] *Guardian*, 1998년 10월 14일치.

업을 해외로 이전하겠다고 위협했다. 1999년 3월 초 〈파이낸셜 타임스〉의 고참 기자인 존 플렌더가 쓴 주목할 만한 기사는 "바리케이드에 선 기업인들"이라는 표제를 달고 있었다. 플렌더는 독일 대기업의 조세 부담이 상대적으로 가볍다는 것을 보여 주는 재정연구소의 연구를 인용했다. "1990년대 중반에 독일은 7개의 주요 공업국 집단 가운데 국내총생산에서 법인세 수입이 차지하는 비중이 가장 적었다." 독일 대기업이 보인 분노의 반응은 자신들이 압력을 받고 있다는 더 폭넓은 정서를 반영하고 있었다. 그 한 예로 많은 기업들은 2월 금속 노동자들이 얻어 낸 3.6퍼센트의 비교적 후한 임금인상에 분노했다. 플렌더는 이렇게 설명했다.

> 반발은 실제로는 조세 문제 자체라기보다는 라퐁텐을 무력하게 만들기 위한 것이다. 기업과 증시는 그가 효과 없는 경제 정책과 노골적인 금리인하 로비를 통해 주식회사 독일을 약화시키고 있고 유럽 중앙은행의 권위를 훼손하고 있다고 우려하고 있다. 이번 주에 폭로된 한 편지는 22명의 한 기업인 집단이 … 따로 놀고 개조되지 않는 장관의 고삐를 죄라고 … 게르하르트 슈뢰더를 설득하려 해 왔다는 것을 보여 주었다.[*]

이 기사가 나온 지 일주일도 안 돼 라퐁텐은 공직에서 물러났다. 그의 사임은 개인적인 것이든 정치적인 것이든 공갈이 관련된 것 아닌가 하는 추측을 불러일으켰을 정도로 갑작스러운 것이었다. 그러

---

[*]   John Plender, 'Bosses to the Barricades', *Financial Times*, 1999년 3월 6일치.

나, 라퐁텐이 퇴진하게 된 정확한 사정이 어찌 됐든, 〈파이낸셜 타임스〉가 옳게 지적했듯이 "독일의 산업 지도자들은 전리품을 획득했다." 〈파이낸셜 타임스〉는 이 사건을 1980년대 초 미테랑의 유턴과 비교했다. 당시 미테랑은 금융시장의 압력 속에서 당선의 기반이 된 좌파 케인스주의 강령을 버리고 신자유주의적 정책을 채택한 바 있다. "미테랑 씨 정부는 2년간의 집권 끝에 1백80도 전환했다. 라퐁텐 씨의 정치가 유럽 중앙은행과 해외로 사업을 이전시키겠다고 위협하는 독일 기업인들의 공동 저항에 부딪혀 그 과정을 재연하는 데는 겨우 넉 달밖에 안 걸렸다."*

라퐁텐의 퇴진 뒤에 적녹 연정은 블레어 류의 노선으로 확고하게 진입한 것처럼 보였다. 1999년 6월 슈뢰더의 두 가지 핵심적인 선제 행동 — 블레어와 함께 서명한 공동 정책 문서와 지출 삭감 정책 — 은 신중도 정치를 펼 수 있다는 자신감을 보여 주었다. 그는 당수직을 장악하고 SPD 사무총장에 자기쪽 후보를 임명했다. 피셔 지도부 하의 녹색당이 노골적으로 신자유주의 정책을 옹호하는 쪽으로 돌아섬에 따라 슈뢰더는 정부 안에서 지배력을 확대했다.

그러나 독일판 제3의 길에게 이것은 가짜 새벽임이 드러났다. 득표력 때문에 선택된 총리로서는 아이러니하게도 슈뢰더는 라퐁텐의 사임 이후에 잇달아 선거에서 참패했다. 먼저 1999년 6월의 유럽의회 선거에서 패배했다. SPD의 득표율은 30.7퍼센트로 떨어졌다. 이것은 1994년 유럽의회 선거 때보다 1.5퍼센트 낮은 득표였고, 9개월 전 연

---

* *Financail Times*, 1999년 3월 13일치.

방 선거 때보다는 10퍼센트 이상 낮은 득표였다. CDU와 CSU의 득표율은 합쳐서 48.7퍼센트로 급등했다.

그 다음에 1999년 초가을 SPD는 자그마치 5개 주 선거에서 잇달아 패배했다. 이 가운데 4개 주는 1998년에 유권자들이 SPD 쪽으로 대거 이동했던 동독에 속해 있었다. 앤더슨의 "장기적인 사회학적 좌익 다수파"는 열매도 맺지 않고 말라 죽은 것처럼 보였다. 그러나 재앙은 동독에만 국한되지 않았다. 라퐁텐의 오랜 근거지이자 프랑스와 국경을 맞대고 있는 자를란트 주도 우파적 물결에 휩쓸렸다. 그리고 최대의 주인 노르트라인베스트팔렌의 지방선거에서 CDU는 도르트문트, 뒤셀도르프, 쾰른 등 루르의 공업 지역과 같은 SPD의 전통적인 근거지에서 제1당이 됐다.

슈뢰더의 개인적인 인기는 폭락했다. 여론조사에서 그는 콜 뒤로 쳐지고 있었다. 그는 다음 번 2002년 연방 선거에서 패배할 실제적인 가능성에 직면해 있다. 단기적으로 정부는 선거 패배로 인해 주지사들로 구성돼 있는 독일 상원에 대한 통제력을 잃었다. 이제 CDU는 많은 정부 정책들에 대해 거부권을 가지게 됐다.

그러나 적녹 연정의 선거 패배가 독일 사회의 우경화를 반영한다고 보는 것은 너무 단순한 생각이다. 부르주아 국민 정치에서 CDU가 주된 수혜자가 된 것은 맞다. 나치 당들도 어느 정도 중요한 성과를 얻었다. 그 한 예로 파시스트 정당인 독일 국민연합은 브란덴부르크에서 5.3퍼센트의 표를 얻었다. 그러나 SPD의 왼쪽으로도 양극화가 일어났다. PDS는 브란덴부르크에서 지난 번 선거 때보다 5퍼센트 늘어난 23.2퍼센트의 표를 얻었다. PDS는 튀링겐에서

SPD를 제3당으로 밀어냈고, 베를린에서는 17.8퍼센트의 표를 늘렸다.

PDS는 복잡한 단체다. 주로 공공부문에 기반을 두고 있고 통일 이후에 자신들의 사정이 나빠졌다고 느끼는 동독의 중간계급 일부가 PDS에 충성을 보내고 있다. PDS는 SPD와 달리 노동조합과 유기적인 연계를 맺고 있지 않다. 그러나 이 때문에 PDS 지도부는 자신을 SPD보다 상당히 왼쪽으로 보이게 할 운신의 폭을 누려 왔다.(물론 SPD와 연립정부를 형성하고 있는 주들에서 PDS는 본질적으로 사회민주당과 똑같은 정책을 따르고 있다.) 그럼에도 PDS는 그들이 취한 좌파적 입장(예컨대, PDS는 발칸 전쟁에 반대한 유일한 의회 정당이었다) 덕분에, 불만에 찬 노동계급 사람들뿐 아니라 서독의 급진적인 청년들의 표도 획득할 수 있었다.

PDS가 이룩한 성공은 SPD의 선거 패배를 낳은 주된 동력이 슈뢰더가 콜의 정책과 단절하지 않음으로써 불러들인 반감과 환멸이었다는 점을 보여준다. 1999년 8월에 노동력의 10.5퍼센트인 4백10만 명이 실업자였다. 이것은 적녹 연정이 집권을 시작했을 때보다 높은 수치다. 많은 노동계급 유권자들은 진정한 변화가 이루어지지 않자 집에 남아 있거나 PDS에 투표하는 것으로 대응했다.

똑같은 갈망이 SPD 내에도 반영돼 왔다. 블레어-슈뢰더 문서와 삭감 정책은 당원들과 노조 활동가들 사이에서 분노를 확산시켰다. 40명의 좌파SPD 대의원들은 슈뢰더의 '개혁'을 규탄하는 성명을 발표하고, 연금과 소득간의 연계를 회복하고 1997년에 콜이 폐지해 버린 부유세를 재도입할 것을 요구했다. 정부는 수세적인 처지로 내몰렸다. "우리는 저축 정책의 불공평에 관해 얘기하는 데 여름을 다 소비했다." 재무부 장관 아이헬은 슬픈 어투로 그렇게 인정했다.*

라퐁텐이 자진해서 지켜 온 침묵에서 벗어나 정부의 새 노선을 비판하면서 슈뢰더의 처지는 더 악화됐다. 1999년 9월 말 〈벨트 암 존타크〉 신문과의 인터뷰에서 라퐁텐은 SPD가 자신의 경제 정책을 지속하지 못한 탓에 선거에서 패배했다고 비판했다. 라퐁텐은 더 나아가 《심장은 왼쪽으로 뛴다》는 책에서 첫 몇 달간 적녹 연정에 참여하면서 든 생각을 피력하면서 슈뢰더의 정치와 지도 방식을 비판했다. 이런 공격은 노동자 운동 내에서 '신중도'정치에 대한 좌익 반대파에게 초점을 제공했다. 한편, 녹색당 지도부의 급속한 우경화는 당 활동가들로부터 격렬한 반발을 불러일으키고 있었다.

여기저기서 얻어맞고 얼떨떨해진 슈뢰더는 10월에는 '제3의 길' 악대차에 편승한 것이 옳았는지를 공개적으로 회의하는 것처럼 보였다. 그는 TV토크쇼에서 당 내부의 토론 없이 경솔하게 블레어와 공동 정책 문서를 발표한 것은 실수였다고 인정했다. SPD의 사무총장 서리인 프란츠 뮌터페링은 문서가 정부 정책에 "직접적인 구체적 결과"를 가져오지는 않는다면서 문서의 중요성을 깎아 내렸다.**

적녹 연정이 부딪히고 있는 어려움 뒤에는 그들이 비교적 강력하고 패배를 경험하지 않은 노동자 운동을 상대해야 한다는 근본적인 사

---

*    R Atkins, 'Lonely in the Middle', *Financial Times*, 1999년 9월 14일치.

**   *Financial Times*, 1999년 10월 5일치.

실이 놓여 있다. 매우 지적인 신자유주의 논자인 마틴 울프는 라퐁 텐 사임 이후 독일 정부의 전망을 살피면서 그 문제를 요약했다. 울프는 슈뢰더가 콜의 자유시장 '개혁'가운데 많은 것을 포기했다고 비판하면서도, 콜이라 하더라도 블레어 류의 정책을 추구하기는 쉽지 않았을 거라고 지적했다. "더 자유주의적인 대안을 따른다면 독일의 중도좌파 정부는 이미 번복해 버린 것보다 훨씬 더 급진적인 개혁을 도입할 수도 있을 것이다. 이런 일은 일어나지 않을 것이다. 토니 블레어가 그렇게 해야 한다고 제안한 것은 참 잘한 일이다. 그러나 블레어 정부조차도 선임 [보수당] 정부가 한 노력의 수혜자에 지나지 않는다."[*]

달리 말해, 토니 클리프의 또 다른 정식을 빌자면 슈뢰더는 독일의 대처인 동시에 독일의 블레어여야만 한다. 블레어는 조직 노동계급을 약화시킨 보수당의 성공에 의지할 수 있었다. 반면, 슈뢰더는 그런 극심한 패배를 당한 최근의 기억을 전혀 갖고 있지 않은 노동계급과 대결하고 있다. 이것은 그의 운신의 폭에 중대한 제약을 가하고 있다. 그래서 [슈뢰더의] 블레어와의 공동 문서조차도 노조와 고용 동맹을 맺는 것을 통한 노동자들과 사장들 사이의 '협력'의 중요성을 강조했다.(이것은 맨들슨이 강력하게 반대한 정식화였다.) 독일 노동자들이 SPD에 충실하게 만드는 ─ 그럼으로써 정부에 충성하게 만드는 ─ 유대에도 불구하고 슈뢰더가 복지국가를 진지하게 해체하고자 한다면 대중적인 저항에 직면하게 될 것이다. 그는 헤라클라스

─────

[*]    M Wolf, 'The German Disease', *Financial Times*, 1997년 3월 17일치.

같은 힘이 필요한 매우 힘든 과제에 직면해 있다.

## 개량주의 진영 내의 양극화

독일의 이런 발전은 개량주의 진영 내의 양극화라는 서유럽에서 벌어지고 있는 더 일반적인 현상의 한 사례다. 새로운 사회민주주의 정부들은 일반으로 선임 우파 정부들의 신자유주의 정책과 단절하지 않았다. 그런데도 대개 이 정부들은 흔히 노동자 투쟁의 부활을 반영하는 사회의 좌경화 덕분에 집권했기 때문에 이 정부들의 정책이 낳은 환멸은 균형추가 우파나 심지어 극우파로 이동하는 일만 빚어낸 것은 아니다. 파시스트 정당이나 준파시스트 정당들은 모종의 성과를 얻어 왔다. 가장 두드러지게는 오스트리아와 스위스 선거에서 그랬다. 그러나 이것들은 당장의 위협이라기보다는 미래에 대한 경고다.

현 상황의 주된 특징은 오히려 개량주의 정부 지지자들 사이에서 일어나고 있는 분열 과정이다. 노동계급의 일부는 한층 더 왼쪽으로 시선을 돌리기 시작하고 있다. 영국에서조차 이런 상황이 일어나고 있다. 보수당은 유럽의회 선거에서 승리했지만, 그것은 그들의 인기가 소생했기 때문이 아니라(그와는 정반대로 그들은 윌리엄 헤이그 지도부 아래서 극도로 대처주의적인 미치광이 우익 민족주의 정당으로 매우 빠르게 변신해 왔다) 전통적으로 노동당에 투표해 온 유권자들이 대거 기권했기 때문이었다. 1999년 5월 스코틀랜드와 웨일스 선거에서 신노동당은 정부보다 좌파를 자처하고 있는 민족주의 정당들로부터 극심한 압력을 받았다. 그 결과 노동당의 심장 지대인 론다 광산 계곡의 의석은 플래드 심루에게 돌아갔고, 스코틀랜드 사회당은 새 의회에 의석을 확보했다.

대륙에서는 똑같은 과정이 훨씬 더 발전했다. 우리가 살펴보았듯이, 독일에서 슈뢰더에 대한 환멸은 SPD 자체 내의 양극화와 PDS 쪽으로의 유권자 이동이라는 형태를 띠었다. 그러나 사회적·정치적 긴장은 대중의 급진화가 가장 현저한 프랑스에서 가장 크게 표출됐다. 흔히 조스팽의 정책은 그의 더 급진적인 미사여구에도 불구하고 실천에서는 슈뢰더나 블레어의 정책과 다르지 않았다. 국내 수요를 진작하고 아시아와 러시아 위기의 효과를 상쇄하기 위해 실행된 약간 케인스주의적인 경제 정책 덕분에 공공지출이 늘어날 수 있었다. 그러나 1999년 6월 〈파이낸셜 타임스〉는 이렇게 논평할 수 있었다. "조스팽 정부는 2년 만에 어느 선임 정부보다도 많은 기업을 민영화할 수 있었다. 조스팽 정부는 에어 프랑스와 프랑스 텔레콤 같은 가장 중요한 국영 기업체들까지 팔아 치웠다."*

정부의 가장 중요한 개혁인 주 35시간 노동의 도입에 관해 말하자면, 기자인 로버트 그레엄은 같은 해 여름 사회정책 장관인 마르틴 오브리가 발표한 그 개정 법안에 대해 "새 법은 기업에 대한 중대한 양보를 포함하고 있다."고 논평했다. 예컨대, 종업원 1인당 연간 총 1천6백 시간의 상한선 내에서 "기업들은 1년 동안 이 시간들을 어떻

---

* *Financial Times*, 1999년 6월 9일치.

게 배치할 것인가를 두고 노조와 협상할 수 있다. 이것은 이미 노동 패턴에 변화를 도입하는 수단이 되고 있다." 예컨대, 최대의 슈퍼마켓 체인인 까르푸는 이 법을 이용해 팀 작업과 같은 '영미식' 생산성 향상 관행을 도입했다. "그 기업은 유연성이라는 말을 굳이 발설하지 않고도 35시간 노동제 덕택에 유연 노동을 사실상 도입할 수 있었다.'"*

그런데도 조스팽 — 블레어나 슈뢰더보다 훨씬 머리 회전이 빠른 정치인인 — 은 훨씬 더 신경을 써서 자기 지지자들을 기쁘게 하기 위해 전통적인 사회민주주의 언어를 사용했다. 그 한 예로 그는 블레어-슈뢰더 문서에 서명하지 않았다. 그의 신중한 태도는 오늘날 프랑스를 지배하고 있는 사회적 갈등 분위기를 반영한다. 1995년에 분출한 투쟁들은 조스팽 하에서도 멈추지 않았다. 그 한 예로 그는 선출되자마자 실업자 활동가들과 그 지지자들이 시작한 매우 처치 곤란한 점거 물결에 직면해야 했다.** 갖가지 투쟁들과 운동들이 급격히 증가했다. 예컨대, 지난 6개월 동안 두 차례에 걸쳐 고등학생 수십만 명이 거리로 나왔다.

이런 사회적 흥분은 좌파에게 새로운 활력을 가져다 주고 좌파를 다양하게 분화시켰다. 한 정치학자는 정부를 둘러싸고 자그마치 네 개의 좌파를 구별했다. 첫째, 사회당 우파가 대표하고 신자유주의의 "독특한 사고"를 받아들이는 "사회[주의]적 자유주의자들"이다. 이 집

---

* R Graham, 'Turning Back the Clock', *Financial Times*, 1999년 7월 29일치.

** Beroud et al., Le Mouvement social, pp174-184를 보라.

단은 프랑스에서 제3의 길과 가장 가까운 집단이다. 그러나 이 경향은 영국(블레어)과 독일(슈뢰더)의 경향보다 훨씬 더 취약하고 고립돼 있다. 둘째, 조스팽 자신의 입장을 지지하는 "신케인스주의" 집단이다. 이들은 "시장 경제는 찬성하지만 시장 사회는 반대한다"는 모호한 구호로 요약된다. 셋째, 시민권 운동의 지도자인 내무부 장관장-피에르 셰벤느망과 미국·EU와 다국적 기업에 맞서 프랑스의 국가 주권을 옹호하는 철학자 레지 드브레이 같은 "민족[주의적] 공화주의자들"이다.(비록 셰벤느망은 정부에서 사임하지 않았지만 둘 다 발칸 전쟁에 반대했다.) 마지막으로, "급진" 좌파다. 공산당, 피에르 부르디외, 주요 극좌파 단체인 뤼트 우브리에르(LO: 노동자투쟁당)와 혁명적 공산주의자 동맹(LCR), 전투적인 SUD 조합('연대를 하며 단일하고 민주적인' 조합), 체류중 요구 이민자들을 지지하는 다양한 활동가 연합, 실업자 등등이 여기에 포함된다.*

이런 설명처럼 좌파의 회복에는 공식적인 정치 단체들이나 연합체들만 관련돼 있는 것이 아니다. 지난 몇 년 동안 엄청나게 많은 다양한 단일 쟁점운동이 성장했다. 또한 신자유주의적 '세계화'에 대한 비판을 뒷받침하는 데 도움이 된 다양한 저널들 — 특히 월간《르 몽드 디플로마티크》— 과 지식인 단체들 — 예컨대, 1995년 12월 부르디외가 만든 '행동하는 이성' — 이 있다. 이런 풍토에서 미국 주도의 세계무역기구(WTO)에 대한 반대와 세계 금융시장 규제 조치 — 예컨대, 투기 거래에 대한 소위 토빈세 — 에 대한 지지가 증대하고

---

* L Bouvet, 'Quartre, elles sont quartre', *Le Monde*, 1999년 10월 10일치.

있다. 개량주의자들과 극좌파와 일부 노조 지도자들 모두가 지지한 '금융 거래 과세와 시민 돕기를 위한 연합'(Attac) 같은 단체는 WTO 의 세력 확장에 반대하는 운동을 벌이고 있다.

동시에, 프랑스 자본가들은 갈수록 실력 행사에 나서고 있다. 대기업들은 주 35시간 노동을 도입한 오브리 법을 자신들에게 유리하게 이용할 수 있었지만 중소 사용자들은 똑같은 기동의 여지를 가질 수 없었다. 그리고 위에서 설명한 풍토는 모든 프랑스 기업주들의 기동의 여지를 달갑지 않게 제한하는 개혁을 요구하는 압력을 만들어 내고 있다. 프랑스 사용자들은 잇달은 선거 패배 뒤에 여전히 심각한 혼란에 빠져 있는 의회의 보수 정당들을 무시한 채 직접 행동에 나서 왔다. 10월 4일 35시간 법안에 항의하기 위해 주최측 추계로 2만 5천 명의 기업주들이 파리를 관통하는 행진을 벌였다.

갈수록 분노 속에 투쟁에 나서고 있는 부르주아지의 압력과 다양한 좌파 조류와 노동자 단체들의 압력 사이에 낀 조스팽은 오락가락하지 않을 수 없었다. 9월 초에 미슐랭(미셸린)은 7천5백 명의 정리해고를 선언함으로써 열광적인 찬사를 받았다. 9월 13일 조스팽은 TV 인터뷰에서 미셸린이 선언한 대규모 정리해고에 관해 할 수 있는 조치가 아무것도 없다고 말했다. 그는 "국가로부터는 아무것도 기대할 수 없다."고 말했다.* 2주도 안 돼서 조스팽은 노동자 운동 내의 분노한 반응 때문에 이 무능을 가장한 양보를 철회하지 않을 수 없었다. 그는 정부의 새 계획을 발표하면서 이렇게 선언했다.

---

\* *Liberation*, 1999년 9월 28일치.

"세계화가 국가를 무능하게 만들지는 못한다. 경제 정책은 경제 발전에 중대한 영향력을 미칠 수 있다. … 국가는 오늘날 자본주의의 현실에 맞춰 새로운 규제 수단으로 무장해야 한다."[*]

늦가을에 오브리 법을 둘러싸고 증대하고 있던 사회적·정치적 긴장은 거리로 옮겨 왔다. 먼저 10월 4일 기업주들의 시위가 벌어졌다. 좌파의 즉각적인 대응은 10월 16일에 있었다. 공산당의 호소에 응해 6만 명이 실업에 반대하는 시위를 벌였다. 이 호소는 프랑스 공산당(PCF) 지도자인 로베트 위의 도박이었다. 비록 〈파이낸셜 타임스〉가 그를 "타협의 모범"이라고 찬양했지만, 그럼에도 PCF는 노동계급 기반에 대한 통제를 유지해야만 한다.[**] 유럽의회 선거에서 PCF의 표는 7퍼센트 밑으로 떨어진 반면, 녹색당은 10퍼센트를 얻었고, 뤼트 우브리에르와 혁명적 공산주의자 동맹의 공동 후보들은 7퍼센트를 얻었다.

이렇게 좌파의 도전에 직면한 PCF는 힘을 내보여야만 했다. 특히 그 당과 오랫동안 동맹해 온 노동총연맹(CGT)이 공공연한 지지를 거부했기 때문에 더욱 그랬다. 결국 그 도박은 성과가 있었다. 극좌파도 상당수 참여했던 크고 자신감 있는 노동계급 시위를 PCF 지지자들이 주도했기 때문이다. 그러나 로베르 위의 전략의 다른 측면을 반영해, 시위 전 날 PCF 소속 국회의원들은 좌파에 대한 사소한 양보만을 포함한 오브리 법 개정안에 찬성표를 던졌다. 오브리의 대

---

[*]  'Intervention du Permier ministre aux Journes parlemenaires du Groupe socialiste', 1999년 9월 27일, www.premier-ministre.gouv.fr, p8.

[**]  *Financial Times*, 9 June 1999.

변인은 이렇게 주장했다. "수정법안은 투쟁의 산물이 아니다. 조문의 균형이 완벽하게 보존됐기 때문이다."[*]

오브리 법안을 둘러싼 양극화는 더 많은 사회적 대결이 벌어지게 될 것임을 암시한다. 일단 거리로 나온 기업주들은 더 폭넓은 공격에 착수하려 할 수 있다. 그러나 조직 노동계급의 대응이 그들을 가로막을 수도 있다. 프랑스 경제는 공공지출 증대에 힘입어 내년에 2.8퍼센트 성장할 전망이다.

〈파이낸셜 타임스〉에 따르면, "이것은 회복이 더딘 러시아와 아시아 위기 때문에 심한 타격을 받은 유럽 지역의 다른 두 대규모 경제인 독일과 이탈리아보다 높은 성장일 것이다."[**] 상대적인 고성장은 지난 몇 년 동안 상당한 승리를 거둬 온 노동자 운동의 자신감을 높이기 쉽다. 프랑스 부르주아지는 주도권을 회복하기가 쉽지 않을 것이다.

주요 사회민주당들에 대한 좌파 개량주의의 도전은 다른 유럽 나라들에서도 제기돼 왔다. 옛 공산당이 민주좌파당(PDS)으로 변신하는 데 반대한 옛 공산당 활동가들이 핵심 지지자들인 이탈리아 재건공산당(리폰다치오네 코무니스타)은 1996년 총선에서 8.6퍼센트의 표를 얻었다.[***] 블레어가 다우닝가 10번지에 들어가기 훨씬 전인

---

[*]   Le Monde, 1999년 10월 17일치. 또한 D Mezzi, 'Construire un nouvel elande mobilisation', Rouge, 1999년 10월 21일치의 비슷한 평가를 보라.

[**]  Financial Times, Survey on World Economy and Finance, 1999년 9월 24일치.

[***] T Behan, 'The Return of Italian Communism?', International Socialism, 2.84(1999).

1995년에 코스타스 시미티스가 총리가 된 이래로 신노동당식 정책을 추구해 온 그리스에서 유권자들은 1999년 유럽의회 선거에서 강력하게 반발했다. PASOK는 표가 32.9퍼센트로 줄어들면서 36.3퍼센트의 표를 얻은 보수 정당 신민주당에게 밀렸다. 그러나 세 개량주의 정당의 표는 늘어났다. 공산당은 8.5퍼센트의 표를 얻었고, PASOK에서 왼쪽으로 분열해 나온 좌파가 창당한 디키(DIKKI)는 6.9퍼센트의 표를 얻었고, 옛 공산당에서 기원한 좌파연합은 5퍼센트의 표를 얻었다. 이 세 정당은 모두 합쳐 일곱 명의 유럽의회 의원들을 갖고 있는데, PASOK는 아홉 명이다.[*]

## 결론

좌파 개량주의의 성장은 자기만족의 이유가 되지 못한다. 기성 사회민주당 내에서든 거기서 조직적으로 분리해 나왔든 좌파 개량주의는 전통적인 개량주의 정치 — 블레어가 구노동당이라고 비난하기 좋아하는 것 — 의 부활을 대표한다. 이것은 현 위기의 초기 단계였던 1970년대와 1980년대에 영국의 해럴드 윌슨과 제임스 캘러건 아래서든, 서독의 빌리 브란트와 헬무트 슈미트 아래서든, 또는 프랑스의 프랑수아 미테랑 아래서든 시험에 떨어진 정치다. 라퐁텐이 몇 달간 언론의 공격을 받다가 돌연 사임한 것은, 대통령궁에서 싸우다 죽은 살

---

[*]  *Financial Times*, 1999년 6월 15일치.

바도르 아옌데의 운명은 말할 것도 없고 10년 동안 토니 벤이 시달려
온 강도 높은 비방을 놓고 보더라도 용감한 행동이라고는 할 수 없
다. 정말이지 그 사건은 개량주의 정치의 근본적인 약점을 밝히 보여
주었다. 그 약점은 자본이 결국엔 자기 뜻에 따르게 할 수 있는 국가
기구에 개량주의가 의존한다는 것이다. 그 때문에 조스팽과 라퐁텐
이 제안한 자본주의 규제 요구는, 내적 논리 때문에 착취와 위기로 내
몰리는 경제 체제에 대한 심각한 도전이라고 하기 어렵다.

이 점이 위에서 설명한 양극화 과정의 의미를 손상시키지는 않는
다. 유럽의 노동계급은 신자유주의를 겪고 나서 부득불 사회민주주
의 쪽으로 복귀했다. 후임 정부들이 선임 정부들의 정책을 버리지 않
음으로써 더한층의 반발이 생겨났다. 일부 노동자들은 더 나아가고
싶어한다. 이것이 좌파 개량주의에게 새 생명을 불어넣었다. 좌파 개
량주의가 제시하는 해결책은 매우 부적절할지라도, 그로 인해 일어
나는 논쟁이 엄청나게 중요하다.

'제3의 길' 추종자들이 이데올로기적 공격을 계속하고 '현대화'의
속도를 유럽 규모로 확대하려 함으로써 왼쪽으로의 반발을 불러일
으키는 데 일조했다는 것은 일리가 있다. 기든스의 《제3의 길》과 블
레어-슈뢰더 문서 같은 신노동당 텍스트들은 유럽 전역에서 논쟁의
초점이 돼 왔다. 더욱이 사회적 급진화는 더 전투적인 좌파 개량주의
조류 ― 특히 프랑스의 피에르 부르디외와 연관 있는 조류 ― 의 출
현을 고무했다. 그 결과 어떤 점들에서는 고전적 마르크스주의 전통
으로부터 차용해 온 분석과 주장들 ― 특히 규제 폐지된 자유시장
자본주의에 대한 비판에서 ― 이 출현하고 있다. 이것은 혁명적 사회

주의자들이 지난 20년 동안 강요받아 온 지적인 고립에서 벗어날 수 있는 중대한 기회를 뜻한다. 물론 혁명적 사회주의자들이 동조와 필요하다면 비판 모두를 행함으로써 이 조류들에 개입하는 것이 전제돼야 한다.*

따라서 혁명적 사회주의자들이 이 논쟁들에 개입하는 것이 사활적이다. 이를 위해서는 제3의 길에 대한 이론적 비판이 아무리 중요하다 할지라도 그것에만 그쳐서는 안 된다. 자기 자신의 세력과 조건에 따른 더 구체적인 이니셔티브들도 필요하다. 예컨대, 독일의 링크스룩은 "오스카가 옳다"는 구호를 중심으로 슈뢰더에 대한 라퐁텐의 도전을 지지하는 데 깊숙이 개입해 왔다. 영국의 사회주의노동자당은 켄 리빙스턴이 노동당 런던 시장 후보로 출마하는 것을 지지하는 운동을 벌이고 있다. 노동당 지도부가 그의 출마를 막으려 함으로써 신노동당에 대한 불만의 초점이 형성됐기 때문이다.

그런 이니셔티브의 출발점은 기업주들과 우파 사회민주주의에 대항하는 단결이어야 한다. 그러나 라퐁텐과 리빙스턴 같은 좌파 개량주의 도전자들에게 무비판적인 지지를 보내도 좋다는 뜻으로 하는 말은 아니다(특히 리빙스턴이 발칸 전쟁을 지지했던 점에 비춰 볼 때). 그러기는커녕 블레어와 슈뢰더 따위들에 대항하는 단결의 틀 안에서 좌파 개량주의의 한계에 관한 우호적인 논쟁이 제기돼야 한다. 그 한 예로 링크스룩은 라퐁텐이 자본주의를 노동자 통제에 바탕을

---

\* 내가 부르디외에 관해 논의한 'Social Theory Put to the Test of Politics', pp 85-102를 보라.

두는 사회주의 계획 경제로 대체할 것을 주장하지 않고 자본주의에 대한 조절을 주장한다는 점을 비판하고 있다. 단체의 조건이 허락하는 곳에서 혁명적 사회주의자들은 선거의 장을 통해 좌우파 사회민주당 모두에게 도전할 용의가 있어야 한다. 그 한 예로 그리스 사회주의노동자당(SEK)은 1999년 6월 유럽의회 선거에서 후보들을 내보냈고, 영국 SWP는 스코틀랜드와 웨일스 선거에 후보를 출마시켰다. 이 두 이니셔티브 모두 그 실험을 정당화시킬 만큼의 소소한 성공은 거뒀다.(최근 몇 년 동안 아일랜드 SWP의 선거 이니셔티브도 어느 정도 성공했다.)

형태야 어찌 됐든 혁명적 사회주의자들이 개량주의 진영 내의 양극화가 제공한 기회를 이용하기 위해 움직이는 것이 무엇보다 중요하다. "슬로 모션으로 돌아가는 1930년대"라는 은유는 오늘날 위기의 속도가 대공황 때보다 느리다는 것을 함축하고 있다. 캘리니코스는 1994년의 분석에서 이런 차이의 원인을 강조했다. 무엇보다도 오늘날 경제 위기는 아직까지는 1930년대보다 훨씬 덜 심각하고, 부르주아 민주주의는 전간 시기에 존재했던 것보다 유럽 대륙에 훨씬 더 강력한 사회적 뿌리를 내리고 있으며, 지금까지는 파시스트 정당들이 대중적인 준군사적 운동을 건설하는 데서보다 득표에서 더 큰 성공을 거둬 왔다.[*]

그러나 1930년대의 필름은 비록 느릴지라도 돌아가고 있다. 장기적인 경제 침체와 대량 실업 — 수백만을 가난과 절망의 운명 속에

---

[*]    Callinicos, 'Crisis and Class Struggle in Europe Today', pp 37-43.

밀어 넣고 있는 독일과 프랑스의 실업률은 10~12퍼센트에 갇혀 있는 것으로 보인다 — 은 누적적인 효과를 발휘하면서 기존의 사회·정치 구조들에 막대한 압력으로 작용하고 있다. 믿을 수 있는 좌파적 대안이 떠오르지 않는다면, 특히 사회민주당이 시장에 굴복하고 있는 데 대한 환멸이 다음 번의 세계적 경기후퇴와 동시에 일어난다면, 이는 극우파를 강화시킬 것이다. 예컨대, 프랑스 국민전선은 약화됐지만 끝난 것은 전혀 아니다. 그 때문에 오스트리아와 스위스 선거는 시의적절한 경고다. 혁명가들은 그런 진정한 사회주의적 대안이 발전할 것인지에 관해 결정적인 차이를 만들어 낼 수 있고 만들어 내야만 한다.

# 유럽 극좌파의 부상

지난 두 주는 유럽 급진 좌파에게 매우 중요했다. 가장 확실한 근거는 프랑스의 유럽헌법 부결이다.

국민투표에 대한 영국 언론의 보도는 망신거리였다. 특히, BBC가 그랬다. "반대파" 진영을 시종일관 "잡다한 동맹"으로 묘사했다 ─ 한 기자는 그 동맹을 사회주의노동자당(SWP)과 나치인 영국국민당(BNP)의 동맹에 비유하기까지 했다.

사실을 짚고 넘어가자. 필리페 드 빌리에 ─ 영국 보수당의 존 레드우드와 빌 캐쉬의 프랑스판 ─ 와 나치 지도자 장 마리 르펜은 국민투표 과정에서 들러리였다.

[유럽헌법이] 부결된 결정적 요인은 개량주의 좌파 내부의 분열 심화였다. 첫째, 영국 노동당과 비슷한 사회당의 핵심 지도자들, 특히 로

---

알렉스 캘리니코스. 격주간 〈다함께〉 57호, 2005년 6월 8일. https://wspaper.org/article/2159.

랑 파비우스와 앙리 임마뉘엘리가 헌법 반대 의사를 표명했다.

그리고, 프랑스 최대 좌파 노조 연맹인 노동총동맹(CGT)의 활동가들이 지도부를 거슬러 반대 캠페인을 지지했다.

요즘 대안세계화 운동으로 불리는 프랑스 반자본주의 운동이 중요한 구실을 했다. 금융 투기 반대 운동을 벌이는 아탁(금융거래과세시민연합)은 처음부터 헌법을 공격 대상으로 삼았다.

베르나르 카상과 자크 니코노프 같은 아탁의 지도자들은 헌법 반대 캠페인과 이라크 점령 반대를 대립시켜 전자만 강조하는 경향이 있었다. 그래도, 그들의 노력은 칭찬할 만하다.

지난해 10월 런던 유럽사회포럼은 3월 19~20일에 신자유주의와 전쟁에 반대해 행동하기로 결정했다. 이것은 이라크 침략 반대 시위와 브뤼셀 집회 둘 다를 포함한 것이었다. 프랑스에서 수만 명의 노조원과 대안세계화 운동가들이 브뤼셀로 갔다. 벨기에 참가자들보다 더 많았다. 그들을 브뤼셀로 불러들인 핵심 쟁점들 중 하나는 볼케스타인 훈령[Bolkenstein directive, 유럽연합 역내시장 담당 집행위원 프리츠 볼케스타인의 자본 통합 훈령]이었다.

자유시장을 지지하는 유럽위원회의 이 조처는 공공 서비스를 삭감해 사기업들이 노동자들의 임금과 노동조건을 더 악화시킬 수 있도록 허용하는 것이었다. 이 시위 때문에 프랑스 대통령 자크 시라크와 독일 총리 게르하르트 슈뢰더는 훈령의 내용을 완화할 수밖에 없었다.

국민투표 결과는 이런 쟁점들을 둘러싸고 투쟁한 좌파적 반대 캠페인의 승리였다. 대다수 사회당 지지자들은 반대표를 던졌다. 육체 노동자 중 거의 5분의 4가, 화이트칼라 노동자 중 3분의 2가 반대표를 던졌다.

이것이 민족주의적 반대였다는 말에 속지 말자. 1992년 마스트리히트 조약 관련 국민투표 때 나는 파리에 있었는데, 당시 공산당의 팻말에는 독일 지배의 위협을 환기시키는 히틀러의 사진이 실려 있었다. 그것은 민족주의적 캠페인이었다.

이번에 공산당은 대안세계화 운동으로 방향을 틀어, [유럽헌법] 반대가 유럽에 이로운 까닭을 설명하는 유럽의 호소를 발의했다.

국민투표 결과가 미칠 즉각적인 영향 중 하나는 프랑스 사회당의 심각한 위기일 것이다. 사회당 지도자들은 찬성 캠페인을 벌였지만, 평당원들은 거부했다.

이것은 프랑스의 급진 좌파, 특히 혁명적공산주의자동맹(LCR)에게는 커다란 기회다. 즉, LCR이 개량주의 좌파의 상당수를 끌어당겨 그들이 신자유주의와 결정적으로 단절하게 만드는 정치적 재편성에 일조할 것이다.

독일에서도 이 과정이 시작됐다. 노르트라인베스트팔렌 주 선거에서 새로운 좌파 정당인 '노동과 사회정의를 위한 선거대안'이 2.2퍼센트를 획득했다. 전 독일사회민주당(SPD) 당수이자 재무장관이었던 오스카 라퐁텐은, 가을에 있을 연방선거에서 '선거대안'이 민주사회당(PDS)과 연합 공천을 한다면 '선거대안'에 참여하겠다고 말했다.

'선거대안'과 PDS가 연합한다면 의석 확보에 필요한 5퍼센트 장벽을 십중팔구 돌파할 것이다.

존 프레스콧은 영국 정치에서 거대한 지각 변동이 일어나고 있다는 유명한 말을 남겼다. 프랑스와 독일의 투표는 이것이 유럽 전체에서도 사실이라는 것을 보여 준다.

# 유럽의회 선거 결과로 드러난 유럽 좌파의 현황

[편집자] 다함께 회원 최일붕이 영국 사회주의노동자당(이하 SWP)의 크리스 하먼과 알렉스 캘리니코스, 그리스 사회주의노동자당(이하 SEK)의 파노스 가르가나스, 캐나다 국제사회주의자들의 미셸 로비두한테서 유럽의회 선거 결과에 대해 들어봤다. 녹취와 번역은 국제연대 활동가들인 천경록과 박준규가 했다. [ ] 안의 말은 독자의 이해를 돕기 위해 최일붕이 삽입한 것이다. 본문에서 '급진좌파'라는 용어는 주류(우파) 사회민주주의자들보다 왼쪽에 있는 정치 경향을 두루 아우르는 유럽 좌파 특유의 표현이다.

**알렉스 캘리니코스** : 유럽의회 선거 결과에 대해 먼저 크리스 하먼이 말문을 열어 달라.

**크리스 하먼** : 독일과 프랑스 동지들이 빠진 상황에서 유럽 상황을 논하는 것이 어쩨 덴마크 왕자가 없는 햄릿 같다. [참석자 웃음] 경제

―――――

〈레프트21〉 8호, 2009년 6월 18일. https://wspaper.org/article/6672.

위기의 여파로 그리스와 아일랜드를 제외한 모든 유럽 나라에서 사회민주주의 정당 정부가 유럽의회 선거에서 패배했다. 특히 영국 노동당이 가장 큰 타격을 입었다. 보수당과 우파 포퓰리스트 정당인 영국독립당에 이어 3위로 추락했다. 나치[영국국민당]도 유럽의회에서 2석, 잉글랜드 북부에서도 2석을 차지했다. 이런 모습은 외견상 마치 전반적인 우경화인 양 사람들 눈에 비쳐진다.

급진좌파의 경우, 프랑스의 반자본주의 신당(이하 NPA)과 독일의 디링케[독일의 좌파당으로, 프랑스 좌파당 창립에 영감이 된 원본]는 기대 이하의 득표를 했다. NPA의 경우 공산당과 좌파당[사회당 좌파가 사회당에서 분리해 나와 만든 정당]의 연합보다 낮은 득표를 했다. 심지어 지난 대선에서 브장스노의 득표에 한참 못 미치는 득표를 했던 조제 보베[유럽생태운동연합 후보로 나옴]보다도 낮은 득표를 했다.

영국·그리스·동유럽 같은 경우 위기의 대가를 누가 치르느냐가 뜨거운 쟁점이었다. 실업 문제뿐 아니라 공공부문 관련 다양한 쟁점들이 논란이 분분한 난제였다. 혁명적 좌파가 어떻게 대처해야 하는지가 중요한 과제로 남게 됐다.

**파노스 가르가나스 :** 사회민주주의 정당도 대거 패배했지만 우파도 별로 지지가 증가한 것은 아니다. 신민주주의당[그리스의 주류 우파 정당]의 득표는 추락했고(43퍼센트에서 32.3퍼센트로), 프랑스의 사르코지도, 독일의 메르켈도 마찬가지였다.

투표 불참률이 높았고 정치 양극화가 과거 어느 때보다 높았다. 지난해 12월의 대규모 항쟁은 양극화를 초래했고, 그 결과로 [신민주주의당의 왼쪽에서] 사회당(36.6퍼센트)은 자신이 신민주주의당의 대안임을 내세우며 약진했고, 녹색당도 3.5퍼센트 득표했다. 그리고 [사회당의 오른쪽에서는] 극우파 LAOS[국민정교회대회]가 양극화의 수혜를 입으면서 기존의 5퍼센트 득표율을 7.2퍼센트로 끌어올렸다.

그러므로 주류 정치권 내 양대 정당 모두에게 우려스러운 일이다. 급진화 명제는 여전히 유효하다.

급진좌파들이 그 수혜를 보지 못했을 뿐인데, 급진좌파연합, 즉 시리자[SYRIZA]는 1년 전 여론조사에서 15~17퍼센트 지지율을 보였다가 이번에 4.7퍼센트 득표율로 지지가 크게 줄었다. 이는 분명 커다란 위기로, 시리자 내에서 좌우 분열을 일으키고 있다. 연합 내 우파는 선거 실패가 '초좌파들' 때문이라며 시리자가 사회당이나 녹색당의 길을 가야 한다고 결론지었다.

따라서 그리스는 우경화하고 있는 게 아니다. 공산당과 시리자의 소심함 때문에 이런 결과가 나왔다. 어쨌든 급진화의 흐름은 있는데, 파편화된 급진화라고 할 수 있다.

크리스 하먼 : 그리스 극좌파의 성적이 궁금하다.

파노스 가르가나스 : 그리스 극좌파 연합인 에난티아[ENANTIA, 즉 반자본주의좌파연합]는 두 세력이 주축을 이루는데, 하나는 공산당에서 왼쪽으로 떨어져나온 세력이고, 다른 하나는 우리[SEK]다. 이 둘의 득표를 합치면 2년 전 총선에서는 2만 3천 표였는데 이번 유럽의회 선거에서는 2만 2천 표였다. 그러나 투표율이 낮아 득표율은 더 올랐다. 그래서 좋은 결과라고 평가받는다. 이를 계기로 ENANTIA가 주목받기 시작했다. 한 지붕 밑에서 함께 지낼 수 없을 거라던 양대 세력이 함께한 것만으로도 성과였다.

알렉스 캘리니코스 : 유럽의회 선거 결과의 하나는 급진좌파의 위기라 할 만하다. 시나스피스모스·디링케·NPA의 경우가 대표적이다. 이들 중 시나스피스모스[SYNASPISMOS, 즉 좌파운동·생태운동연합 유러코뮤니스트들로 시리자의 압도 다수파를 이룸]가 가장 오른쪽에 있고, 디링케는 기껏해야 사회민주주의의 좌파이고, NPA가 가장 급진적이다. NPA는 지난 프랑스 대선에서 브장스노가 기록한 것과 비슷한 득표율을 기록했다. 리스펙트[Respect, 영국 SWP와 조지 갤러웨이 의원이 연합해 만든 급진좌파 연합체로, 2007년 가을 좌우로 분열했다]의 재앙을 경험한 우리 영국 SWP 당원들에게는 급진좌파의 이 같은 상황이 새삼스러울 것이 없긴 하다. 비록 보수당도 2004년에 비해 득표율에 별반 진전이 없긴 했지만 말이다.

그런데 다른 한편으로는, 포르투갈의 좌파블록이 이번에 10퍼센트를 득표했고 아일랜드에서는 사회당이 유럽의회 의석을 얻었고, 아일랜드 SWP[영국 SWP의 아일랜드 자매단체]가 참여하고 있는 선거연합인 '인간이 이윤보다 우선'은 더블린 근교의 지자체 선거에서 5명의 당선자를 냈다.

따라서 우파의 승리라고 단순하게 볼 수는 없다. 결집체들의 형성 방식에 따라서 결과가 달라졌다. NPA의 경우 [공산당과 좌파당에 대한] 최후통첩적 태도 때문에 실패했다고 스타티스 쿠벨라키스[Stathis Kouvelakis, NPA 당원으로 저명한 마르크스주의 정치학자]는 평했다. 공산당과 좌파당은 좌파전선[Left Front]으로 연합함으로써 단결을 과시했는데 말이다. 공산당과 좌파당이 단결을 이루는 데서 선수를 친 반면, NPA는 "초강경주의" 태도를 고수했다는 것이다. 영국의 우리는 나치에 맞선 급진좌파의 단결을 호소했다. 비록 성공하지는 못했지만 단결 호소가 상당한 반향을 일으켰다. 또한, 쿠벨라키스에 따르면, NPA가 LO[뤼트 우브리에르, 즉 노동자투쟁당]의 실수를 반복한 것, 즉 노동 현장 투쟁 문제에만 집중한 것도 문제였다.

디링케의 경우는 내 직감일 뿐이지만 오히려 너무 오른쪽으로 기울어 실패한 게 아닌가 싶다. 독일의 경우는 패러독스다. 경제 위기의 타격을 가장 많이 받았고 디링케에는 라폰텐 같은 유명 인사가 있는데도 선거 결과가 부진했다. 경제 문제가 심각한데도 이에 대해 어떤 구체적인 대안도 내놓지 않았기 때문이다.

그리스의 경우 공산당 후신들끼리 서로 경쟁한 탓에 결과가 좋지 않았다.

유럽 급진좌파의 상황 문제는 중요한 주제로, 영국의 우리도 중요하게 다룰 계획이다. 이에 대해 '진솔한' 토론이 이뤄져야 한다. NPA의 경우 5년 전에 LO와 연합했을 때 얻었던 2.5퍼센트 득표보다 이번에 갑절을 득표했으므로 선거 결과에 대단히 만족한다고 말하는데, 이는 진솔한 평가가 아니다. 또 하나 중요한 문제는 유럽의 다양한 급진좌파 프로젝트에 대해 혁명가들이 어떻게 관계 맺느냐는 것이다. 핵심은 혁명적 정치의 독립성을 유지하는 것이다.

그런데, 남한[한국] 상황이 재미있던데 얘기해 달라.

**최일붕** : 아시다시피 한국은 서구와 비슷한 점도 있고 차이점도 있다. 이곳도 경제 위기 때문에 양극화가 심각하고, 특히 이명박 정부의 위기가 심각하다. 그는 갈수록 사면초가 상황에 처하고 있는데, 고집불통으로 스스로 정치 위기를 악화시키고 있다. 그래서 그를 둘

러싸고 오른쪽으로는 옛 군사독재자 박정희의 딸이 집권 한나라당의 우익으로 세를 얻고 있고, 왼쪽으로는 중도좌파 계열 정치세력들이 세를 신장시켜 나아가고 있다. 최근에는 전임 대통령의 자살로 민주당의 개혁파가 급속히 지지를 회복해, 양극화의 이 좌측 방향을 선도하고 있다. 그러니까, 박근혜와 민주당 사이에서 이명박은 박근혜처럼 행동하지만, 그래 봤자 박근혜에게만 유리할 뿐이다.

최근 한국 정치는 3대 쟁점이 지배하고 있다. 첫째는 민주주의 문제다. 집회도 불허하고 연행과 체포를 일삼는 등 이명박 정권의 탄압이 혹심하고, 심지어 다가올 국회 회기에서 법률 개악으로 제반 민주적 권리마저 악화시키려 들고 있기 때문에, 이달 하순이나 내달 초쯤에 큰 싸움이 벌어질 것 같다.

둘째, 북한 핵무기 문제다. 이것은 한반도 주변정세를 점점 긴장시키고 있고, 이명박은 이를 이용해 광범한 대중의 민주주의 수호 염원을 제압하려 한다. 하지만 한반도 평화를 바라는 많은 사람들이 오히려 이명박이 사태를 악화시키고 있다고 생각해, 이 문제가 이명박에게 크게 유리하게 작용하지는 않는 듯하다. 적어도 지금은 말이다.

셋째, 경제 위기 책임 전가에 반대하는 노동자 저항이다. 이 운동 분야는 아직 본격적인 시동이 걸리지 않았다. 몇 달 뒤에야 가장 잘 조직된 노동자 부분에게도 대량 해고 선풍이 불 것이므로 그때는 기대해 볼 만하다.

그러나 명백히 노동계급 의식은 반전되고 있다. 2005년에는 울산 북구 선거에서 민주노동당 후보가 한나라당 후보에게 패배했는데, 올해 선거에서는 진보신당 후보가 한나라당 후보를 크게 눌렀다.

알렉스 캘리니코스 : 노동자 의식의 반등은 노동자 투쟁에 따른 것인가?

최일붕 : 아직 그렇다고 볼 수 없다. 정치의 위기와 격동, 혼돈에서 비롯한 듯하다. 그래서 노동자 의식의 성격은 여전히 중도좌파적 개혁주의를 벗어나지 못하고 있다. 하지만 앞서도 말했듯이 몇 달 뒤에는 큰 노동자 투쟁이 벌어질 수도 있다.

크리스 하먼 : 단언하기는 이르지만, 미국 경제 위기의 감속이 일어나고 있는 듯하다(일본과 유럽은 그렇지 않지만). 그러나 경기 반전(反轉), 즉 회복은 아니다. L자형이냐, V자형이냐, W자형이냐를 예측하는 것도 시기상조다.

파노스 가르가나스 : 경제 위기가 감속하는 조짐이 보이는 것은 사실인 듯하다. 그러나 몇 주 전에 독일과 미국 사이에 경제 해법을 놓고 의견 불화가 있었던 것을 보면 경제 위기가 낳는 정치적 파장은 더 커질 것 같다. 따라서 급진좌파는 지난 5년 동안 활동한 방식으로 계속 활동할 수 없다. 이번 위기로 급진좌파의 전진이 가로막혔다. 급진좌파 내에서도 향후 성장 방식에 대한 논쟁이 있다. 사회민주주의 정당 좌파와 녹색당의 길을 따를 것인가 아니면 독자 노선을 갈 것인가 같은 논쟁 말이다.

미셸 로비두(캐나다) : 캐나다에서도 경제 위기 감속 조짐이 보인다. 언론에서는 Stelco[미국철강의 캐나다 주재 기업] 같은 기업이 공장을 재가동하면서 8백 명의 노동자들을 다시 고용했다는 등의 소식을 전하고 있다.

알렉스 캘리니코스 : 영국에서도 공장들이 재가동된다는 등 경제

위기 감속의 징후가 보인다. 그러나 현상을 과장해서는 안 된다. 두 명의 주류 경제학자들이 현재의 위기가 대공황 초기와 같은 패턴을 따르고 있다는 내용의 보고서를 내기도 했다. 몇몇 주요 경제에서 경기부양의 효과가 나타나고 있기는 한 듯하다. 물론 독일 같은 나라는 그렇지 않지만 말이다. 정부가 케인스적으로 대처한 것과 일부 공장에서 재고가 바닥나면서 생산이 재개되는 등의 요인이 결합되면서 나타나는 현상이다. 그러나 근본적인 문제는 해결되지 않았다. 급속한 경기 하강은 끝나기 시작했다고 볼 수 있을지 몰라도 위기의 끝은 아니다. 위기의 여파는 계속 확산될 것이고 라트비아 같은 경우는 심각한 상황이다. GDP[국내총생산]가 5분의 1가량 줄어들 전망이다. 케인스적 부양책을 감당할 수 없는 주변부 나라들은 이토록 취약한 것이다. 그러므로 경기 회복보다는 침체의 장기화가 더 유력하다.

한 가지 덧붙이자면, 반전 쟁점이 올해 초에 비해 분명하게 수면 아래로 가라앉았다. 올해 초에는 이스라엘의 가자 침공 사태에 대한 항의 시위와 학생들의 캠퍼스 점거로 반전 운동이 부활하는 듯했다. 하지만 그 후 반전 쟁점은 정치적 가시권에서 사라졌다. 가령 5월 알 나크바[아랍어로 '대재앙'을 뜻하는 말로, 이스라엘의 건국 기념일인 반면 팔레스타인인들에게는 국치일] 항의 운동의 규모는 지난해보다 작았다. 비슷한 때 버밍엄에서 노동조합 시위가 있긴 했지만 그것으로 알 나크바 항의 운동 규모 축소가 설명되지는 않는다. 그래서 반전 활동은 우리의 최우선 순위가 아니게 됐다. 오히려 경제 위기 관련 쟁점들이 핵심이 됐다.

**미셸 로비두** : 캐나다에서도 반전 시위의 규모는 줄었다. 가자 침공에 대한 항의와 갤러웨이[선명한 반전 입장으로 노동당에서 출당당한 유명한

영국 국회의원]의 캐나다 방문 불허 방침에 대한 항의 시위는 제법 컸지만 전반적으로는 반전 운동이 가라앉는 분위기다.

**파노스 가르가나스** : 지난 6~7년간 급진좌파는 반신자유주의 · 반전 운동을 동력으로 성장했다. 그러나 이제 반전이 퇴조하고 있고 반신자유주의는 더 깊이 들어가야 한다.

원론적인 얘기뿐 아니라 경제 위기에 대한 구체적 대응을 논해야 한다. 즉, 급진좌파는 새롭게 적응해야 한다. NPA의 경우 과거 투쟁 물결의 산물인 브장스노의 유용성은 끝났다. 디랭케는 뒤처지고 있고 새로운 현안에 대처하지 못하고 있다.

적어도 그리스의 경우에는 이상과 같은 분석이 들어맞는다. 그렇다면 문제는 급진좌파가 어떻게 반전 · 반신자유주의 이상으로 나아가느냐는 것이다.

**알렉스 캘리니코스** : 맞는 말이다. 리스펙트의 경우도 반전 운동의 파도를 타고 뜰 수 있었다. 어떤 점에서 갤러웨이는 이 파도가 잦아드는 것을 SWP보다 먼저 간파하고 몸을 뺀 셈이다. SWP는 반전 운동에 가장 열심히 뛰어든 세력이었던 만큼 반전 운동이 여전히 다시 뜰 수 있다는 환상을 갖기 쉬웠고, 따라서 갤러웨이보다 늦게 간파했는지 모른다.

어쨌든 파노스 가르가나스 말대로 2000년대 초에 그랬던 것처럼 급진좌파들이 손쉽게 약진할 수 있는 조건은 끝났다. 부시의 예전 측근조차 은행 국유화를 주장하고 있는 상황에서는 신자유주의 반대만을 외치는 것으로 불충분하다.

**알렉스 캘리니코스** : 모두 좋은 기여를 해 줘서 감사하다.

국제주의 전통 자료집
V-1. 제국주의와 전쟁, 민족문제

**지은이** ┃ 알렉스 캘리니코스, 크리스 하먼 외 지음
**엮은이** ┃ 이정구

**펴낸곳** ┃ 도서출판 책갈피
**등록** ┃ 1992년 2월 14일(제2014-000019호)
**주소** ┃ 서울 성동구 무학봉15길 12 2층
**전화** ┃ 02) 2265-6354
**팩스** ┃ 02) 2265-6395
**이메일** ┃ bookmarx@naver.com
**홈페이지** ┃ http://chaekgalpi.com

첫 번째 찍은 날 2018년 8월 27일
네 번째 찍은 날 2019년 2월 18일

값 13,000원
ISBN 978-89-7966-148-4 04300
ISBN 978-89-7966-155-2 (세트)